U0144617

感官檢查統計分析
EXCEL & XLSTAT應用

楊士慶、陳耀茂 編著

五南圖書出版公司 印行

感官（sensory）是泛指能接受外界刺激的特化器官與分布在部分身體上的感官神經（sensory nerve），是人體得到外界資訊的通道。

就人類而言，它包括眼睛的視覺、耳朵的聽覺、口腔的味覺、鼻子的嗅覺等主要的特化器官與分布在皮膚的觸覺。

統計感官檢查法是將人的感覺定量化，從中可以獲得許多商機的一種非常優越的工具。可是，相反地，其解析需要複雜的計算或特殊的數表。此乃是統計感官檢查法無法全面普及的原因之一。

可是，在我們周遭有不少軟體仍具備有能便於數據的累計功能或執行統計分析的功能，其中 Excel 是具備泛用性而且也可簡單操作的軟體。Excel 具有能執行簡單機率計算的函數，如二項分配、F 分配、χ^2 分配等，使統計感官檢查法之解析成為可能。

本書介紹感官檢查法中常用的有效解析方法，同時說明利用 Excel 即可簡單進行分析的步驟，對普及感官檢查法有所幫助。此外，也引進可以利用 Excel 作為介面的 XLSTAT 軟體，對感官數據的分析更是如虎添翼，甚有助益。

本書具有以下特徵：

1. 2 點比較法等的分類數據的解析法，不使用特殊的數表，以 Excel 即可計算機率。

2. Fisher 的評分法、累積法等的分級數據的解析法，不用麻煩的手算，而以 Excel 也能有效率的計算。

3. 順位相關係數、Kendall 的一致性係數等的順位法，將所使用的特殊數表全部輸入到 Excel 的試算表中，再進行參照。

4. 一對比較法不使用麻煩的計算方式也可有效率地使用 Excel 來計算，特別是 Scheffe 的一對比較法，網羅了三種變形法。

5. 書中也介紹另一種軟體 XLSTAT，它是 Excel 與 Statistics 的結合，採用先進的計算技術，使您以無與倫比的速度獲得可行的結果。今天，XLSTAT 為您提供各式各樣的行業／現場所需的模組，讓統計軟體的方式改變你的工作方式，相信讀者也將會感受到它的威力。

本書期盼有助於工商業的測試單位或政府機構如檢驗所、試驗所與學術研究機構，如工管系、食科系、餐旅系或醫檢系等相關科系的參考外，如能讓一般讀者知道統計感官檢查法的存在價值與有用性，更是望外之幸。

楊士慶 陳耀茂 謹誌

目　錄

第1章　統計感官檢查法的基礎

1.1　感官特性數據的特質

　　感官（sensory）檢查又稱「官能檢查」，就是依靠人的感覺器官來對產品的質量進行評價和判斷。如對產品的形狀、顏色、氣味、傷痕、老化程度等，通常是依靠人的視覺、聽覺、觸覺和嗅覺等感覺器官進行檢查，並判斷質量的好壞或是否合格。

　　感官特性數據與物理上能測量的數據相比較，測量值的重現性差，如在相同條件下收集重複數據時，它的變異數有很多時候是會顯著的變大。

　　並且在某條件下（t），縱然可以得到誤差少的測量值（x），但改變各種的條件（t），試著將 t_i 與 x_i 描點時，t_i 與 x_i 之間大多難以找出簡單的規則性（x = f(t)）。將此變成直到具有簡單的規則性為止，控制各種條件是非常困難的，而且如此做反而有時會扭曲感官特性的本質。

　　換言之，將物理上所測量的數據當作透過「透明玻璃」來觀察的影像時，那麼感官特性數據即可比喻為透過「霧面玻璃」來觀察的數據。

　　簡單的說，感官特性數據可以說 SN 比（信號對雜音比）不佳，而且是具有複雜構造的數據。

　　以具有此種特性的感官數據的統計解析手法來說，除了原有的統計手法外，像是將雜音（noise）與信號（signal）分離使其形象得以明確的工具，以及在不扭曲本質下能將錯綜複雜的構造使之明確的工具等，這些都是非常有幫助的。

1.2　統計感官檢查法的概要

　　此處特別是感官特性的評估，以及它的數據解析的有效手法，總稱為

統計感官檢查手法，這些會在本章介紹。除了統計感官檢查手法以外，品質管理中一般所熟知的實驗計畫法、計量值的檢定、估計、單迴歸分析、管制圖等手法，當然可依數據的收集方法、分類的方法來使用。

　　將統計感官檢查手法的概要表示在表 1.1 中。另外，代表性的統計感官檢查手法表示在表 1.2 中。

表 1.1　統計感官檢查手法的概要

方法	目的	手法
分類	特性之差的識別、喜好的比較	分類數據的解析法
分級	特性或喜好的分級	分級數據的解析法
設定順序	特性或喜好的排序	順位法
成對比較	特性或喜好的尺度化	一對比較法
評分	特性的測量、喜好的評價	計分法

表 1.2　代表性的統計感官檢查手法之一

手法	名稱	方法	解析方法
分類數據的解析法（識別法、嗜好法）	2 點識別法	給予 A、B 兩個樣本，就某特性，令其判定何者較大。	二項檢定（H_0：$p = 1/2$）（單邊檢定）
	2 點嗜好法	給予 A、B 兩個樣本，令其回答喜歡何者。	二項檢定（H_0：$p = 1/2$）（雙邊檢定）
	3 點識別法	比較 A、B 兩個樣本時將（A、A、B）當作一組提供，令其指出 B。	二項檢定（H_0：$p = 1/3$）（單邊檢定）
	3 點嗜好法	將（A、A、B）當作一組提供，令其指出 B 之後，在令其回答喜歡何者。	二項檢定（H_0：$p = 1/6$）（雙邊檢定）

分級數據的解析法（分級法）	1：2 點識別法	首先給予 A，其次將（A、B）當作一組給予，令其指出何者是 A。	二項檢定（H_0：$p = 1/2$）（單邊檢定）
	配對法	給予樣本組 2 組，從各組取出 1 個，令其做出同種類的樣本配對。	Cramer 的方法
		按上、中、下；優、良、可；合格、不合格等之等級將樣本分級。	利用分割表的 χ^2 檢定 Cochran 的 Q 檢定 不良率的檢定 Fisher 的評分法 累積法 精密累積法

表 1.3　代表性的統計感官檢查手法之二

手法	名稱	方法	解析方法
順位法		就 k 個樣本，依據某特性的大小，令其定順位。	順位相關係數（Spearman, Kendall） Kendall 的一致性係數 W Wilcoxon 的順位和檢定 Kruskal 的 H 檢定
一對比較法	基本的方法	比較 k 個樣本時，將每 2 個做成組進行比較，令其分出優劣。	一致性的係數 Thurstone 的一對比較法 Bradley 的一對比較法
	Scheffe 的方法	比較 k 個樣本時，將每 2 個做成組進行比較，令其判斷差的評分。	Scheffe 的一對比較法（Scheffe 的原法、芳賀氏變形法、浦氏變形法、中屋氏變形法）

SN 比 *		將樣本分成良、不良等，令其分級或分類。	SN 比的變異數分析
類別尺度法 *	SD 法、評定尺度法	先按順序提供所排列的用語，令其回答樣本屬於哪一個分類。	平均值之差的檢定 變異數分析 多變量分析
計分法 *		提供樣本，令其對某特性的大小、品質的良否、喜歡的程度等計分。	平均值差的檢定 變異數分析 多變量分析

* 本書不探討。

1.3 統計感官檢查手法的目的別分類

前節敘述了感官檢查手法的概要，如將此按目的別分類時，即如表 1.4。可作爲活用手法時的參考。

表 1.4　統計手法按目的別分類

目的 手法例	檢查員			樣本		感官特性的尺度化
	識別能力的有無	教育效果的判定	嚴格度之差的判定	差的有無的判定	決定順序	
分類數據的解析法 — 2 點識別法．2 點嗜好法	◎	○		◎		
3 點比較法．3 點嗜好法	◎	○		◎		
1：2 點比較法	◎	○		◎		
配對法	◎	○				

分類	方法					
分級數據的解析法	分割表的 χ^2 檢定	○	○		◎	
	Cochran 的 Q 檢定 *		◎	○		
	不良率的檢定	○	○		◎	
	Fisher 的評分法			◎	○	◎
	累積法	○			◎	○
	精密累積法	○			◎	○
順位法	順位相關係數	○	○			◎
	Kendall 的一致性係數 W	○	○		○	◎
	Wilcoxon 的順位和檢定	○			◎	
	Kruskal 的 H 檢定	○			◎	◎
一對比較法	Thurstone 的一對比較法 *				○	
	Bradley 的一對比較法 *				◎	○
	Scheffe 的一對比較法 *			○	◎	○
SN 比 *		◎	◎		○	◎
類別尺度法 *				○	◎	○
計分法 *				○	◎	○

備註◎：適用○：能適用＊：本書不探討。

1.4　感官檢查中數據的性質

解說了尺度的分類與基本的性質之後，在感官檢查中的數據是以分類尺度與順位尺度為中心，並且考察將分類尺度或順位尺度的分級分類數據「視為」間隔尺度的優點、缺點。

一、尺度的分類

所謂尺度是只為了測量「感覺的質、強度、嗜好（感覺喜歡）以及受容性（被接受的性質）所準備的語言或數值的集合，能分類或能設定順位者」（JISZ 8144 2044）。依據心理學者史蒂夫（S. S. Stevens）的尺度分類是感官檢查中重要的想法。

史蒂夫如表 1.5 將尺度分成 4 個類型。

表 1.5　Steven 的尺度分類

尺度	性質	典型例
分類尺度（名義尺度）	保證等價性 計量性處理不具意義	選手的背號 產品的批號
順序尺度（序數尺度）	保證大小關係 可以適用處理順位的統計處理	香味的合適度 洗髮精的洗淨度
間隔尺度（距離尺度）	保證距離的等價性 可以適用平常的統計處理	溫度（攝氏、華氏） 學力測驗分數
比例尺度（比率尺度）	保證比率的等價性 可以適用平常的統計處理	絕對溫度 長度、質量

分類尺度（名義尺度）只能保證等價性。譬如，日本棒球選手的巨人隊背號 1 號的人與王貞治是等價的。並且，求平均或標準差的計量性處理

不具意義。譬如巨人隊 3 號的長島氏與 1 號的王貞治打出全壘打時，是不能變成背號 2 號的人打出全壘打的。並且，數值大小也不具意義。

順序尺度（序數尺度），可保證大小關係。譬如，田徑賽的第一名、第二名……，第二名雖然不及第一名，但卻在第三名之上，可是第一名與第二名之差並不保證等於第二名與第三名之差。因此，第一名與第三名取平均是不保證等於第二名的。可以適用處理順位的統計方法。

間隔尺度（距離尺度）可以保證距離的等價性。譬如，30 度與 20 度的氣溫差等於 20 度與 10 度的氣溫差。可是，A 的 30 度卻不能說是 B 的 10 度的 3 倍熱。像平均氣溫是 20 度那樣，可以適用平常的統計處理。

比例尺度（比率尺度）可以保證比率的等價性。譬如，相撲的大力士體重是 300 公斤，小力士體重是 100 公斤時，可以說大力士是小力士的三倍重。並且，平均體重 200 公斤，可以適用平常的統計處理。

這些尺度的高低順序，依序由低位到高位是分類尺度、順位尺度、間隔尺度、比例尺度。高位的尺度均具有包含低位尺度的性質。

二、感官檢查中的數據

感官檢查中作為輸出所得到的數據，並非像利用機器測量值的那種比例尺度或間隔尺度，而是以順位尺度或分類尺度為中心。

譬如，將等級分級為上、中、下的分類數據即為順位尺度。並且，使用問卷如表 1.6(a) 將相反語放在兩端的語意差異法（SD: Semantic Differential Scale），或像表 1.6(b) 以評定尺度法詢問的有很多，而「相當高級」雖不及「非常高級」卻比「略為高級」強，由於是顯示對類別加以分類並設定順位，因之實質上即為以等級加以分類的分類尺度或順位尺度。

可是，將此如表 1.6 的括號內予以分類化，「視為」間隔尺度來解析的也有很多。

表 1.6　經常採用的詢問形式（順序類別尺度法）

	非常	相當	略為	很難說	略為	相當	非常	
	（−3）	（−2）	（−1）	（0）	（1）	（2）	（3）	
低級	□	□	□	□	□	□	□	高級

(a) 利用 SD 法時（7 級法）

	非常同意	相當	很難說	不同意	完全不同意
	（5）	（4）	（3）	（2）	（1）
機能性的	□	□	□	□	□

(b) 利用評定尺度法時（5 級法）

　　像這樣視為間隔尺度，「相當高級」與「非常高級」之差，即等於「略為高級」與「相當高級」之差。回答「非常高級」的人數與回答「略為高級」的人數如果同數時，取平均值時，即為「相當高級」。

　　為何要施與「視為」的操作呢？在日人佐藤信（1978）所寫的《官能檢查入門》一書中有明確的說明，此即是期待可因它而獲得利處的緣故。尺度隨著分類尺度（名義尺度）、順位尺度（序數尺度）、間格尺度（距離尺度）、比例尺度（比率尺度）而提高，對於由該尺度所獲得的數據，可以適用的統計量的種類即變多。換言之，由數據可以得出的資訊量變多。因此，站在此觀點，將上、中、下的分級數據看成間隔尺度或比例尺度來處理的方法是令人滿意的。

　　可是，也有人主張分級數據應當作分類尺度或順位尺度來處理。換言

之，應權衡「視爲」所得到的利處與可能產生的失誤，再去處理分類數據爲宜。

　　實際的感官檢查，將分級分類數據近似地看成間隔尺度如圖表 1.5 那樣給與數值，與計分法的結果同樣處理的有很多。這是基於經驗法則，即使如此處理也不會有問題而被允許的，可是，即使是此種情形，評審員是否熟練該尺度的性質與使用法呢？樣本的性質當作間隔尺度的設定是否容易進行呢？等等均需要考慮。

　　當然，視爲低位的尺度亦即分類尺度或順位尺度，應用獨立性的檢定或數量化理論等也是一般所採行的。

第 2 章　分類數據的解析法（識別法、嗜好法）

2.1　本章所使用的 Excel 函數

本章所使用的 Excel 函數如表 2.1 所示。有關 Excel 函數的詳細情形，請參照 Excel 的解說書。

表 2.1　第 2 章所使用的函數

函數的種類	函數	內容
數學／三角函數	SUM	引數的合計。
統計函數	BINOMDIST CHIDIST	個別項的二項分配的機率，χ^2 分配的單邊機率。
邏輯函數	IF	檢視是否符合某一條件，若為 true 則傳回某值，若為 false 傳回另一值。
檢視與參照函數	VLOOKUP	在範圍的左端行檢視特定之值傳回對應它的方格之值。

2.2　分類數據的解析法（識別法、嗜好法）的概要

以分類尺度（名義尺度）的數據的解析法來說，乃是處理樣本以某基準加以分類的機率。此處，將此種解析法總稱為分類數據的解析法。

關於此，如表 2.2 所示，其一是觀察能否識別的類型（識別法）與另

一是觀察有無嗜好差異的類型（嗜好法）。識別法主要是用於判定樣本間有無差異或檢查員有無識別能力。實驗的操作也很單純明快，而且是敏感度佳的方法，因此對於差異小的樣本可以適用。嗜好法可用於判定嗜好差異的有無。

表 2.2 之中的 2 點比較法，像是何者的刺激較強或較喜歡何者之類，如果問題是當作比較一次元的特性來表現時，那麼可以說是識別力最高的方法。可能有差異，事先無法以問題明確表現，卻想識別樣本間之差異時，可以使用 3 點比較法或 1：2 點比較法。這些手法在感官評價中是常被使用的代表性手法。配對法則可用於同時進行多種樣本的識別。

表 2.2　分類數據的解析（識別法、嗜好法）

類型	能識別否	有嗜好差否
2 點比較法	2 點識別法	2 點嗜好法
3 點比較法	3 點識別法	3 點嗜好法
1：2 點比較法	1：2 點識別法	-
配對法	配對法	-

2.3　2 點比較法

以 2 種樣本作為一組，讓受試者回答哪一個才是符合詢問的樣本，此方法稱為 2 點比較法（pair test）。從其結果判定 2 種樣本間是否有差異，以及受試者是否具有識別 2 種樣本的能力。

樣本間存在有像大小或優劣等之客觀順位時，即為 2 點識別法（單邊檢定），像嗜好之類不存在客觀的順位時，即為 2 點嗜好法（雙邊檢定）。

一、2 點識別法

2 點識別法（paired difference test）如圖 2.1 那樣，是樣本間存在有大小或優劣等之客觀順位的 2 點比較法，因此進行單邊檢定。

圖 2.1　2 點識別法

在 n 次的判定中選出 A 或 B 之次數 k，由於服從 $p = \dfrac{1}{2}$ 的二項分配，因此進行 $p = \dfrac{1}{2}$ 的二項檢定。

虛無假設 $H_0：p = \dfrac{1}{2}$　（偶然猜中）

對立假設 $H_1：p > \dfrac{1}{2}$　（多於偶然猜中。單邊檢定）

在虛無假設 H_0（為真）之下 n 次的判定之中，A（或 B）被選出 k 次以上的機率，亦即，隨機回答偶然猜中的機率 P 是以如下表示，即

$$P = \sum_{x=k}^{n} {}_nC_x \left(\frac{1}{2}\right)^n \quad （單邊） \qquad 式（2.1）$$

因此由實測值所求出之 P，如比事先決定的機率 α 小時，在顯著水準 α 下捨棄虛無假設，因而接受對立假設。統計檢定的顯著水準 α 一般使用 $\alpha = 0.05$（5%）。

譬如，在式（2.1）中，如 n = 10，x = 10, 9, 8,…，時，在虛無假設之

下，10 次的判定之中，A（或 B）被選出的機率如下。

10 次全部被選出時的機率：

$$P = {}_{10}C_{10}\left(\frac{1}{2}\right)^{10} = 0.000977$$

9 次以上被選出的機率：

$$P = {}_{10}C_{10}\left(\frac{1}{2}\right)^{10} + {}_{10}C_{9}\left(\frac{1}{2}\right)^{10} = 0.000977 + 0.009766 = 0.010743$$

8 次以上被選出的機率：

$$P = {}_{10}C_{10}\left(\frac{1}{2}\right)^{10} + {}_{10}C_{9}\left(\frac{1}{2}\right)^{10} + {}_{10}C_{8}\left(\frac{1}{2}\right)^{10} = 0.000977 + 0.009766 + 0.043945$$
$$= 0.054688$$

　　因此，9 次以上的機率並未超過顯著水準 5%，所以捨棄虛無假設，而 8 次以上是超過顯著水準 5%，所以不捨棄虛無假設。換言之，10 次的判定之中有 9 次以上某一方的樣本被選出時，統計上可認為有差異，8 次以下時，保留承認有差異。

　　利用上式進行 2 項分配的計算是很麻煩的，因此總判定數（次數、人數）n 之中的正答數 k 如在多少以上時，在顯著水準 5% 下即為顯著，即可捨棄虛無假設事先計算此種界限值（捨棄界限）的表是有所提供的。界限值（捨棄界限）為了取整數，顯著水準並非剛好 5% 而是 5% 以下。下節以後的其他手法所提供的數表也同樣如此製作。

範例 2-1

在某男性用皮膚保養品中，一旦融於口就感到苦味，被視爲消費者的不滿要因之一。苦味的成分被評定有 A > B 之差異，就 A、B 兩種樣本讓公司內部的檢查員來判定 10 組，有 9 次正確判定。此檢查員可以說有識別苦味的能力嗎？

Excel 的解析例

如依據一般的解析步驟時，需要有服從二項分配的檢定數表，2 點識別時需要有「2 點識別法的捨棄界限」的數表。相對地，使用 Excel 的解析，是使用可傳回二項分配之機率的函數 BINOMDIST，即使未參照此數表也可進行 2 點識別法的檢定。範例 2-1 的 Excel 輸出入例如表 2.3 所示。

表 2.3　範例 2-1（2 點嗜好法）的 Excel 輸出入例

	A	B	C	D	E
1	正解數	判定數	識別率	函數形式	二項分配
2	9	10	0.5	FALSE	0.0097656
3	10	10	0.5	FALSE	0.0009766
4				計	0.0107422
5				判定	顯著

步驟 1　輸入數據

在方格 A2 中輸入正解數，在 k = 9, B2 中輸入判定數 n = 10。

A2：9

B2：10

步驟 2　輸入識別率、函數形式

於 C2 方格輸入虛無假設之值 0.5（意指 1/2），於 D2 輸入 FALSE（傳

回機率密度函數）

C2：0.5

D2：FALSE

於 E2 輸入計算式

E2：BINOMDIST（A2, B2, C2, D2）（顯示出二項分配的機率 0.0099766）

　　方格 E2 是 10 次中 9 次識別成功時的機率，同樣分別求出 10 次中 10～9 次識別成功時的機率。判定數、識別數、函數形式以複製即可解決，但正解數之值是變動的，因此有需要從正解數到判定數（本例是 9～10）予以輸入。用手輸入也是可以的，但如使用 Excel 的「連續數據的製作」機能時，即使數目多也能簡單輸入。

　　A2：在 2016 版的 Excel 中，從〔常用〕索引標籤上，按一下〔編輯〕中的〔填滿〕，然後點選〔數列〕，出現對話框，數列資料取自「欄」，類型使用「等差級數」，終止值輸入「10」。此處，

　　A2～A3 輸入 9～10。

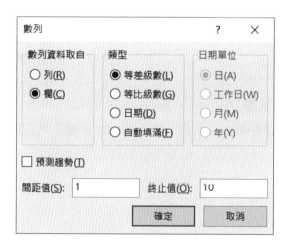

　　B3：複製 B2（10）

　　C3：複製 C2（0.5）

　　D3：複製 D2（FALSE）

　　E3：複製 E2（＝BINOMDIST（A2,B2,C2,D2））

　　（B3～E3：當作複製 B2～E2 也行）

步驟 3　求二項分配的機率

　　於方格 E4 中求出 E2～E3 的合計。

　　E4：＝SUM（E2：E3）

步驟 4　判定顯著性的檢定結果

　　於方格 E5，比較 E4 之值與顯著水準 $\alpha = 0.05$（5%）後判定。

　　E5：IF（E4＜0.05，「顯著」，「不顯著」）

步驟 5　敘述結論

　　判定的結果是顯著的。此檢查員統計上可以說明具有識別苦味的能力。

範例 **2-2**

　　在與範例 2-1 相同的條件下，讓另一位檢查員判定之後，有 8 次正確判定。此檢查員可以說明有識別苦味的能力嗎？

Excel 的解析例

　　範例 2-2 的 Excel 輸出入例如表 2.4 所示。

表 2.4　實施測 2-2（2 點識別法）的 Excel 輸出入例

	A	B	C	D	E
1	正解數	判定數	識別率	函數形式	二項分配
2	8	10	0.5	FALSE	0.0439453
3	9	10	0.5	FALSE	0.0097656
4	10	10	0.5	FALSE	0.0009766
5				計	0.0546875
6				判定	不顯著

步驟 1　輸入數據

　　於方格 A2 輸入正解數 k = 8，於 B2 輸入判定數 n = 10。

　　A2：8

　　B2：10

步驟 2　輸入識別率，函數形式

　　於 C2 輸入虛無假設之值 0.5（意指 1/2），於 D2 輸入 FALSE（傳回機率密度函數）。

　　C2：0.5

　　D2：FALSE

　　於方格 E2 輸入計算式。

　　E2：BINOMPIST（A2, B2, C2, D2）（顯示出二項分配的機率 0.043945）

　　A2：使用填滿功能於 A2～A4 輸入 8～10。

　　B3～B4：複製 B2（10）

　　C3～C4：複製 C2（0.5）

　　D3～D4：複製 D2（FALSE）

　　E3～E4：複製 E2（= BINOMDIST（A2, B2, C2, D2））

步驟 3　求機率

　　於方格 E5 中求出 E2～E4 的合計。

　　　　E5：SUM（E2：E4）

步驟 4　判定顯著性的檢定結果

　　於方格 E6，比較 E5 之值與顯著水準 $\alpha = 0.05$（5%）再判定。

　　E6：IF（E5 < 0.05，「顯著」，「不顯著」）

步驟 5　敘述結論

　　判定的結果是不顯著。因此，此檢查員不能說有識別苦味的能力。在統計的檢定中，顯著時，可以斷定「有識別能力」，相對的，不顯著時，無法斷定「沒有識別能力」，是需要注意的地方。像人數或次數等總判定數愈多愈會顯著，但因爲總判定數少，因此也許不會變成顯著。因此，不顯著時，如果時間寬裕，最好增加次數或人數進行實驗或檢查。

二、2 點嗜好法

　　2 點嗜好法（paired preference test）如圖 2.2 那樣，像嗜好等由於是樣本之間客觀的順位不存在時的 2 點比較法，因此進行雙邊檢定。

　　N 次的判定中 A 或 B 被選出的次數 k，由於是服從 $p = \dfrac{1}{2}$ 的二項分配，所以進行 $p = \dfrac{1}{2}$ 的二項檢定。

　　虛無假設 H_0：$p = \dfrac{1}{2}$（偶然選中）

　　對立假設 H_1：$p \neq \dfrac{1}{2}$（並非偶然選中。雙邊檢定）

　　在虛無假設下，A，B 的任一者在 n 次的判定之中有 k 次（$k \geq \dfrac{n}{2}$）以上被選出的機率是

$$P = \sum_{x=k}^{n} {}_{n}c_{x}\left(\frac{1}{2}\right)^{n} \times 2 \ (\text{雙邊}) \qquad\qquad \text{式（2.2）}$$

Ⓐ　Ⓑ ──────────→ Ⓐ

何者喜歡？

圖 2.2　2 點嗜好法

　　由實測值所求出的 P 如比事先所決定的機率 α 小的時候，在顯著水準 α 下捨棄虛無假設，選擇對立假設。

範例 2-3

　　X 公司推出的香水新品牌，有瓶裝設計 A 案、B 案。A、B 何者的設計最受歡迎呢？讓 44 人判定後，回答喜歡 A 案的有 28 人，回答喜歡 B 案的有 16 人。A 案與 B 案受歡迎的程度是否有差異呢？

Excel 的解析例

　　與 2 點識別法一樣，使用 Excel 函數 BINOMDIST，即使未參照「2 點嗜好法的捨棄界限」，也可進行 2 點嗜好法的檢定。

　　範例 2-3 的 Excel 輸出入例如表 2.5 所示。

表 2.5　範例 2-3（2 點嗜好法）的 Excel 輸出入例

	A	B	C	D	E	F
1	喜好数	判定数	嗜好率	函数形式	二項分配	
2	28	44	0.5	FALSE	0.0473749885	
3	29	44	0.5	FALSE	0.0261379247	
4	30	44	0.5	FALSE	0.0130689623	
5	31	44	0.5	FALSE	0.0059021120	
6	32	44	0.5	FALSE	0.0023977330	
7	33	44	0.5	FALSE	0.0008719029	
8	34	44	0.5	FALSE	0.0002820862	
9	35	44	0.5	FALSE	0.0000805961	
10	36	44	0.5	FALSE	0.0000201490	
11	37	44	0.5	FALSE	0.0000043565	
12	38	44	0.5	FALSE	0.0000008025	
13	39	44	0.5	FALSE	0.0000001235	
14	40	44	0.5	FALSE	0.0000000154	
15	41	44	0.5	FALSE	0.0000000015	
16	42	44	0.5	FALSE	0.0000000001	
17	43	44	0.5	FALSE	0.0000000000	
18	44	44	0.5	FALSE	0.0000000000	
19				計	0.0961417544	
20				判定	不顯著	

步驟 1　輸入數據

於 A2 輸入較多受到喜歡的個數 $k = 28$，於 B2 輸入判定數 $n = 44$。

A2：28

B2：44

步驟 2　輸入嗜好率、函數形式

於 C2 輸入虛無假設之值 0.5（指 $\frac{1}{2}$），於 D2 輸入 FALSE（傳回機率密度函數）。

C2：0.5

D2：FALSE

於 E2 輸入計算式。

E2：= BINOMDIST（A2, B2, C2, D2）*2（由於是雙邊機率，因此乘上 2。顯示出二項分配的機率 0.047375）

A2：使用填滿功能於 A2〜A18 輸入 28〜44

B3〜B18：複製 B2（44）

C3〜C18：複製 C2（0.5）

D3〜D18：複製 D2（FALSE）

E3〜E18：複製 E2（= BINOMDIST（A2, B2, C2, D2）*2）

（當作複製 B2〜E3，B4〜E4，…，B18〜E18，B2〜E2 也行）

步驟 3　求二項分配的機率

於方格 E19 中求出 E2〜E18 的合計。

E19：= SUM（E2:E18）

步驟 4　判定顯著性的檢定結果

於 E20 比較 E19 值與顯著水準 0.05（5%）後判定。

E20：= IF（E19 < 0.05，「顯著」，「不顯著」）

步驟 5　敘述結論

判定的結果不顯著。因此關於香水瓶的設計，A 案與 B 案受歡迎的程度不能說有差異。

2.4　3 點比較法

3 點比較法（triangle test）是 2 種樣本之中，一方有 2 個，另一方有 1 個，以合計 3 個作成組，向受試者呈現。此處，相同的 2 個樣本稱為「成對樣本」，不同的另一個樣本稱為「另類樣本」。然後讓受試者選出認為是另類樣本的 1 個樣本（或者令其組合出認為是成對樣本的 2 個）。將此

重複數次，以當時的正解數判定 2 種樣本間是否有差異，以及該受試者是否具有識別其差異的能力。有時，再將所選出的與剩餘的相比較，並令其判斷何者較喜歡或較好。

　　只是選出「另類樣本」1 個（或組合「成對樣本」2 個）時，是 3 點識別法（單邊檢定），另外所選出的與剩餘的相比較，令其判斷何者較喜歡或較好時，即爲 3 點嗜好法（單邊檢定＋雙邊檢定）。

一、3 點識別法

　　3 點識別法（triangle difference test）如圖 2.3 所示，比較 A、B 這 2 個樣本時，像（A、A、B）那樣將 3 個當作 1 組提供，令其指出另類樣本 B（或令其組合成對樣本的 A）。

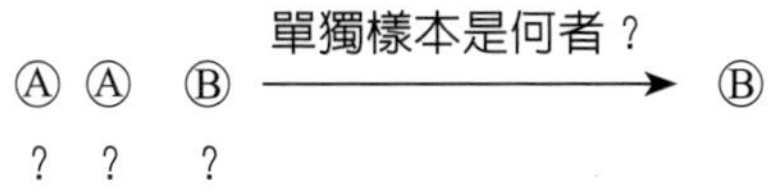

圖 2.3　3 點識別法

　　此方法是由食品公司所開發，可廣泛地應用在味道或臭味的識別上。2 點識別法是在 2 種樣本之間，像甜味之差或苦味之差等在什麼樣的觀點上有差異呢？如果不是已知是無法應用的，而 3 點識別法與 1：2 點比較法等一樣，即使差的性質不明時也能應用。

　　3 點識別法由於正解存在，所以進行單邊檢定。想法與 2 點識別法相同，3 次判定中單獨樣本被選出的次數 k 是服從 $p = \frac{1}{3}$ 的二項分配，所以進行 $p = \frac{1}{3}$ 的二項檢定。

虛無假設 H_0：$p = \dfrac{1}{3}$（偶然猜中）

對立假設 H_1：$p > \dfrac{1}{3}$（多於偶然猜中。單邊檢定）

在虛無假設之下單獨樣本（或成對樣本）在 n 次的判定之中被選出 k 次以上的機率是

$$P = \sum_{x=k}^{n} {}_n c_x \left(\frac{1}{3}\right)^x \left(\frac{2}{3}\right)^{n-x} \qquad\qquad 式（2.3）$$

由實測值所求出的 P 如比事先所決定的機率 α 小的時候，在顯著水準 α 下捨棄虛無假設選擇對立假設。

範例 2-4

為了調查男性用香水 A、B 的香味是否有差異，準備有 A、A、B 的組合，隨機地聞取香味，再指出另類樣本（此處是 B）的測試，由 30 位一般評審員進行後，10 人正確識別。A、B 能否說有差異。

Excel 的解析例

與 2 點比較法一樣，使用 Excel 的函數 BINOMDIST，即使未參照「3 點識別法的捨棄界限」之數表也可進行 3 點識別法的檢定。

範例 2-4 的 Excel 輸出入例如表 2.6 所示。

表 2.6　範例 2-4（3 點識別法）的 Excel 輸出入例

	A	B	C	D	E
1	正解數	判定數	識別率	函數形式	二項分配
2	19	30	0.333333	FALSE	0.0005433780
3	20	30	0.333333	FALSE	0.0001494289
4	21	30	0.333333	FALSE	0.0000355783
5	22	30	0.333333	FALSE	0.0000072774
6	23	30	0.333333	FALSE	0.0000012656
7	24	30	0.333333	FALSE	0.0000001846
8	25	30	0.333333	FALSE	0.0000000221
9	26	30	0.333333	FALSE	0.0000000021
10	27	30	0.333333	FALSE	0.0000000002
11	28	30	0.333333	FALSE	0.0000000000
12	29	30	0.333333	FALSE	0.0000000000
13	30	30	0.333333	FALSE	0.0000000000
14				計	0.0007371373
15				判定	顯著

步驟 1　輸入數據

　　於方格 A2 輸入正解數 k = 19，於 B2 輸入判定數 n = 30。

　　A2：19

　　B2：30

步驟 2　輸入識別率，函數形式

　　於 C2 輸入虛無假設之值 1/3，於 D2 輸入 FALSE（傳回機率密度函數）

　　C2：0.3333 = 1/3

　　D2：FALSE

　　於 E2 輸入計算式

　　E2：BINOMDIST（A2, B2, C2, D2）（顯示出二項分配的機率 0.000543）

　　A2：使用填滿功能於 A2～A13 輸入 19～30。

　　B3～B13：複製 B2（30）

　　C3～C13：複製 C2（0.3333）

D3～D13：複製 B2（FALSE）

E3～E13：複製 B2（＝BINOMDIST（A2, B2, C2, D2））

步驟 3 求二項分配的機率

於方格 E14 中求出 E2～E13 的合計。

E14：＝SUM（E2:E13）

步驟 4 判定顯著性的檢定結果

於方格 E15，比較 E14 之值與顯著水準 $\alpha = 0.05$（5%）再判定。

E15＝IF（E14＜0.05，「顯著」，「不顯著」）

步驟 5 敘述結論

判定的結果是顯著的。因此，統計上可以說男性用香水 A、B 的香味是有差異的。

二、3 點嗜好法

3 點嗜好法（triangle preference test）如圖 2.4 所示，以如下的 2 個階段進行。對受試者也是兩階段給與指示。

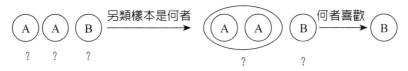

圖 2.4　3 點嗜好法

①令其選出 1 個另類樣本〔或者，組合相同種類的 2 個（成對樣本）〕。

②接著，所選出的樣本與剩餘的樣本相比較，判斷何者較爲喜歡或較好。

　　對於①的回答可利用 3 點識別法的解析來處理。對於②的回答，可針對①的正答者的數據進行解析。此時，如果漏掉正答者的數據資訊時即為 2 點嗜好法的解析，但有需要在未遺漏正答者的數據資訊之下進行解析。

　　因此，建立「對 A 與 B 的喜好毫無差異」的虛無假設後再進行檢定。今如果 A、B 當作無法識別時，可以期待 n 人之中有 n/3 人正確回答。另外，對於 A 與 B 的喜好當作沒有差異時，此正答者的 1/2 亦即 n/6 人回答喜歡 A，剩下的 n/6 人回答喜歡 B。n 人之中有 2n/3 人隨機回答卻未能僥倖選中另類樣本（與回答喜歡 A 或喜歡 B 無關）。

　　因此，並非二者取一型的二項分配，而是三者選一，因此服從三項分配。隨機回答偶然正確選出另類樣本，而且一時性地選擇一方的機率是 1/6，所以進行 $p = 1/6$（$q = 1/6, r = 2/3$）的三項檢定。嗜好等由於是客觀的順位不存在，所以進行雙邊檢定。

虛無假設 $H_0：p = \dfrac{1}{6}$（偶然猜中，而且一時性被選出）

對立假設 $H_1：p \neq \dfrac{1}{6}$（可以識別，且有嗜好差。雙邊檢定）

　　在虛無假設下，在選出另類樣本上隨機回答偶然正解，而且一時性的偏好一方的機率是以三項展開式設定，

$$(p+q+r)^n = p^n + q^n + r^n + \ldots\ldots \qquad 式（2.4）$$

　　利用此所求出的機率如比已決定的機率 α 小時，在顯著水準 α 下否定虛無假設，接受對立假設。

範例 2-5

　　就標準咖啡 A 與速食咖啡 B 準備 A、B、B 的組合，針對 30 位的一

般消費者進行 3 點嗜好法之後，30 人中有 19 人正確識別另類樣本 A，其中 11 人回答喜歡 A，剩下的 8 人回答喜歡 B。A 和 B 之間可否說有差異。

Excel 的解析例

　　Excel 準備有傳回二項分配機率之函數 BINOMDIST，卻未備有傳回三項分配機率的函數。因此，在解析服從三項分配的 3 點嗜好法方面，有需要使用式（2.4）所表示的三項展開式計算機率。可是 n 甚大時對三項展開式的計算非常繁雜，此處使用圖表 2.7 所示之「3 點嗜好法的捨棄界限」的數表進行解析。

　　另外，表 2.11 的「3 點嗜好法的捨棄界限」之數表只顯示至 n = 100 的捨棄界限值。因此 n > 100 時，有需要使用近似 χ^2 分配進行解析，此例如後述。

表 2.7　3 點嗜好法的捨棄界限（顯著水準 5% 以下）

總判定數	正答數中喜歡某一方的個數 a	總判定數	正答數中喜歡某一方的個數 a
1	-	51	15
2	-	52	15
3	3	53	15
4	3	54	15
5	4	55	16
6	4	56	16
7	4	57	16
8	5	58	16
9	5	59	16
10	5	60	17

範例 2-5 的 Excel 輸出入例如表 2.8 所示。

步驟 1　進行 3 點識別法的檢定

首先就能否識別進行 3 點識別法的檢定。

判定數 n = 30，正解數 k = 19，與範例 2-4 相同，因此如表 2.8。

結果是顯著，因此按以下步驟進行（如不顯著即中止）。

步驟 2　輸入「3 點嗜好法的捨棄界限」的數表

於方格 A2～A101 輸入 n = 1～100；於 B2～B101 輸入表 2.7 的捨棄界限值 a。又表 2.8 的輸出例中因版面的關係，中途省略。

表 2.8　範例 2-5（3 點嗜好法）的 Excel 輸出例

	A	B	C	D
1	n	a		
2	1	—	判定數	30
3	2	—	喜好數	11
4	3	3	否定界限	10
5	4	3	判定	顯著
6	5	4		
7	6	4		
8	7	4		
9	8	5		
10	9	5		
11	10	5		
12	11	6		
13	12	6		
14	13	6		
15	14	6		
16	15	7		

步驟 3　輸入數據

輸入判定數 n = 30，被許多人喜歡的樣本的人數 a = 11（喜歡 A 的人數）。

D2：30

D3：11

步驟 4　使用已輸入的捨棄界限表，讀取捨棄界限值。

從表直接讀取也行，但使用 VLOOKUP 函數，即可簡單從表查出捨棄界限值。

D4：＝ VLOOKUP（D2, A2：B101, 2, FALSE）（FALSE 省略也行，顯示對應 n＝30 的捨棄界限值 10）

步驟 5 判定顯著性的檢定結果

被許多人喜歡的人數 a，與利用 VLOOKUP 函數由數表讀取的捨棄界限值相比較再判定。A 如比數表之值大時即顯著。

D5：IF（D3＞＝ D4，「顯著」、「不顯著」）

步驟 6 敘述結論

判定是顯著的。因此，標準咖啡與速食咖啡之間具有能識別的差異，統計上其喜歡的方式也是有差異的。

範例 2-6

與範例 2-5 同樣的條件下，此次針對 120 人的一般消費者進行 3 點嗜好法之後，120 人中有 51 人能正確識別「另類」樣本，其中 40 人回答喜歡 A，剩下的 11 人回答喜歡 B。A、B 之間能否說有差異。

Excel 的解析例

n＞100 時，使用數表的檢定無法進行，因此利用近似 χ^2 分配進行檢定。

檢定統計量 χ^2 可利用下式求出。

$$\chi_0^2 = \frac{\left(a - \dfrac{n}{6}\right)^2}{\dfrac{n}{6}} + \frac{\left\{(k-a) - \dfrac{n}{6}\right\}^2}{\dfrac{n}{6}} + \frac{\left\{(n-k) - \dfrac{2n}{3}\right\}^2}{\dfrac{n}{6}} \qquad 式（2.5）$$

其中，a：較受到喜歡的人數，k：識別成功數，n：判定數。

一般，如果 $\chi_0^2 > \chi_\alpha^2(2)$ 時否定虛無假設。其中 $\chi_\alpha^2(2)$ 是自由度 2 的 χ^2 分配的上例100%的點，由數表「χ^2 分配的百分點」查出 $\chi_{0.05}^2(2)$ 是 5.99146。

相對地，使用 Excel 的解析，使用傳回 χ^2 分配機率的函數 CHIDIST，即使未參照此數表也可進行檢定。

範例 2-6 的 Excel 輸出入例如表 2.9 所示。

表 2.9　範例 2-6（3 點嗜好法）的輸出入例

	A	B	C
1	判定數n	120	
2	識別正解數k	51	
3	較多的被喜好數a	40	
4	檢定統計量 χ_0^2	25.5625	
5	P-值	0.0000028130	
6	檢定結果的判定	顯著	
7			

步驟 1　進行 3 點識別法的檢定

首先就能否識別，進行 3 點識別法的檢定。

輸出入例省略，結果是顯著的，因此按以下步驟進行。

步驟 2　輸入數據

於方格 B1 輸入判定數，於 B2 輸入識別的正解數，B3 輸入較多受到喜歡的人數 a。

B1：120

B2：51

B3：40

步驟 3 計算檢定統計量χ_0^2。

於方格 B4，縱式（3.5）求出檢定統計量χ_0^2。

B4：= (B3 − B1/6)^2/(B1/6)+((B2 − B3) − B1/6)^2/(B1/6)+(B1 − B2) − 2*B1/3)^2/(2*B1/3)

步驟 4 求機率

使用函數 CHIDIST（傳回χ^2分配的單邊機率），即使未參照「χ^2分配的百分率點」之數表也可進行檢定。

B5：= CHIDIST（B4, 2）

步驟 5 判定顯著性的檢定結果

比較方格 B5 之值與顯著水準 0.05（5%）再判定。

B6：= IF（B5 < 0.05，「顯著」，「不顯著」）

步驟 6 敘述結論

判定結果是顯著的。標準咖啡與速食咖啡之間具有能識別的能力，並且，受到喜歡的方式統計上也可以說是有差異的。

2.5 1：2 點比較法（1：2 點識別法）

1：2 點比較法（1：2 點識別法，1：2 點法，duo-trio test），與 3 點比較法相同，雖然是將 3 個樣本向檢查員呈現，但如圖 2.5 那樣，給與 A 或 B 一個當作「明」樣本（將品牌名或樣本的內容或特性使之明確呈現的樣本），另外給與 A 與 B 當作「盲」樣本（隱藏品牌名稱，完全不提供有關該樣本的內容或特性的資訊，以編碼化來呈現的樣本），讓他人猜

出哪一個與「明」樣本有不同（或者，與「明」樣本相同否）之方法。

又，此方法與 3 點比較法不同，相當於 3 點嗜好法之有關嗜好的檢定，在目前的階段並未被提案。

圖 2.5　1：2 點比較法

顯著性的檢定與 2 點比較法的單邊檢定是可以完全同樣進行。檢定的步驟也與 2 點識別法的檢定相同。

範例 2-7

使用國外高級品牌 X 公司製的香水 A，與國內廠商 Y 公司製的香水 B，針對 30 位女學生進行 1 對 2 點識別法。亦即，以實驗的步驟來說，首先以「明」樣本提供 X 公司製香水 A 讓她們聞取香味，其次在「盲」樣本 A、B 之中的何者是 X 公司製的香水，讓他們回答之後得出 10 位的正解。

女學生可以說具有識別香水的能力嗎？

Excel 的解析例

1 對 2 點識別法的解析與 2 點識別法完全相同，因此使用 Excel 函數 BINOMDIST，即使未參照「1 對 2 點比較法的捨棄界限」之數表（與「2 點識別法的捨棄界限」相同），也可進行此檢定。

範例 2-7 的 Excel 輸出入例如表 2.10 所示。

表 2.10 範例 2-7（1 對 2 點比較法）的 Excel 輸出入例

	A	B	C	D	E
4	12	30	0.5	FALSE	0.0805530930
5	13	30	0.5	FALSE	0.1115350518
6	14	30	0.5	FALSE	0.1354354201
7	15	30	0.5	FALSE	0.1444644481
8	16	30	0.5	FALSE	0.1354354201
9	17	30	0.5	FALSE	0.1115350518
10	18	30	0.5	FALSE	0.0805530930
11	19	30	0.5	FALSE	0.0508756377
12	20	30	0.5	FALSE	0.0279816007
13	21	30	0.5	FALSE	0.0133245718
14	22	30	0.5	FALSE	0.0054509612
15	23	30	0.5	FALSE	0.0018959865
16	24	30	0.5	FALSE	0.0005529961
17	25	30	0.5	FALSE	0.0001327191
18	26	30	0.5	FALSE	0.0000255229
19	27	30	0.5	FALSE	0.0000037812
20	28	30	0.5	FALSE	0.0000004051
21	29	30	0.5	FALSE	0.0000000279
22	30	30	0.5	FALSE	0.0000000009
23				計	0.9786130274
24				判定	不顯著

步驟 1 輸入數據

於方格 A2 輸出入正解數 k = 10, B2 輸入判定數 n = 30。

A2：10

B2：30

步驟 2 輸入識別率，函數形式。

於 C2 輸入虛無假設之值 0.5（指 1/2），於 D2 輸入 FALSE（傳回機率密度函數）。

C2：0.5

D2：FALSE

於方格 E2 輸入計算式。

E2：= BINOMDIST（A2, B2, C2, D2）

A2：從〔常用〕→〔編輯〕→〔填滿〕→〔數列〕（數列資料取自）〔欄〕→（類型）〔等差級數〕→（間距值）「1」→（終止值）「30」（於 A2～A22 輸入 10～30）。

步驟 3　求二項分配的機率

於 E23 中求出 E2～E22 的合計。

E23：= SUM（E2：E22）

步驟 4　判定顯著性的檢定結果

比較 E23 之值與顯著水準 $\alpha = 0.05$（5%）後判定。

E24：= IF（E23 < 0.05，「顯著」，「不顯著」）

步驟 5　敘述結論

判定的結果是不顯著的。因此，此 30 位女學生不能說具有識別香水 A、B 的能力。

2.6　配對法

配對法（matching test）如圖 2.6，準備 2 組互異的 t 種樣本群，從中各抽出 2 個同種的樣本作成一對，以正確所組合的數目來判定檢查員的識別能力。

上述是 t 個之間的配對並無重複的情形，此手法可再擴張，也可適用於有重複的情形，或 t 個與（t+1）或（t+2）個（但對應的樣本組合數是 t 組）樣本的組合。

圖 2.6　配對法

一、t 個之間的配對無重複時

　　測試的步驟如下。首先準備好互異的 t 種（t ≧ 4）樣本。其次，告知檢查員已準備有同種的樣本 2 組，令其從各組取出 1 個製作同種的樣本之組合。

　　如果 t 種的樣本完全無法識別，當作隨機配對時，t 對之中正確配對的數目 s，即形成機率的分配。將各 t 個的樣本隨機組合時，t 對之中有 s 對被正確組合的機率是

$$P(s) = \frac{1}{s!}\left\{\frac{1}{0!} - \frac{1}{1!} + \frac{1}{2!} - \frac{1}{3!} + \ldots\ldots + (-1)^{t-s}\frac{1}{(t-s)!}\right\} \qquad 式（2.6）$$

　　上述是對 t 收斂，因此如 t ≧ 4 時 s 幾乎與 t 無關。因此，當 t 在 4 以上時，如 s 比 4 大的話，與 t 無關，在顯著水準 5% 以下可以說有識別能力。

　　但是，樣本的種類已設定順序，且有極端差異時，儘管檢查員沒有識別能力有時也會變成顯著，因此有需要先除去此種樣本。

　　另外判定結果，畢竟是表示該測試方法或條件的結果，所以儘可能以現場進行的作業方法或條件來測試是比較理想的。

範例 2-8〔例 1：無重複時〕

　　爲了判定在觸感測試中檢查員的材質識別能力，進行了如下的測試。首先，準備好表面粗糙度相異的材料 A、B、C、D、E、F 共 6 種，以及記入 A、B、C、D、E、F 的標準片。其次，將材料與標準片各 1 種進行觸感測試，令其組合材料與標準片。其結果如表 2.11 所示。此檢查員能否說有材質識別能力呢？

表 2.11　觸感測試結果與標準片之組合

材料	A	B	C	D	E	F
標準片	Ⓐ	Ⓑ	E	Ⓓ	C	Ⓕ

【解析例】

　　此題用不著使用 Excel 計算，因此僅止於說明計算例。

步驟 1：數出正確組合個數 s，s＝4。

步驟 2：由於正確組合數 s 是 4 以上，所以在顯著水準 5% 下是顯著的。

步驟 3：亦即，此檢查員在觸感測式中，以統計而言，可以說具有材質識別能力。

二、t 個之間的配對有重複時

　　將同種的樣本加以組合之步驟重複 n 次的情形。

表 2.12 配對法的檢定表〔讓 t 個與 t 個的樣本相配對時〕
樣本數 t ≧ 4，重複數 n，顯著水準 5%

n	$n\bar{S}$	$\bar{S}$	n	$n\bar{S}$	$\bar{S}$	n	$n\bar{S}$	$\bar{S}$	n	$n\bar{S}$	$\bar{S}$
1	4	4.00	6	11	1.83	11	18	1.64	20	29	1.45
2	6	3.00	7	13	1.86	12	19	1.58	25	34	1.36
3	7	2.33	8	14	1.75	13	20	1.54	30	40	1.33
4	9	2.25	9	15	1.67	14	21	1.50			
5	9	1.80	10	16	1.60	15	23	1.53			

（註）正確配對的個數大於表之值 ns 時，或已正確配對的個數之平均值大於表之值 s 時即為顯著。

範例 2-9〔例 2：有重複時〕

在例 2-8 中，讓另一位檢查員重複 3 次進行觸感測試，進行識別能力之判定。首先，準備好表面粗糙度相異的材料 A、B、C、D、E、F 共 6 種，以及記入材質的標準片。將此重複 3 次。結果如表 2.13 所示。此檢查員能否說具有材質識別能力呢？

表 2.13 3 次的觸感測試結果與材料的組合

材料 / 測試次數	A	B	C	D	E	F
1	Ⓐ	Ⓑ	E	Ⓓ	F	C
2	F	Ⓑ	Ⓒ	Ⓓ	A	E
3	B	C	E	Ⓓ	A	Ⓕ

【解析例】

用不著使用 Excel 計算，因此僅止於說明計算例。

步驟 1　正確的組合數 s 分別是 3、3、2。

步驟 2　對於表 2.12 的 n = 1 而言，界限值是 4，對於各個試結果來說，從僅僅如此的實驗結果不能說有識別能力。

可是，此 3 次的平均正解數是

$$\bar{s} = \frac{1}{3}(3+3+2) = 2.67$$

由於比表 2.12 的 n = 3 的 $\bar{s}$ 的界限值 2.33 還大（或 3 次的合計正解數 3 + 3 + 2 = 8，比表 2.12 的 n = 3 的 $n\bar{s}$ 的界限值 7 還大），因此在顯著水準 5% 下是顯著的。

步驟 3　亦即此檢查員在 3 次的觸感試中，以統計的方式來說，可以說具有材質識別能力。

三、t 個與（t+1）或（t+2）個配對時

準備有相互不同的 2 組樣本，1 組是 t 個，另 1 組是（t + 1）或（t + 2）個。其次，通知檢查員已準備好同種的樣本，令其從各組各取出 1 個作出同種樣本的組合。

表 2.14　配對法的檢定表〔使 t 個與（t+1）個或（t+2）個樣本配對時〕顯著水準 5%

t	t+1	t+2
3	3	3
4	3	3
5	3	3
6 以上	4	3

（註）已正確配對的個數大於表中之值時即為顯著。

範例 **2-10**〔例 **3：t** 個與（**t+1**）個的配對〕

在例 2-8 的觸感測試中，從相異的 5 種材料 A、B、C、D、E，與記入材質 A、B、C、D、E、F 共 6 種標準片。其實，將材料與標準片各 1 種進行觸感測試，並令其組合材料與標準片。結果如表 2.15 所示。此檢查員能否說具有材質識別能力呢？

表 2.15　觸感測試結果與標準片的組合

材料	A	B	C	D	E	
標準片	Ⓐ	Ⓑ	E	Ⓓ	F	C

【解析例】

用不著使用 Excel 來計算，因此僅止於說明計算例。

步驟 1：數出正確的組合數 s，s = 3。

步驟 2：從表 2.14 知 t = 5 時與（t + 1）個配對時的界限值是 3，所以在顯著水準 5% 下是顯著的。

步驟 3：亦即，此檢查員在統計上可以說具有材質識別能力。

第3章　分級數據的解析法

3.1　本章所使用的 Excel 函數

本章所使用的 Excel 函數如圖表 3.1 所示。所使用的 Excel 函數的詳細情形，請參考 Excel 的解說書。

表 3.1　第 3 章所使用的 Excel 函數

函數的種類	函數	內容
數學／三角函數	MDETERM	配列的行列式
	SQRT	數值的平方根
	SUM	引數的合計
	SUMIF	符合查詢條件的方格之值的合計
	SUMPRODUCT	配列內對應元素的總和
	SUMSQ	引數的平方的合計
統計函數	CHIDIST	χ^2 分配的單邊機率
	CHITEST	來自 χ^2 分配之值
	COUNTIF	符合範圍所含的查詢條件的方格個數
	FDIST	F 分配的機率分配
	RANK	所指定之數值的順位
邏輯函數	IF	檢查是否符合某一條件，若為 TURE 則傳回某值，若為 FALSE 則傳回另一值。
	OR	檢查是否有任一引數為 TURE 並傳回 TRUE 或 FALSE。

3.2　分級數據的解析法概要

　　在感官檢查中，僅管給與合理的評分極為困難，但是像良、不良或上、中、下；優、良、可；合格、不合格等，將樣本分級時卻是比較容易的。分級並不只是分類，在分級的項目中存在有順位。按此種等級將樣本分類所得到的數據稱為分級數據（等級數據、順序類別數據）。按某等級加以分級的樣本，處理其所出現次數之解析方法，此處總稱為分級數據的解析法。以具體的手法來說，可應用：

　　1. 利用分割法的 χ^2 檢定

　　2. Cochran 的 Q 檢定

　　3. 不良率的檢定

　　4. Fisher 的評分法

　　5. 累積法

　　6. 精密累積法

　　此外，如將此分級數據當作順位數據來處理時，可以應用下一章的順位法（Kendall 的一致性係數 W 與 Friedman 的檢定等）。

3.3　利用分割表的 χ^2 檢定

　　所謂分割表（contingency table）是指利用 2 個以上的項目將次數加以分類的表。將較多的樣本以此分割表的形式來分類後再進行 χ^2 檢定。此手法可用於想進行 3 項以上的不良率之比較，或分類的方法並非是良、不良的 2 分類，而是像 1 級、2 級、3 級那樣，被分成多級時也可以加以使用。

　　此 χ^2 檢定因為並未反映出分類項目存在順位，因此提出了如後述的

累積法或累積 χ^2 法。

　　如得出如表 3.2 那樣的 $1 \times m$ 分割表時，各儲存格內的期待值 E_{ij} 以及檢定統計量 χ_0^2 值可按如下求出。

表 3.2　分割表的一般形式

A_i \ B_j	B1	B2	$\cdots$	B_j	$\cdots$	B_m	合計
A_1	O_{11}	O_{12}	$\cdots$	O_{1j}	$\cdots$	O_{1m}	T_{A_1}
A_2	O_{21}	O_{22}	$\cdots$	O_{2j}	$\cdots$	O_{2m}	T_{A_2}
$\vdots$			$\vdots$	$\vdots$	$\vdots$		$\vdots$
A_i	O_{i1}	O_{i2}	$\cdots$		$\cdots$	O_{im}	T_{A_i}
$\vdots$			$\vdots$	$\vdots$	$\vdots$		$\vdots$
	$O_{\ell 1}$	$O_{\ell 2}$	$\cdots$	$O_{\ell j}$	$\cdots$	$O_{\ell m}$	
A_ℓ							T_{A_ℓ}
合計	T_{B_1} $\cdots$	T_{B_2} $\cdots$	T_{B_j} $\cdots$	T_{B_m}			T

$$E_{ij} = \frac{T_{A_i} \times T_{B_j}}{T} \qquad\qquad 式（3.1）$$

$$\chi_0^2 = \sum_{i=1}^{\ell} \sum_{j=1}^{m} \left\{ \frac{(O_{ij} - E_{ij})^2}{E_{ij}} \right\} \qquad\qquad 式（3.2）$$

　　以式（3.2）所求出的值，近似服從自由度 f 的 χ^2 分配，因此使用此進行檢定。一般當有 $\ell \times m$ 的大小時，自由度即為 $f = (\ell - 1) \times (m - 1)$。

範例 3-1

　　關於女性用面霜，塗抹後「快速乾燥」是消費者所喜好的要因。今就

「快速乾燥」要素的 4 個成分 A、B、C、D 分別讓人評估，分成「有效果」、「很難說」、「沒效果」的 3 級後，得出表 3.3 的結果，成分 A、B、C、D 的「快速乾燥」在效果上能說有差異嗎？

表 3.3　各成分的「速乾性」評估結果

成分 ＼ 等級	有效果	很難說	無效果	計
A	22	10	8	40
B	11	26	3	40
C	30	6	4	40
D	13	12	15	40
計	76	54	30	160

Excel 的解析例

平常，在利用分割表的 χ^2 檢定中，從式（3.1）及式（3.2）求出檢定統計量 χ_0^2，將其值與 $\chi^2(f)$ 比較進行顯著性的判定，但使用 Excel 函數 CHITEST 即可簡單進行檢定。

範例 3-1 的輸入例如表 3.4 所示。

步驟 1　輸入數據

將數據整理成下表 3.4，求出各級的合計。

E4：＝SUM（B4：D4）　　（複製至 E7）

B8：＝SUM（B4：B7）　　（複製至 E8）

表 3.4　範例 3-1（利用分割表的檢定）的 Excel 輸入例

	A	B	C	D	E
1	數據				
2	階級	有效果	很難說	無效果	計
3	成分				
4	A	22	10	8	40
5	B	11	26	3	40
6	C	30	6	4	40
7	D	13	12	15	40
8	計	76	54	30	160
9					
10	各級的期待值				
11	階級	有效果	很難說	無效果	計
12	成分				
13	A	19	13.5	7.5	40
14	B	19	13.5	7.5	40
15	C	19	13.5	7.5	40
16	D	19	13.5	7.5	40
17	計	76	54	30	160
18					
19	χ^2檢定	0.000000319			
20	判定	顯著			

步驟 2　求期待值 E_{ij}

利用式（3.1），求各級的期待值 E_{ij}。

B13：= B\$8*E4/\$E\$8　　　（複製至 B16）

C13：= C\$8*E4/\$E\$8　　　（複製至 C16）

D13：= D\$8*E4/\$E\$8　　　（複製至 D16）

步驟 3　確認計算

求各成分的合計、分級之期待值的合計，確認數據相同否。

E13：= SUM（B13：D13）（複製至 E16）

E17：= SUM（B13：B16）（複製至 E17）

步驟 4　計算 χ^2 分配的機率

使用數據（實例值）與期待值，計算 χ^2 分配的機率。

B19：= CHITEST（B4：D7，B13：D16）

步驟 5 判定

比較 B19 之值顯著水準 0.05，進行判定。

B20：＝IF（B19 < 0.05，「顯著」、「不顯著」）

步驟 6 敘述結論

結果是顯著的，因此，成分 A、B、C、D 的「速乾」性效果統計上可以說有差異。

3.4 Fisher 的評分法

想同時知道數位檢查員（panelist）的適當性（寬鬆度、嚴格度、順位）以及產品的好壞的順位，當進行檢查員的教育或製作限度樣本、標準樣本時，可以使用此 Fisher 的評分法（Fisher's method of quantification）。

對 1 級、2 級、3 級的評估分別給予數值，設 1 級＝1；2 級＝x；3 級＝0。對 2 級的數值 x 依然看成未知，進行有關產品與檢查員的二元配置的變異數分析，為了使差異能夠最大，亦即使下式：

$$\lambda = \frac{\text{樣本間平方和}}{\text{總平方和}}$$

成為最大來決定 x 之值，當作對 2 級品的代表值的一種方法。

換言之，這是依據使組間變異數與組內變異數相比成為最大化之統計推論的一種想法。

範例 3-2

關於 K＝10 種的刮鬍子所用之乳液，以使用時的「爽快感」為基準，

讓 r = 15 位檢查員評估之後得出如圖表 3.5 的數據。試解析此數據並設定
產品的順位，也同時調查檢查員之間的差異。另外，表 3.5 中的 1 是指第
1 級，2 是指第 2 級，3 是指第 3 級。

表 3.5　刮鬍乳液中「爽快感」的評估

檢查員 i ＼ 產品 j	1 2 3 4 5 6 7 8 9 10
1	1 3 3 3 3 3 3 2 2 2
2	2 2 2 2 1 1 2 2 1 2
3	2 2 3 2 3 3 1 2 3 2
4	2 3 2 2 1 1 2 2 2 2
5	3 3 2 2 1 2 1 2 1 1
6	1 1 1 1 2 1 1 1 1 1
7	3 2 2 2 2 2 3 1 1 1
8	2 1 1 2 1 1 1 2 2 2
9	1 1 2 2 2 1 1 1 1 1
10	1 1 1 1 1 1 1 1 1 2
11	3 3 2 2 2 3 2 2 1 2
12	2 1 1 1 1 1 1 1 1 1
13	3 3 2 3 3 2 2 1 2 2
14	2 2 2 2 2 1 2 2 2 2
15(= r)	1 2 1 2 2 1 1 2 2 2

Excel 的解析例

步驟 1　輸入數據

　　將表 3.5 的數據如下表 3.6 那樣輸入。

表 3.6　範例 3-2（Fisher 的評分法）的 Excel 輸出入例

	A	B	C	D	E	F	G	H	I	J	K	L	M	N
	產品j											計		
1		1	2	3	4	5	6	7	8	9	10	$n_i(1)$	$n_i(x)$	$n_i(0)$
2	檢查員i													
3	1	1	3	3	3	3	3	3	2	2	2	1	3	6
4	2	2	2	2	2	1	1	2	2	1	2	3	7	0
5	3	2	2	2	3	3	1	2	3	2	2	1	5	4
6	4	2	3	2	2	1	1	2	2	2	2	2	7	1
7	5	3	3	2	2	1	2	1	2	1	2	4	4	2
8	6	1	1	1	1	2	1	1	1	1	1	9	1	0
9	7	3	2	2	2	2	2	3	1	1	2	3	5	2
10	8	2	1	1	2	1	1	1	2	1	2	5	5	0
11	9	1	1	2	1	1	1	1	1	1	2	7	1	0
12	10	1	1	1	1	1	1	1	1	1	2	9	1	0
13	11	3	3	2	2	2	3	2	2	1	2	1	6	3
14	12	2	1	1	2	1	1	2	2	1	2	9	1	0
15	13	3	3	2	2	1	2	1	2	2	2	4	5	4
16	14	2	2	2	2	1	2	2	2	2	2	1	8	0
17	15	1	2	2	2	2	1	2	2	2	2	6	4	0
18	$n_j(1)$	5	5	5	3	6	9	8	6	8	5	60		
19	$n_j(x)$	6	5	8	10	6	3	5	9	6	10		68	
20	$n_j(0)$	4	4	2	2	3	3	2	0	1	0			22

表 3.6　範例 3-2（Fisher 的評分法）的 Excel 輸出入例（續）

	A	B	C	D	E	F	G	H	I	J	K
22	矩陣A(修正項)										
23		1	x	0	計						
24	1	3600	4080	1320	9000						
25	x	4080	4624	1496	10200						
26	0	1320	1496	484	3300						
27											
28	矩陣B, B_1(總平方和)				產品數$k=$	10	檢查員數$r=$	15			
29			B			$kB=10×15×B$			$B_1=kB-A$		
30		1	x	0	1	x	0	1	x	0	計算確認
31	1	50	0	0	9000	0	0	5400	-4080	-1320	0
32	x	0	68	0	0	10200	0	-4080	5575	-1496	0
33	0	0	0	22	0	0	3300	-1320	-1496	2816	0
34											
35	矩陣C, C_1(檢查員間平方和)										
36			C			$rC=15×C$			$C_1=rC-A$		
37		1	x	0	1	x	0	1	x	0	計算確認
38	1	375	191	33	5640	2865	495	2040	-1215	-825	0
39	x	191	388	101	2865	5820	1515	-1215	1196	19	0
40	0	33	101	86	495	1515	1290	-825	19	806	0
41	矩陣D, D_1(產品間平方和)										
42			D			$kD=10×D$			$D_1=kD-A$		
43		1	x	0	1	x	0	1	x	0	計算確認
44	1	390	380	130	3900	3800	1300	300	-280	-20	0
45	x	380	512	128	3800	5120	1280	-280	495	-216	0
46	0	130	128	72	1300	1280	720	-20	-216	236	0
47	矩陣$E_1=[rC-A]+[kD-A]=[C_1+D_1]$										
48			E_1		計算確認						
49		2340	-1495	-845	0						
50		-1495	1692	-197	0						
51		-845	-197	1042	0						

步驟 2　就檢查員別、產品別累計級的評估

（檢查員別）

就各檢查員計數評估為 1 級的產品個數

L3：= COUNTIF（B3：U3，1）　　　　　（複製至 L17）

就各檢查員計數評估爲 2 級的產品個數

M3：＝COUNTIF（B3：U3，2）　　　（複製至 M17）

就各檢查員計數評估爲 3 級的產品個數

N3：＝COUNTIF（B3：U3，3）　　　（複製至 N17）

（**產品別**）

就各產品計數評估爲 1 級的檢查員人數

B18：＝COUNT（B7：B17，1）　　　（複製至 K18）

就各產品計數評估爲 2 級的檢查員人數

B19：＝COUNT（B3：B17，2）　　　（複製至 U19）

就各產品計數評估爲 3 級的檢查員人數

B20：＝COUNT（B3：B17，3）　　　（複製至 U20）

步驟 3　求在各級中之評估的合計

L18：＝SUM（L3：L17）

M19：＝SUM（M3：M17）

N20：＝SUM（N3：N17）

步驟 4　計算平方和

如圖表3.6求出修正項、總平方和、檢查員間平方和、產品間平方和。

1. 矩陣 A（修正項）的計算

如表 3.7 輸入計算式後求出。

表 3.7　範例 3-2（Fisher 的評估法）的 Excel 計算式例

	ℓ	χ	**0**
ℓ	B24; = 18^2	C24; = B25	D24; = B24
χ	B25; = M19 *L18	C25; = M19^2	D25; = C26
0	B26; = N20*L18	C26; = N20*M19	D26; = N20^2

2. 矩陣 B1（總平方和）之計算

　(1) 矩陣 B

　　　B31：= L18（複製至 D31）→（指定 B31：D31 的範圍後複製
　　　至 D33）

　(2) 矩陣 krB = 10×15×B < k = 10（產品數），r = 15（檢查人員
　　　數）> E31：= 15*10*B31（複製至 G31）→（指定 E31：G31
　　　的範圍後複製至 G33）

　(3) 矩陣 B_1 = krB − A

　　　H31：= E31 − B24（複製至 J31）→（指定 H31：J31 的範圍後
　　　複製至 J33）

　(4) 確認計算（矩陣 B_1 的列和成為 0 即可）

　　　U31：= SUM（H31：J31）（複製至 U33）

3. 矩陣 C_1（檢查員間平方和）之計算

　(1) 矩陣 C

　　　如表 3.8 這樣輸入。

表 3.8　範例 3-2（Fisher 的評分法）的 Excel 計算式例（續）

	C		
	ℓ	x	0
ℓ	B38; = SUM（L3:L17）	C38; = B39	D38; = B40
x	B39; = SUMPRODUCT（L3:L17,M3:M17）	C39; = SUMSQ（M3:M17）	D39; = C40
0	B40; = SUMPRODUCT（L3:L17,N3:N17）	C40; = SUMPRODUCT（M3:M17,N3:N17）	D40; = SUMSQ（N3:N17）

此處，$B38 = 1^2 + 3^2 + \cdots + 4^2 = 376$

$B39 = 1 \times 3 + 3 \times 7 + \cdots + 4 \times 6 = 191$

$B40 = 1 \times 6 + 3 \times 0 + 4 \times 0 = 33$

$C40 = 3 \times 6 + 7 \times 0 + 6 \times 0 = 101$

（以下同樣）

(2) 矩陣 $rC = 15 \times C$ 〈$r = 15$（檢查員人數）〉

E38；= 15*B38（複製至 G38）→（指定 E38：G38 的範圍，複製至 G40）

(3) 矩陣 $C_1 = rC - A$

H38；= E38 − B24（複製至 J38）→（指定 H38：J38 的範圍，複製至 J40）

(4) 計算確認（矩陣 C_1 的列和成為 0 即可）

U38；= SUM（H38：J38）（複製至 U40）

4. 矩陣 D_1（產品間平方和）的計算

(1) 矩陣 D

如表 3.9 那樣輸入後求出。

表 3.9　範例 3-2（Fisher 的評分法）的 Excel 計算式例（續）

	D		
	ℓ	x	0
ℓ	B44; = SUMSQ（B18:U18）	C44; = B45	D44; = B46
x	B45; = SUMPRODUCT（B18:U18, B19:U19）	C45; = SUMSQ（B19:U19）	D45; = C46
0	B46; = SUMPRODUCT（B18:U18, B20:U20）	C46; = SUMPRODUCT（B19:U19, B20:U20）	D46; = SUMSQ（B20:U20）

此處，B44 $= 5^2 + 5^2 + \cdots + 5^2 = 390$

B45 $= 5 \times 6 + 5 \times 5 + \cdots + 5 \times 10 = 380$

B46 $= 5 \times 4 + 5 \times 5 + \cdots + 5 \times 0 = 130$

B46 $= 6 \times 4 + 5 \times 5 + \cdots + 10 \times 0 = 128$

（以下同樣）

(2) 矩陣 kD $= 10 \times$ D （K $= 10$（產品數））

E44：$= 10*$B44（複製至 G44）→（指定 E44：G44 的範圍後複製至 G46）

(3) 矩陣 $D_1 =$ KD $-$ A

H44：$=$ E44 $-$ B24（複製至 J44）→（指定 H44：J44 的範圍後複製至 J46）

(4) 計算確認（矩陣 D1 的列和成為 0 即可）

U44：$=$ SUM（H44：J44）（複製至 U46）

5. 矩陣 E_1 的計算

(1) 矩陣 $E_1 = [rC - A] + [kD - A] = [C_1 - D_1]$

B49：$=$ H38 $+$ H44（複製至 D49）→（指定 B49：D49 的範圍後複製至 D51）

(2) 計算確認（矩陣 E1 的列和成為 0 即可）

E49：$=$ SUM（B49：D49）（複製至 E51）

步驟 5 計算 λ

從 E_1 及 B_1 除去對於 0（3 級）的列與行後之矩陣當作 E_2，B_2。接者，計算滿足行列式之 λ。

$$| E_2 - \lambda B_2 | \qquad 式（3.3）$$

此 λ 值是表示在總平方和之中產品間平方和及檢查員平方和所占的比率。E_2，B_2 是從 E_1，B_1 除去最後的列與行所得者，所以

$$E_2 = \begin{bmatrix} 2340 & -1495 \\ -1495 & 1692 \end{bmatrix}$$

$$B_2 = \begin{bmatrix} 5400 & -4080 \\ -4080 & 5576 \end{bmatrix}$$

由式（3.3）

$$|E_2 - \lambda B_2| = \begin{vmatrix} 2340 - 5400\lambda & -1495 + 4080\lambda \\ -1495 + 4080\lambda & 1692 - 5576\lambda \end{vmatrix}$$

$$(2340 - 5400\lambda)(1692 - 5576\lambda) - (-1495 + 4080\lambda)^2 = 0$$

因此，求解 $1346400\lambda^2 - 9985440\lambda + 1724255 = 0$ 的 2 次方程式。

並且，$a\lambda^2 + b\lambda + c = 0$ 時，

$$\lambda = \frac{-b \pm \sqrt{b^2 - 4ac}}{2a} \qquad\qquad 式（3.4）$$

2 次方程式中 λ 的解當然出現 2 個，

$$\lambda = \frac{樣本間平方和}{總平方和}，0 < \lambda < 1。因此，$$

$\lambda = 0.467997, 0.273643$

Excel 的輸入例如表 3.10。

（矩陣 E_2）

A54：= B49　　（複製至 B55）

（矩陣 B_2）

A57：＝H31　　　（複製至 B58）

（2 次方程式的係數 a）

B60：＝A57*B58 − B57^2

（2 次方程式的係數 b）

B61：＝（A54*B58）＋（−A57*B55）−（−2*B54*B57）

表 3.10　範例 3.2（Fisher 的評分法）的 Excel 輸入例（續）

	A	B	C	D	E	F
53	E_2					
54	2340	−1495				
55	−1495	1692				
56	B_2					
57	5400	−4080				
58	−4080	5576				
59						
60	2次方程式的係數a	13464000				
61	2次方程式的係數b	−9985440				
62	2次方程式的係數c	1724255		於式(4.5)	於式(4.6) 代入 λ	
63	λ =	0.467997	x =	0.4517	0.452	
64	λ =	0.273643	x =	2.2781	2.278	

（2 次方程式的係數 c）

B62;A54*B55 − B54^2

λ = B63：＝(−B61 + SQRT(B61^2 − 4*B60*B62))/(2*B60)

λ = B64：＝(−B61 + SQRT(B61^2 − 4*B60*B62))/(2*B60)

步驟 6　計算 x

求解 $[E_2 - \lambda B_2]\begin{bmatrix} 1 \\ \chi \end{bmatrix} = \begin{bmatrix} 0 \\ 0 \end{bmatrix}$，計算 x。

$$\begin{cases} (2340 + 5400\lambda) + (-1495 + 4080\lambda)\chi = 0 & \text{式（3.5）} \\ (-1495 + 4080\lambda) + (1692 - 5576\lambda)\chi = 0 & \text{式（3.6）} \end{cases}$$

將 λ 之值代入式（3.5）、式（3.6）任一式，求 x。

〈將 $\lambda = 0.467997$ 代入式（3.5）時〉

x = 0.451666904

D63；–(A$54 – A$57*B63)/(B$54 + (–B$)*B63)

〈將 $\lambda = 0.273643$ 代入式（3.5）時〉

x = 2.278057544

D64：從 D63 複製

針對式（3.6）代入 λ 也可以得出同樣的結果。

E63：= –(B$54 + (– B$57*B63)/(B$55 – B$58*B63)

E64：= 從 E63 複製

因為 1 級 = 1，2 級 = 2，3 級 = 0，所以 0 < x < 1，因此，採用 x = 0.45167。

步驟 7 計算產品別、檢查員別的平均

1 級代入 1；2 級代入 0.4567；3 級代入 0，如表 3.11 求出產品別及檢查員別的平均。

表 3.11　範例 3-2（Fisher 的評分法）的 Excel 輸入例（續）

	A	B	C	D	E	F	G	H	I	J	K
66	產品i	1	2	3	4	5	6	7	8	9	10
67	總分	7.710001	7.258	8.6133	7.517	8.710001	10.36	10.26	10.07	10.71	9.51667
68	平均	0.514	0.484	0.5742	0.501	0.580667	0.69	0.684	0.671	0.714	0.63444
69	順位	8	10	7	9	6	2	3	4	1	5
70											
71	檢查員i	總点	平均	順位							
72	1	2.355001	0.236	15							
73	2	6.161668	0.616	7							
74	3	3.258335	0.326	13							
75	4	5.161668	0.516	10							
76	5	5.806668	0.581	8							
77	6	9.451667	0.945	1							
78	7	5.258335	0.526	9							
79	8	7.258335	0.726	5							
80	9	8.355001	0.836	4							
81	10	9.451667	0.945	1							
82	11	3.710001	0.371	12							
83	12	9.451667	0.945	1							
84	13	3.258335	0.326	13							
85	14	5.065002	0.507	11							
86	15	6.710001	0.671	6							

譬如，就產品 1 如下計算。

$$\frac{1 \times 5 + 0.45167 + 0 \times 4}{15} = \frac{7.71}{15} = 0.514$$

（產品別的總分及平均與順位設定）

總分 = B67：= 1*B18 + \$D63*B19 + 0*B20　　　　（複製至 K67）

平均 = B68：= B67/15　　　　　　　　　　　　（複製至 K68）

順位 = B69：= RANK（B68，\$B68：\$U68，0）　（複製至 U69）

以 RANK 函數輸入的 0，意指順位是按由大而小出現。

（檢查員別的總分及平均與順位設定）

總分 = B72：= 1*L3 + D\$63*M3 + 0*N3　　　　（複製全 B86）

平均 = C72：= B72/10　　　　　　　　　　　　（複製至 K67）

順位 = D72：= RANK（C72，C\$72：C\$86，0）　（複製至 D86）

步驟 8　敘述結論

(1) 將產品依好壞的順序排列時即為 9、6、7、8、10、5、3、1、4、2。由此結果檢討標準樣本、階級樣本、限定樣本等再決定。

(2) 按檢查員評估的寬嚴順序排列時即為 6、10、12、9、8、15、2、5、7、4、14、11、3、13、1。檢查員是 6、10、12 與 1、3、13 在評估的方式上知有相當的差異。因此，依此結果知有需要檢討檢查員的教育方式、今後的評估基準等。

3.5　累積法

　　田口所提出的累積法，與利用分割法的 χ^2 檢定一樣，將分級分類數據看成分類尺度進行解析，但上、中、下的分級之間存在順位是任誰都可以想到的。因此，分類的組設定有順位，而且效果對該順位而言可以認為具有加法性時，可以使用此手法。

　　譬如，調查某汽車零件的加工表面的光滑度（粗糙度），表面的粗糙度分成佳、普通、差，此種分組設定有順位，而且可以考慮加法性，所以可以使用累積法。

　　將表 3.12 的數據如表 3.13 那樣整理成分割表的形式時，可以應用獨立性 χ^2 檢定。可是，田口博士基於要因效果之大小評估不適當以及誤差變異數的評估不佳等 2 個理由，批評 χ^2 法的應用，提議使用累積法。

　　累積法是將表 3.13 之等級的密度次數，作成如表 3.14 的累積次數，將累積次數的各組所求出的變異數，利用比重（二項變異數的逆比）進行統合後再進行變異數分析的手法（註 a：b 的逆比即為 b：a）。

表 3.12　上、中、下 3 級的分類數據

B ＼ A	B_1	B_2	$\cdots$	B_i	$\cdots$	B_m
A_1	上	中	$\cdots$	上	$\cdots$	下
A_2	上	上	$\cdots$	上	$\cdots$	下
$\vdots$	$\vdots$	$\vdots$		$\vdots$		$\vdots$
A_i	中	中	$\cdots$	下	$\cdots$	上
$\vdots$	$\vdots$	$\vdots$		$\vdots$		$\vdots$
A_ℓ	下	下	$\cdots$	中	$\cdots$	上

表 3.13　密度次數

A	上	中	下
A_1	x_{11}	x_{21}	x_{31}
A_2	x_{12}	x_{22}	x_{32}
$\vdots$	$\vdots$	$\vdots$	$\vdots$
A_i	$x_{\ell i}$	x_{2i}	x_{3i}
$\vdots$	$\vdots$	$\vdots$	$\vdots$
A_ℓ	$x_{1\ell}$	$x_{2\ell}$	$x_{3\ell}$
合計	x_{1*}	x_{2*}	x_{3*}

表 3.14　累計次數

A	I	II	III
A_1	$y_{11} = \chi_{11}$	$y_{21} = x_{11} + x_{21}$	$y_{31} = x_{11} + x_{21} + x_{31}$
A_2	$y_{12} = \chi_{12}$	$y_{21} = x_{11} + x_{21}$	$y_{32} = x_{12} + x_{22} + x_{32}$
$\vdots$	$\vdots$	$\vdots$	$\vdots$
A_i	$y_{1i} = \chi_{1i}$	$y_{2i} = x_{1i} + x_{2i}$	$y_{3i} = x_{1i} + x_{2i} + x_{3i}$
$\vdots$	$\vdots$	$\vdots$	$\vdots$
A_ℓ	$y_{1\ell} = \chi_{1\ell}$	$y_{2\ell} = x_{1\ell} + x_{2\ell}$	$y_{31} = x_{11} + x_{21} + x_{31}$
合計	$T_1 = y_{1*}$	$T_2 = y_{2*}$	$T_3 = y_{3*}$

　　亦即，累積法是將上、中、下的密度次數展開成如下的累積次數後，再進行往後的解析。

$$
\left.
\begin{array}{l}
\text{I 組} = (\text{上的次數}) \\
\text{II 組} = (\text{上的次數}) + (\text{中的次數}) \\
\text{III 組} = (\text{上的次數}) + (\text{中的次數}) + (\text{下的次數})
\end{array}
\right\} \quad 式（3.7）
$$

一、有重複的二元配置的累積法

　　因子 A 的水準數當作 ℓ，因子 B 的水準數當作 m，收集重複的數據，本書介紹有重複的二元配置的累積法。基於版面的關係，以下的說明是以組數為 3（上、中、下）的情形來說明，但組數是 4 以上的想法也完全相同。

　　有重複時的三元配置（3 因子）的累積法、無重複時的二元配置、多元配置的累積法也是一樣的想法，但在二元配置中未收集重複數據時是無法求出交互作用項。因此，想調查二元配置中要因的交互作用時，一定要收集有重複的數據。並且，一元配置的累積法時，原本就無交互作用，顯著的檢定可以進行的要因只限於 1 個。

　　在有重複的二元配置的累積法中，數據的配置、密度次數、累積次數分別如表 3.15、表 3.16、表 3.17 所示。

表 3.15　上、中、下 3 級的分類數據（有重複的二元配置）

A \ B	B_1	B_2		B_j		B_m
A_1	上	中	…	上	…	下
	中	中	…	中	…	下
A_2	上	上	…	上	…	下
	中	中	…	中	…	下
$\vdots$	$\vdots$	$\vdots$		$\vdots$		$\vdots$
A_i	中	下	…	下	…	上
	中	下	…	下	…	中
$\vdots$	$\vdots$	$\vdots$		$\vdots$		$\vdots$
A_ℓ	中	下	…	上	…	上
	中	下	…	中	…	上

表 3.16　A_iB_j 中 A_i 的密度次數

	上	中	下
A_1	χ_{111}	χ_{211}	χ_{311}
	χ_{112}	χ_{212}	χ_{312}
A_2	χ_{121}	χ_{221}	χ_{321}
	χ_{122}	χ_{222}	χ_{322}
$\vdots$	$\vdots$	$\vdots$	$\vdots$
A_i	χ_{1i1}	χ_{2i1}	χ_{3i1}
	χ_{1i2}	χ_{2i2}	χ_{3i2}
$\vdots$	$\vdots$	$\vdots$	$\vdots$
A_ℓ	$\chi_{1\ell1}$	$\chi_{2\ell1}$	$\chi_{3\ell1}$
	$\chi_{1\ell2}$	$\chi_{2\ell2}$	$\chi_{3\ell2}$

表 3.17　A_jB_j 中 A_i 的累積次數

	I	II	III
A_1	$y_{111} = \chi_{111}$ $y_{112} = \chi_{112}$	$y_{211} = x_{111} + x_{211}$ $y_{212} = x_{112} + x_{212}$	$y_{311} = x_{111} + x_{211} + x_{311}$ $y_{312} = x_{112} + x_{212} + x_{312}$
A_2	$y_{121} = \chi_{121}$ $y_{122} = \chi_{122}$	$y_{221} = x_{121} + x_{221}$ $y_{222} = x_{122} + x_{222}$	$y_{321} = x_{121} + x_{221} + x_{321}$ $y_{322} = x_{122} + x_{222} + x_{322}$
⋮	⋮	⋮	⋮
A_i	$y_{1i1} = \chi_{1i1}$ $y_{1i2} = \chi_{1i2}$	$y_{2i1} = x_{1i1} + x_{2i1}$ $y_{2i1} = x_{1i1} + x_{2i1}$	$y_{3i1} = x_{1i1} + x_{2i1} + x_{3i1}$ $y_{3i2} = x_{1i2} + x_{2i2} + x_{3i2}$
⋮	⋮	⋮	⋮
A_ℓ	$y_{1\ell1} = \chi_{1\ell1}$ $y_{1\ell2} = \chi_{1\ell2}$	$y_{2\ell1} = x_{1\ell1} + x_{2\ell1}$ $y_{2\ell1} = x_{1\ell2} + x_{2\ell2}$	$y_{3\ell1} = x_{1\ell1} + x_{2\ell1} + x_{3\ell1}$ $y_{3\ell2} = x_{1\ell2} + x_{2\ell2} + x_{3\ell2}$
T	$T_1 = y_{1*}$	$T_2 = y_{2*}$	$T_3 = y_{3*}$

範例 3-3

　　為了評估 4 種女性皮膚乳液 B1～B4 中的「溼潤感」，5 位檢查員 A1～A5 將各個產品分成上、中、下 3 級之後，得出如表 3.18 的結果。試解析之。又，產品的評估並非按 B1 到 B4 所決定的順序進行，而是使用亂數表隨機順序進行。

表 3.18　女性用皮膚乳液中的「溼潤感」評估結果

	B1	B2	B3	B4
A1	下 下	下 中	上 上	中 下
A2	上 上	中 中	上 上	上 中
A3	下 中	下 中	上 上	下 下
A4	下 下	上 上	上 中	中 下
A5	下 下	中 下	下 下	中 下

Excel 的解析列

步驟 1　輸入數據

　　如果是平常的累積法的解析步驟時，利用手算從表 3.18 的數據製作如表 3.17 的累積次數表，但為了活用 Excel 中的複製機能，進行順暢的解析，首先將數據變換成上 = 1、中 = 2，下 = 3 之後，如表 3.19 那樣輸入。

表 3.19　範例 3-3 的 Excel 輸入例

	A	B	C	D	E
1	數據				
2		B_1	B_2	B_3	B_4
3	A_1	3	3	1	2
4		3	2	1	3
5	A_2	1	2	1	1
6		1	2	1	2
7	A_3	3	3	1	3
8		2	2	1	3
9	A_4	3	1	1	2
10		3	1	2	3
11	A_5	3	2	3	2
12		3	3	3	3

步驟 2　分別製作 I 組、II 組、III 組中的累積次數表

活用 Excel 函數與複製機能，如表 3.20 製作各組的累積次數表。

表 3.20　範例 3-3（有重複的二元配置累積法）的 Excel 輸出入例

	A	B	C	D	E	F
13	I 組的累積次數表					
14		B_1	B_2	B_3	B_4	計
15	A_1	0	0	1	0	1
16		0	0	1	0	1
17	A_2	1	0	1	1	3
18		1	0	1	0	2
19	A_3	0	0	1	0	1
20		0	0	1	0	1
21	A_4	0	1	1	0	2
22		0	1	0	0	1
23	A_5	0	0	0	0	0
24		0	0	0	0	0
25	計	2	2	7	1	12

	A	B	C	D	E	F
26	II 組的累積次數表					
27		B_1	B_2	B_3	B_4	計
28	A_1	0	0	1	1	2
29		0	1	1	0	2
30	A_2	1	1	1	1	4
31		1	1	1	1	4
32	A_3	0	0	1	0	1
33		1	1	1	0	3
34	A_4	0	1	1	1	3
35		0	1	1	0	2
36	A_5	0	1	0	1	2
37		0	0	0	0	0
38	計	3	7	8	5	23

	A	B	C	D	E	F
39	III 組的累積次數表					
40		B_1	B_2	B_3	B_4	計
41	A_1	1	1	1	1	4
42		1	1	1	1	4
43	A_2	1	1	1	1	4
44		1	1	1	1	4
45	A_3	1	1	1	1	4
46		1	1	1	1	4
47	A_4	1	1	1	1	4
48		1	1	1	1	4
49	A_5	1	1	1	1	4
50		1	1	1	1	4
51	計	10	10	10	10	40

I 組是上的累積，II 組是上 + 中的累積，III 組是上 + 中 + 下的累積。

（**I** 組的累積次數表）

B15：= IF（B3 = 1，1，0）　　　　　　　（複製至 E24）

F15：= SUM（B15：E15）　　　　　　　（複製至 F24）

B25：= SUM（B15：B24）　　　　　　　（複製至 F25）

（**II** 組的累積次數表）

B28：= IF（OR(B3 = 1，B3 = 2)，1，0）（複製至 E37）

F28：= SUM（B28：E28）　　　　　　　（複製至 F37）

B38：= SUM（B28：B37）　　　　　　　（複製至 F38）

（**III 組中的累積次數表**）

B41：= IF（OR(B3 = 1，B3 = 2，B3 = 3)，1，0）（複製至 E50）

F41：= SUM（B41：E41）　　　　　　　　　　（複製至 F50）

B51：= SUM（B41：B50）　　　　　　　　　　（複製至 F51）

步驟 3　製作 I 組、II 組中的變異數分析表

　　III 組是全體的觀測次數與要因效果無關，所以只解析 I 組與 II 組。亦即，解析的組的個數 =（分級的組數 − 1）。

　　並且，變異數分析使用〔資料〕→〔資料分析〕→〔雙因子變異數分析：重複試驗〕即可簡單進行。若在〔資料〕中未顯示〔資料分析〕時，利用〔Office 按鈕〕→〔Excel 選項〕→〔增益集〕加入資料分析工具箱時，即可使用。

　　（**I 組的變異數分析**）

　　依據上記的步驟，點選〔資料分析〕→〔雙因子變異數分析：重複試驗〕輸入範圍，指定從 A1 到 E4 的範圍（點選對話框縮小顯示紐，拖移指定範圍時即顯示 $A$14：$E$24）

　　每 1 樣本的行數：2

　　顯著水準 α：0.05（預設）

　　輸出位置：A52（點選對話框縮小顯示鈕後再按一下指定方格時即顯示 $A$52）。

　　指定以上之後再執行變異數分析的資料分析工具時，即可如表 3.21 即將輸出。

　　A52：F89 顯示基本統計量，A92：G99 顯示變異數分析表。

表 3.21 範例 3-3（重複試驗的二元配置累積法）的 Excel 輸出入例

	A	B	C	D	E	F	G
52	變異數分析: 有重覆的二元配置						
53							
54	概要	B1	B2	B3	B4	合計	
55	A1						
56	樣本數	2	2	2	2	8	
57	合計	0	0	2	0	2	
58	平均	0	0	1	0	0.25	
59	變異數	0	0	0	0	0.21428571	
60							
61	A2						
62	樣本數	2	2	2	2	8	
63	合計	2	0	2	1	5	
64	平均	1	0	0	0.5	0.625	
65	變異數	0	0	0	0.5	0.26785714	
66							
84							
85	合計						
86	樣本數	10	10	10	10		
87	合計	2	2	7	1		
88	平均	0.2	0.2	0.7	0.1		
89	變異數	0.17778	0.1778	0.2333	0.1		

	A	B	C	D	E	F	G
90							
91							
92	變異數分析表						
93	變動要因	變動	自由度	變異數	變異比	P-值	F 境界值
94	樣本	1.65	4	0.4125	8.25	0.00042312	2.8660814
95	行	2.2	3	0.7333	14.66666667	2.7802E-05	3.09839122
96	交互作用	3.55	12	0.2958	5.916666667	0.00026047	2.27758057
97	重複誤差	1	20	0.05			
98							
99	合計	8.4	39				

（II 組的變異數分析）

依據前述的步驟，〔資料分析〕→〔雙因子變異數分析：重複試驗〕。

輸入範圍：指定 A27 到 E37 的範圍（按一下對話框縮小顯示紐，拖移指定範圍時，即顯示 $A$27：$E$37）

每 1 樣本的行數：2

顯著水準 α：0.05（預設）

　　輸出地：A100（按一下對話框縮小顯示鈕後，再按一下指定方格時，即顯示 $A$100）。

　　指定以上之後，再執行變異數分析的資料分析工具時，即如表 3.22 即將輸出。

　　A100：F137 顯示基本統計量，A140：G147 顯示變異數分析表。

表 3.22　範例 3-3（重複試驗的二元配置累積法）的 Excel 輸出入例

	A	B	C	D	E	F	G
100	變異數分析: 有重覆的二元配置						
101							
102	概要	B1	B2	B3	B4	合計	
103	A1						
104	樣本數	2	2	2	2	8	
105	合計	0	1	2	1	4	
106	平均	0	0.5	1	0.5	0.5	
107	變異數	0	0.5	0	0.5	0.28571429	
108							
109	A2						
110	樣本數	2	2	2	2	8	
111	合計	2	2	2	2	8	
112	平均	1	1	1	1	1	
113	變異數	0	0	0	0	0	
114							
132							
133	合計						
134	樣本數	10	10	10	10		
135	合計	3	7	8	5		
136	平均	0.3	0.7	0.8	0.5		
137	變異數	0.23333	0.2333	0.1778	0.277777778		

	A	B	C	D	E	F	G
138							
139							
140	變異數分析表						
141	變動要因	變動	自由度	變異數	變異比	P-值	F 境界值
142	樣本	2.4	4	0.6	3.428571429	0.0273514	2.8660814
143	行	1.475	3	0.4917	2.80952381	0.06577824	3.09839122
144	交互作用	2.4	12	0.2	1.142857143	0.38239159	2.27758057
145	重覆誤差	3.5	20	0.175			
146							
147	合計	9.775	39				

步驟 4　整理 I 組與 II 組的變異數分析表

　　I 組與 II 組由於各自的二元變異數是不同的，因此平方和（變動）即有不同，將兩者的平方和單純地合計是不適當的。因此，為了將 2 組的平方和以 1：1 之比加算，將各組的二項變異數的逆比 W_I 與 W_{II} 當作比重相乘再相加是有需要的。亦即，以其比重來說，使用

$$對第 I 組來說　W_1 = \frac{T_{III}^2}{T_I(T_{III} - T_I)} \qquad 式（3.8）$$

$$對第 II 組來說　W_2 = \frac{T_{III}^2}{T_{II}(T_{III} - T_{II})} \qquad 式（3.9）$$

　　求出各組的比重，將分組的平方和（變動）加權合計後的變異數分析表，如表 3.23 那樣製作。

表 3.23　範例 3-3（重複試驗的二元配置累積法）的 Excel 輸出入例（續）

	A	B	C	D	E	F	G	H
148	比重 W_I	4.7619						
149	比重 W_{II}	4.09207						
150	I 組與 II 組的變異數分析表							
151	要因	平方和	自由度	變異數	F_0 值	P 值	判定	
152	S_A	17.67811	8	2.2098	4.631620932	0.00046552	顯著	
153	S_B	16.512	6	2.752	5.768134439	0.00021351	顯著	
154	$S_{A \times B}$	26.72573	24	1.1136	2.334024676	0.00861054	顯著	
155	e	19.08416	40	0.4771				
156	S_T	80	78					
157								

　　（**比重的計算**）利用式（3.8）及（3.9）求出 I 組的比重 W_I 與 II 組的比重 W_2。

　　B148：＝ F51^2/(F25*(F51 － F25))

　　B149：＝ F51^2/(F38*(F51 － F38))

（I 組與 II 組的變異數分析表）

（平方和的計算）利用所求出的式子，加權合計各組的平方和（變動）

$$S_A = S_A(I) \times W_I + S_A(II) \times W_{II}$$

$$S_B = S_B(I) \times W_I + S_B(II) \times W_{II}$$

$$S_{A \times B} = S_{A \times B}(I) \times W_I + S_{A \times B}(II) \times W_{II}$$

$$S_e = S_e(I) \times W_I + S_e(II) \times W_{II}$$

B152：= B94*B$148 + B142*B$149（複寫至 B155）

B156：= SUM（B152：B155）

（自由度的計算）利用下式計算各要因的自由度。

$$f_i = （測量值數 - 1）\times（組數 - 1）=（T_{III} - 1）\times 2 = 2T_{III} - 2 \quad 式（3.10）$$

$$f_A = （水準數 - 1）\times（組數 - 1）=（l - 1）\times 2 = 2l - 2 \quad 式（3.11）$$

$$f_B = （水準數 - 1）\times（組數 - 1）=（m - 1）\times 2 = 2m - 2 \quad 式（3.12）$$

$$f_{A \times B} = （A \text{ 的水準數} - 1）\times（B \text{ 的水準數} - 1）\times（組數 - 1）$$

$$=（l - 1）（m - 1）\times 2 \quad\quad\quad\quad\quad\quad 式（3.13）$$

$$f_e = f_i - f_A - f_B - f_{A \times B}$$

C152：= C142*2（複製至 C155）

C156：= SUM（C152：C155）

（**變異數的計算**）將各要因的平方和（變動）除以各要因的自由度求之。

D152：= B152/C152（複製至 D155）

（F_0 值之計算）將各要因的變異數除以誤差變異數求之。

E152：D152/D$155（複製至 E154）

（**F 分配上機率 P 值的計算**）利用 F 分配的機率分配函數計算各 F_0 值的 P 值。

F152：= FDIST（E152，C152，C$155）（複製至 F154）

步驟 5 判定顯著性的檢定結果

各要因的 P 值如比顯著水準 5% 大時，該要因是顯著的。

G152：= IF（F152 < 0.05，「顯著」，「不顯著」）

步驟 6 敘述結論

檢查員 A，產品 B 分別是顯著的。因此，5 位檢查員 A1～A5 對「溼潤感」的評估在寬、嚴上是有差異的，並且在女性用皮膚保養乳液 B1～B4 的「溼潤感」上，統計上可以說有差異。並且，同樣交互作用 A*B 也是顯著的，如同「人各有所好」那樣意謂特定的檢查員，對特定的產品有可能出現偏頗的評估。

〈參考〉累積法的估計

依據變異數分析，檢查員 A 與產品 B，交互作用 A×B 均是顯著的，對檢查員來說，「評估的寬、嚴」是有差異的，對產品來說「溼潤感」是有差異的，但變異數分析具體言之，是在何處有差異並不明確。因此，有需要估計 A、B 的效果。

首先，將所取得的原始數據分別作成 A、B 的一元表，取百分比後即為表 3.24。觀此表 3.24 時，評估最鬆的檢查員是 A2，評估最嚴的檢查員是 A6，評估最有「溼潤感」的產品是 B3。

可是，變異數分析中，A 與 B 的交互作用 A×B 也是顯著的，因此將此當作估計的結論是錯誤的。因為，A 與 B 之間單純的加算不成立的交互作用，亦即在檢定中顯示存在有相乘效果或相抵效果。因此，交互作用顯著的估計，要將 A 的水準、B 的水準一個一個去組合再求出結論。

表 3.24　A與B的一元表

檢查員								產品							
密度次數				百分率數據				密度次數				百分率數據			
	上	中	下	計		上	中	下	計		上	中	下	計	
A1	2	2	4	8	A1	25	25	50	100%	B1	2	1	7	10	B1	20	10	70	100%
A2	5	3	0	8	A2	63	38	0	100%	B2	2	5	3	10	B2	20	50	30	100%
A3	2	2	4	8	A3	25	25	50	100%	B3	7	1	2	10	B3	70	10	20	100%
A4	3	2	3	8	A4	38	25	38	100%	B4	1	4	5	10	B4	10	40	50	100%
A5	0	2	6	3	A5	0	25	75	100%										

Excel 的解析例（參考）

步驟 7　將數據作成 A、B 二元表的形式重新輸入

就範例 3-3 來說，如表 3.25 那樣進行累積法的估計。

表 3.25　範例 3-3（重複試驗的二元配置累積法）的 Excel 輸出入例（續）

	A	B	C	D	E	F	G	H	I	J	K	L	M	N
158	<估計>													
159			B_1			B_2			B_3			B_4			
160		上	中	下	上	中	下	上	中	下	上	中	下		
161	A_1	0	0	1	0	0	1	1	0	0	0	1	0		
162		0	0	1	0	1	0	1	0	0	0	0	1		
163	A_2	1	0	0	0	1	0	1	0	0	1	0	0		
164		1	0	0	0	1	0	1	0	0	0	1	0		
165	A_3	0	0	1	0	0	1	1	0	0	0	0	1		
166		0	1	0	0	1	0	1	0	0	0	0	1		
167	A_4	0	0	1	1	0	0	1	0	0	0	1	0		
168		0	0	1	1	0	0	0	0	1	0	0	1		
169	A_5	0	0	1	0	1	0	0	0	1	0	1	0		
170		0	0	1	0	0	1	0	0	1	0	0	1		
171															
172			B_1			B_2			B_3			B_4			
173		上	中	下	上	中	下	上	中	下	上	中	下		
174	A_1	0	0	2	0	1	1	2	0	0	0	1	1		
175	A_2	2	0	0	0	2	0	2	0	0	1	1	0		
176	A_3	0	1	1	0	1	1	2	0	0	0	0	2		
177	A_4	0	0	2	2	0	0	1	1	0	0	1	1		
178	A_5	0	0	2	0	1	1	0	0	2	0	1	1		

（在產品 B1 中各檢查員的密度次數）

B161：= IF（B3 = 1，1，0）　　　（複製至 B170）

C161：= IF（B3 = 2，1，0）　　　（複製至 C170）

D161：= IF（B3 = 3，1，0）　　　（複製至 D170）

（在產品 B2 中各檢查員的密度次數）

E161：= IF（C3 = 1，1，0）　　　（複製至 E170）

F161：= IF（C3 = 2，1，0）　　　（複製至 F170）

G161：= IF（C3 = 3，1，0）　　　（複製至 G170）

（在產品 B3 中各檢查員的密度次數）

H161：= IF（D3 = 1，1，0）　　　（複製至 H170）

I161：= IF（D3 = 2，1，0）　　　（複製至 I170）

J161：= IF（D3 = 3，1，0）　　　（複製至 J170）

（在產品 B4 中各檢查員的密度次數）

K161：= IF（E3 = 1，1，0）　　　（複製至 K170）

L161：= IF（E3 = 2，1，0）　　　（複製至 L170）

M161：= IF（E3 = 3，1，0）　　　（複製至 M170）

步驟 8　整理各檢查員的重要數據

B174：= SUM（B161：B162）　　　（複製至 M174）

B175：= SUM（B163：B164）　　　（複製至 M175）

B176：= SUM（B165：B166）　　　（複製至 M176）

B177：= SUM（B167：B168）　　　（複製至 M177）

B178：= SUM（B169：B170）　　　（複製至 M178）

步驟 9　將二元表圖形化

只是看表的數字不易理解的時候有很多，因此作成圖形以視覺的方式掌握。

　　在 B1 的範圍 A172：D178 中，從〔插入〕→〔圖表〕→〔直條圖〕
→〔平面直條圖〕→〔百分比堆疊直條圖〕。以下同樣，將 B1～B4 圖形
化。

　　依據表 3.26 的 B1 之評估，知其他的檢查員都給與嚴格的評估，而只
有 A2 一人給與寬鬆的評估。以及，從 B2 的評估圖形來看關於 A4 也可
相提並論。此外，以相反的情形來說，A5 在 B3 的評估中與其他相比是
給予嚴格評估的一位。

步驟 10　敘述結論

　　將上面的結果整理時，檢查員 A2 對產品 B1，檢查員 A4 對產品 B2
來說，比其他的檢查員給與極為寬鬆的評估。相反地，檢查員 A5 對產
品 B3 卻給予極為嚴格的評估。此結果意謂檢查員的評估方式有偏頗的傾
向。對深入參與產品開發的檢查員的評估來說，像這樣有極端的變異可以
說是不理想的。因此，今後可以考慮檢查員的再教育使其能反映一般消費
者的評估基準等。

　　表 3.26　範例 3-3（重複試驗的二元配置累積法）的 Excel 輸出入例（續）

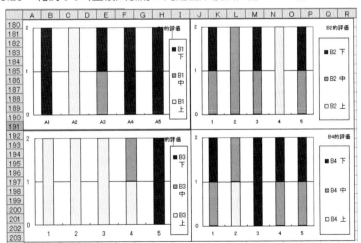

二、直交配列累積法

　　直交配列削減膨大的實驗次數，而且獲得十足的效果，以實驗計畫來說廣受使用。譬如，在 L_8 直交配列表中，7 因子 2 水準的組合實驗是可行的，原本是要 $2^7 = 128$ 次的實驗次數，但只要 8 次的實驗即可獲得同等的效果。

　　關於直交配列累積法，其配合與數據如圖表 3.27 所示。其中，A～E 是 2 水準的因子，A×B 當作交互作用，e 當作誤差。因版面的關係，以直交配列表 L_8 說明組數是 3 的情形，但即使配置不同，而其他的直交配列表，以及組數是 4 以上的，想法也完全相同。

表 3.27　配置與數據

NO	A	B	A×B	C	D	E	e	I 組	II 組	III 組
	1	2	3	4	5	6	7			
1	1	1	1	1	1	1	1	$Y_{11} = X_{11}$	$Y_{21} = X_{11} + X_{21}$	$Y_{31} = X_{11} + X_{21} + X_{31}$
2	1	1	1	2	2	2	2	$Y_{12} = X_{12}$	$Y_{22} = X_{12} + X_{22}$	$Y_{32} = X_{12} + X_{22} + X_{32}$
3	1	2	2	1	1	2	2	$Y_{13} = X_{13}$	$Y_{23} = X_{13} + X_{23}$	$Y_{33} = X_{13} + X_{23} + X_{33}$
4	1	2	2	2	2	1	1	$Y_{14} = X_{14}$	$Y_{24} = X_{14} + X_{24}$	$Y_{34} = X_{14} + X_{24} + X_{34}$
5	2	1	2	1	2	1	2	$Y_{15} = X_{15}$	$Y_{25} = X_{15} + X_{25}$	$Y_{35} = X_{15} + X_{25} + X_{35}$
6	2	1	2	2	1	2	1	$Y_{16} = X_{16}$	$Y_{26} = X_{16} + X_{26}$	$Y_{36} = X_{16} + X_{26} + X_{36}$
7	2	2	1	1	2	2	1	$Y_{17} = X_{17}$	$Y_{27} = X_{17} + X_{27}$	$Y_{37} = X_{17} + X_{27} + X_{37}$
8	2	2	1	2	1	1	2	$Y_{18} = X_{18}$	$Y_{28} = X_{18} + X_{28}$	$Y_{38} = X_{18} + X_{28} + X_{38}$
計								T_I	T_{II}	T_{III}

範例 3-4

　　為了探索讓人喜歡的電影的要因，利用表 3.28 所示的因子與水準值

進行調查。讓 8 位受試者以下面記述的判定方法判定之後，得出如表 3.29 所示的數據。試解析看看。

表 3.28　因子與水準

因子	水準	
	1	**2**
A：男演員	A1	A2
B：女演員	B1	B2
C：導演	C1	C2
D：製作人	D1	D2
E：音樂作曲者	E1	E2

判定：想看此電影…………上
　　　很難說………………中
　　　不想看此電影………下

表 3.29　配置與所得到的數據

NO	A 1	B 2	A*B 3	C 4	D 5	E 6	e 7	數據 上　中　下
1	1	1	1	1	1	1	1	0　3　5
2	1	1	1	2	2	2	2	3　5　0
3	1	2	2	1	1	2	2	8　0　0
4	1	2	2	2	2	1	1	0　6　2
5	2	1	2	1	2	1	2	0　0　8
6	2	1	2	2	1	2	1	4　3　1
7	2	2	1	1	2	2	1	8　0　0
8	2	2	1	2	1	1	2	0　6　2

Excel 的解析例

步驟 1　輸入數據

將表 3.29 的配置與數據，如表 3.30 這樣輸入。

表 3.30　範例 3-4（重複試驗的二元配置累積法）的 Excel 輸出入例

	A	B	C	D	E	F	G	H	I	J	K
1	配置與數據										
2	No.	*A*	*B*	*A×B*	*C*	*D*	*E*	*e*		數據	
3		1	2	3	4	5	6	7	上	中	下
4	1	1	1	1	1	1	1	1	0	3	5
5	2	1	1	1	2	2	2	2	3	5	0
6	3	1	2	2	1	1	2	2	8	0	0
7	4	1	2	2	2	2	1	1	0	6	2
8	5	2	1	2	1	2	1	2	0	0	8
9	6	2	1	2	2	1	2	1	4	3	1
10	7	2	2	1	1	2	2	1	8	0	0
11	8	2	2	1	2	1	1	2	0	6	2
12	累積次數的計算										
13	No.	*A*	*B*	*A×B*	*C*	*D*	*E*	*e*		累積次數	
14		1	2	3	4	5	6	7	I	II	III
15	1	1	1	1	1	1	1	1	0	3	8
16	2	1	1	1	2	2	2	2	3	8	8
17	3	1	2	2	1	1	2	2	8	8	8
18	4	1	2	2	2	2	1	1	0	6	8
19	5	2	1	2	1	2	1	2	0	0	8
20	6	2	1	2	2	1	2	1	4	7	8
21	7	2	2	1	1	2	2	1	8	8	8
22	8	2	2	1	2	1	1	2	0	6	8
23	計								23	46	64

步驟 2　製作累積次數表

複製配置的部分後，將各組的累積次數如表 3.30 那樣製作。

I 15：I4　　　　　　　　　　（複製至 I 22）

J15：I4 + J4　　　　　　　　（複製至 J22）

K15：= I4 + J4 + K4　　　　（複製至 K22）

I 23：= SUM（I15：I22）　（複製至 K23）

步驟 3　製作計算各因子的平方和的輔助表

以因子 A 為例時，如表 3.31 那樣製作一元表。

$A_1(I) = y_{11} + y_{12} + y_{13} + y_{14}$（A 為第 1 水準的 I 組的數據和）

$A_2(I) = y_{15} + y_{16} + y_{17} + y_{18}$（A 為第 2 水準的 I 組的數據和）

$$A_1(II) = y_{21} + y_{22} + y_{23} + y_{24}（A 為第 1 水準的 II 組的數據和）$$
$$A_2(II) = y_{25} + y_{26} + y_{27} + y_{28}（A 為第 2 水準的 II 組的數據和）$$
$$A_1(III) = y_{31} + y_{32} + y_{33} + y_{34}（A 為第 1 水準的 III 組的數據和）$$
$$A_2(III) = y_{35} + y_{36} + y_{37} + y_{38}（A 為第 2 水準的 III 組的數據和）$$

表 3.31　因子 A 的一元表

NO	I 組	II 組	III 組
A_1	$A_{1(I)}$	$A_{1(II)}$	$A_{1(III)}$
A_2	$A_{2(I)}$	$A_{2(II)}$	$A_{3(III)}$
計	$A_{\cdot(I)}$	$A_{\cdot(II)}$	$A_{\cdot(III)}$

具體上，如表 3.32 這樣如下輸入。

表 3.32　範例 3-4（重複試驗的二元配置累積法）的 Excel 輸出入例

	A	B	C	D	E	F	G	H	I
25	各因子的一元表								
26	〈行1〉因子A					〈行2〉因子B			
27	No.	I 組	II 組	III 組		No.	I 組	II 組	III 組
28	A_1	11	25	32		B_1	7	18	32
29	A_2	12	21	32		B_2	16	28	32
30	計	23	46	64		計	23	46	64
31	〈行3〉交互作用$A \times B$					〈行4〉因子C			
32	No.	I 組	II 組	III 組		No.	I 組	II 組	III 組
33	$(A \times B)_1$	11	25	32		C_1	16	19	32
34	$(A \times B)_2$	12	21	32		C_2	7	27	32
35	計	23	46	64		計	23	46	64
36	〈行5〉因子D					〈行6〉因子E			
37	No.	I 組	II 組	III 組		No.	I 組	II 組	III 組
38	D_1	12	24	32		E_1	0	15	32
39	D_2	11	22	32		E_2	23	31	32
40	計	23	46	64		計	23	46	64
41	〈行7〉誤差e								
42	No.	I 組	II 組	III 組					
43	e_1	12	24	32					
44	e_2	11	22	32					
45	計	23	46	64					

（因子 **A** 的一元表的製作）

B28：= SUMIF（B15：B22，1，I15：I22）

C28：= SUMIF（B15：B22，1，J15：J22）

B29：= SUMIF（B15：B22，2，I15：I22）

C29：= SUMIF（B15：B22，2，J15：J22）

確認 III 組的 A_1、A_2 是否均爲 $4 \times 8 = 32$。

D28：= SUM（K15：K18）

D29：= SUM（K19：K22）

B30：= SUM（B28：B29）　　　　　（複製至 D30）

（因子 **B** 的一元表的製作）

G28：= SUMIF（C15：C22，1，I15：I22）

H28：= SUMIF（C15：C22，1，J15：J22）

G29：= SUMIF（C15：C22，2，I15：I22）

H29：= SUMIF（C15：C22，2，J15：J22）

I28：D28

I29：D29

G30：= SUM（G28：G29）　　　　　（複製至 I30）

（交互作用 **A×B** 的一元表的製作）

B33：= SUMIF（D15：D22，1，I15：I22）

C33：= SUMIF（D15：D22，1，J15：J22）

B34：= SUMIF（D15：D22，2，I15：I22）

C34：= SUMIF（D15：D22，2，J15：J22）

D33：= D28

D34：= D29

B35：= SUM（B33：B34）　　　　　（複製至 D35）

（因子 **C** 的一元表的製作）

G33：＝ SUMIF（E15：E22，1，I15：I22）

H33：＝ SUMIF（E15：E22，1，J15：J22）

G34：＝ SUMIF（E15：E22，2，I15：I22）

H34：＝ SUMIF（E15：E22，2，J15：J22）

I33：D28

I34：D29

G35：＝ SUM（G33：G34）　　　　　（複製至 I35）

（交互作用 **D** 的一元表的製作）

B38：＝ SUMIF（F15：F22，1，I15：I22）

C38：＝ SUMIF（F15：F22，1，J15：J22）

B39：＝ SUMIF（F15：F22，2，I15：I22）

C39：＝ SUMIF（F15：F22，2，J15：J22）

D38：＝ D28

D39：＝ D29

B40：＝ SUM（B38：B39）　　　　　（複製至 D40）

（因子 **E** 的一元表的製作）

G38：＝ SUMIF（G15：G22，1，I15：I22）

H38：＝ SUMIF（G15：G22，1，J15：J22）

G39：＝ SUMIF（G15：G22，2，I15：I22）

H39：＝ SUMIF（G15：G22，2，J15：J22）

I38：D28

I39：D29

G40：＝ SUM（G38：G39）　　　　　（複製至 I40）

（誤差 **e** 的一元表的製作）

B43：= SUMIF（H15：H22，1，I15：I22）

C43：= SUMIF（H15：H22，1，J15：J22）

B44：= SUMIF（H15：H22，2，I15：I22）

C44：= SUMIF（H15：H22，2，J15：J22）

D43：= D28

D44：= D29

B45：= SUM（B43：B44）（複製至 D45）

步驟 4 計算平方和，製作變異數分析表。

輸入以下，如表 3.33 那樣計算。

譬如，因子 A 的平方和為

$$S_A = \frac{(A_1(I) - A_2(I))^2}{A(III)} \times W_I + \frac{(A_1(II) - A_2(II))^2}{A(III)} \times W_{II}$$

因此，首先利用式（4.8）、式（4.9）計算各組的比重 W_I、W_{II}。

B46：= K23^2/(I23*(K23 − I23))

B47：= K23^2/(J23*(K23 − J23))

並且，先輸入測量值的總數 T_{III}，解析的組數 3，水準數 2。

E46：= K23

E47：3

E48：2

（總平方和）

$S_T =$（測量值的總數）*（解析的組數 − 1）$= T_{III} \times$（3 − 1）$= T_{III} \times 2$

B59：= E46*（E47 − 1）

表 3.33　範例 3-4（重複試驗的二元配置累積法）的 Excel 輸出入例

	A	B	C	D	E	F	G
46	比重W_1	4.3435843		試料數	64		
47	比重W_{II}	4.9468599		組の數	3		
48				水準數	2		
49	變異熱分析表						
50	要因	平方和	自由度	不偏變異熱	F_0	P值	判定
51	S_A	1.3045835	2	0.65229174	1.613590939	0.2037664152	
52	S_B	13.226817	2	6.61340874	16.35976016	0.0000005844	顯著
53	$S_{A \times B}$	1.3045835	2	0.65229174	1.613590939	0.2037664152	
54	S_C	10.444209	2	5.2221 0439	12.91805463	0.0000089512	顯著
55	S_D	0.3770472	2	0.18852362	0.466355763	0.6284966241	
56	S_E	55.689879	2	27.8449393	68.88074617	0.0000000000	顯著
57	S_e	0.3770472	2	0.18852362	0.466355763	0.6284966241	
58	$S_{e\,2}$	45.275834	112	0.40424851			
59	S_T	128	126				
60	合併S_e後的變異熱分析						
61	要因	平方和	自由度	不偏變異熱	F_0	P值	判定
62	S_A	1.3045835	2	0.65229174	1.628840436	0.2006884605	
63	S_B	13.226817	2	6.61340874	16.51437066	0.0000005031	顯著
64	$S_{A \times B}$	1.3045835	2	0.65229174	1.628840436	0.2006884605	
65	S_C	10.444209	2	5.2221 0439	13.0401 3875	0.0000079449	顯著
66	S_D	0.3770472	2	0.18852362	0.470763132	0.6257341036	
67	S_E	55.689879	2	27.8449393	69.53171457	0.0000000000	顯著
68	$S_{e\,2}$	45.652881	114	0.40046387			
69	S_T	128	126				
70							

（因子 **A** 的平方和）

利用式（4.14）

B51：= (B28 − B29)^2 / K23*B46 + (C28 − C29)^2 / K23*B47

（因子 **B** 的平方和）

B52：= (G28 − G29)^2 / K23*B46 + (H28 − H29)^2 / K23*B47

（交互作用 **A*B** 的平方和）

B53：= (B33 − B34)^2 / K23*B46 + (C33 − C34)^2 / K23*B47

（因子 **C** 的平方和）

B54：= (G33 − G34)^2 / K23*B46 + (H33 − H34)^2 / K23*B47

（因子 **D** 的平方和）

B55：= (B38 − B39)^2 / K23*B46 + (C38 − C39)^2 / K23*B47

（因子 E 的平方和）

B56：= (G38 − G39)^2 / K23*B46 + (H38 − H39)^2 / K23*B47

（誤差 e 的平方和）

B57：= (B43 − B44)^2 / K23*B46 + (C43 − C44)^2 / K23*B47

（誤差 e_2 的平方和）

B58：= B59 − SUM(B51：B57)

（自由度的計算）

總自由度 f_T =（測量數個數 − 1）×（組數 − 1）=（T_{III} − 1）×2

$\qquad\qquad$ = $2T_{III}$ − 2 $\qquad\qquad\qquad\qquad$ 式（3.15）

S_A 的自由度 f_A =（水準數 − 1）×（組數 − 1） $\qquad\qquad$ 式（3.16）

與 f_A 一樣，可求出 f_B、f_C、f_D、f_E、f_{e1}。

$S_{A \times B}$ 的自由度 $f_{A \times B}$ =（A 的水準數 − 1）×（B 的水準數 − 1）

$\qquad\qquad\qquad\qquad$ ×（組數 − 1） $\qquad\qquad$ 式（3.17）

C59：= K23*2 − 2

C51：=（E$48 − 1）*（E$47 − 1）（複製 C52 與 C54〜C57）

C53：=（E$48 − 1）*（E$48 − 1）*（E$47 − 1）

C58：= C59 − SUM（C51：C57）

（不偏變異數的計算）

D51：= B51/C51 $\qquad\qquad\qquad$ （複製至 D58）

（F_0 值之計算）

E51：= D51/D$58 $\qquad\qquad\qquad$ （複製至 E57）

（F 分配上的機率 P 值之計算）

F51：= FDIST（E51，C51，C$58）（複製至 F57）

步驟 5　判定顯著性的結果

G51：= IF（F51 < 0.05，「顯著」，「不顯著」）（複製至 G57）

步驟 6　將不顯著的 S_e 併入 S_{e2}，計算 $S_{e2'}$。

即使以具有充分自由度的 S_{e2} 檢定 S_e 也不顯著。因此，使用將 S_e 併入 S_{e2}（單純相加）的 $S_{e2'}$，再度製作變異數分析表。以合併的理由來說，將完全無效果的要因加到誤差，可增加幾分對其他要因的檢定力。

B62：＝B51（複製至 B67）C62：＝C51　　　　　　　（複製至 C67）

D62：＝D51（複製至 D67）B68：＝B57＋B58　　　　　（複製至 C68）

D68：＝B68/C68

（**F_0 值的計算**）

E62：＝D62/D$68　　　　　　　　　　　　　　　　（複製至 E67）

（**P 值的計算**）

F62：＝FDIST（E62，C62，C$68）　　　　　　　　（複製至 F67）

步驟 7　再度判定顯著性的檢定結果

G62：＝IF（F62＜0.05，「顯著」，「不顯著」）

步驟 8　敘述結論

結果是因子 B（女演員），因子 C（導演），因子（音樂作曲者）均為顯著。因此，這些因子在統計可以說對受人喜歡的電影有影響。

〈參考〉累積法的估計

估計在 5% 下成為顯著的 B、C、E 的效果。

由 BCE 的一元表計算次數，以百分比表示時即如表 3.34。

受到喜歡的 B2 與 E2 較佳是很明確的，但 C1 與 C2 之中何者較受到喜歡並不明確。因此，就 C1 與 C2 的雙方利用 Omega（Ω）法進行最適水準的估計。

(1) 選擇 B2、C1、E2 時

在 Excel 中的 A25：I45，從用於平方和計算的因子 B、因子 C、

因子 E 的一元表，知 I 組的 Ω_I 在 B2、C1、E2 的 I 組之合計是 16、16、23，所以

$$\Omega_I = \left(\frac{32}{16} - 1\right)\left(\frac{32}{16} - 1\right)\left(\frac{32}{23} - 1\right) \div \left(\frac{64}{23} - 1\right)^2 = 0.123$$

基於 $\mu_{B_2C_1E_2}(I) = \overline{B}_2 + \overline{C}_1 + \overline{E}_2 - 2\mu_1(I)$ 中 + 是乘算，− 是除算的 Ω 法，下式是成立的。

$$\mu_I = \frac{1}{1 + \Omega I} = \frac{1}{1 + 0.123} = 0.8904 = 89.04\%$$

表 3.34　B、C、E 的一元表

(a)B 的一元表

	上	中	下
B1	7	11	14
	22%	34%	44%
B2	16	12	4
	50%	38%	13%

(b)C 的一元表

	上	中	下
C1	16	3	13
	50%	9%	41%
C2	7	20	5
	22%	63%	16%

(c)E 的一元表

	上	中	下
E1	0	15	17
	0%	47%	53%
E2	23	8	1
	72%	25%	3%

同樣，對於 II 組來說，

$$\Omega_{\mathrm{II}} = \left(\frac{32}{28}-1\right)\left(\frac{32}{19}-1\right)\left(\frac{32}{31}-1\right) \div \left(\frac{64}{46}-1\right)^2 = 0.021$$

$$\mu_{\mathrm{II}} = \frac{1}{1+\Omega\mathrm{II}} = \frac{1}{1+0.021} = 0.9798 = 97.98\%$$

因此，B2、C1、E2 的累積分配是（89.04%、97.98%、100%），次數的百分率的估計值如表 3.35。

表 3.35　在 B2、C1、E2 的次數的百分率的估計值

	上	中	下	計
B2、C1、E2	89.04%	8.95%	2.02%	100%

(2) 選擇 B2、C1、E2 時

$$\Omega_{\mathrm{I}} = \left(\frac{32}{16}-1\right)\left(\frac{32}{7}-1\right)\left(\frac{32}{23}-1\right) \div \left(\frac{64}{23}-1\right)^2 = 1.564$$

$$\mu_{\mathrm{I}} = \frac{1}{1+\Omega\mathrm{I}} = \frac{1}{1+1.564} = 0.3901 = 39.01\%$$

$$\Omega_{\mathrm{II}} = \left(\frac{32}{28}-1\right)\left(\frac{32}{27}-1\right)\left(\frac{32}{31}-1\right) \div \left(\frac{64}{46}-1\right)^2 = 0.0055$$

$$\mu_{II} = \frac{1}{1+\Omega II} = \frac{1}{1+0.0055} = 0.9945 = 99.45\%$$

因此，B2、C2、D2 的累積分配是（39.01%、99.45%、100%），次數的百分率的估計值如表 3.36。

表 3.36　B2、C2、D2 的次數的百分率的估計式

	上	中	下	計
B2、C2、D2	39.01%	60.44%	0.55%	100%

將次數的百分率的估計值圖形化時，即如圖 3.1。由此可以了解到 B2、C1、E2，亦即女演員 B2 與導演 C1 與音樂製作 E2 的組合是最適切的。

以上是交互作用不顯著的估計方式。交互作用顯著時，以二元表或三元表組合後估計最適水準。

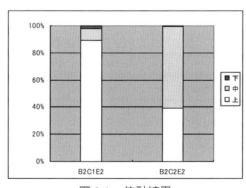

圖 3.1　估計結果

Excel 的解析例（參考）

利用以上，如表 3.37 這樣輸入。

表 3.37　範例 3-4 的 Excel 輸出例（累積法的估計）

	A	B	C	D	E	F	G	H	I	J	K	L
71	<累積法的估計>											
72		B 的次數一元表				C 的次數一元表				E 的次數一元表		
73		上	中	下		上	中	下		上	中	下
74	B_1	7	11	14	C_1	16	3	13	E_1	0	15	17
75		22%	34%	44%		50%	9%	41%		0%	47%	53%
76	B_2	16	12	4	C_2	7	20	5	E_2	23	8	1
77		50%	38%	13%		22%	63%	16%		72%	25%	3%
78												
79	1)選擇 B_1, C_1, E_2				次數的百分率的估計值							
80	Ω_I	0.123141				上	中	下	計			
81	μ_I	0.8903602			$B_1C_1E_2$	89.04%	8.95%	2.02%	100%			
82	Ω_g	0.0205921			$B_1C_2E_2$	39.01%	60.44%	0.55%	100%			
83	μ_g	0.9798234										
84	2)選擇 B_2, C_2, E_2											
85	Ω_I	1.5636951										
86	μ_I	0.390062										
87	Ω_g	0.0055734										
88	μ_g	0.9944575										
89												
90												
91												
92												
93												
94												
95												
96												
97												

步驟 9　由 B、C、D 的一元表計算次數，以百分率表示。

（**B** 的一元表）

B74：= G28　　　C74：= H28 − G28　　　D74：= I28 − H28

B76：= G29　　　C76：= H29 − G29　　　D76：= I29 − H29

將 B75～D75，B77～D77 的方格的格式設定變更爲〔顯示形式〕→〔百分率〕。

B75：= B74/\$I\$28　　　　（複製至 D75）

B77：= B76/\$I\$29　　　　（複製至 D77）

步驟 10　估計 B2、C1、E2 的情形

Ω_I　B80：((I29/G29 − 1)*(I33/G33 − 1)*(I39/G39 − 1)/(I30/G30 − 1)^2

μ_I　B81：= 1/(1 + B80)

Ω_{II}　B80：((I29/H29 − 1)*(I33/H33 − 1)*(I39/H39 − 1)/(I30/H30 − 1)^2

μ_{II}　B83：= 1/(1 + B82)

（次數的百分率的估計值）（顯示形式是百分率）

F81：= R81，G81：= B83 − B81，I81：= 1，H81：= I81 − F81 − G81

步驟 11　估計 B2、C1、E2 時

Ω_{I}　B85：((I29/G29 − 1)*(I34/G34 − 1)*(I39/G39 − 1)/(I30/G30 − 1)^2

μ_{I}　B86：= 1/(1 + B85)

Ω_{II}　B87：((I29/H29 − 1)*(I34/H34 − 1)*(I39/H39 − 1)/(I30/H30 − 1)^2

μ_{II}　B88：= 1/(1 + B87)

（次數的百分率的估計值）（顯示形式是百分率）

F82：= B86，G82：= B88 − B86，I82：= 1，H82：= I82 − F82 − G82

步驟 12　將次數的百分率估計值圖形化

以 E80：H82 作爲範圍，選擇〔插入〕→〔圖表〕→〔直條圖〕→〔平面直條圖〕→〔百分比堆疊直條圖〕。

步驟 13　敘述結論

由以上可以估計出 B2、C1、E2，亦即女演員 B2，導演 C1 與音樂製作 E2 的組合是最適切的。

3.6　累積 χ^2 法

利用分割法的 χ^2 檢定是未反映分級的順位之下進行了獨立性的檢定。可是，上、中、下等的分級存在順位概念的想法是極爲自然的。因此，分類的效果對該順位來說被想成是加法時，包含此在內進行解析的是累積法。因此，利用分割表的 χ^2 檢定其延伸即有累積法，這從理論的觀點來

看也是有根據的。

　　並且，關於累積法，曾介紹用於解析的自由度是（解析組數 −1）倍。此即使實驗的受試者假定是少數，在通常的變異數分析中仍可獲取與多數的實驗有同等效果。可是，相反地，各要因效果容易顯著。因此，有關統計檢定的 2 種失誤中，有需要針對第 1 種失誤考慮。

　　因此，在自由度的解釋中加上適當修正的手法，日人廣津氏所提出的手法即為「累積 χ^2 法」。檢定本身雖以近似 χ^2 分配來進行，但在實用上並不太會有問題。理論上是非常優越的手法，因此可以期待今後將會普及的手法。

　　一般的統計解析的教科書中並未記載，被認為是不熟悉的手法，本節的範例是使用一元配置中容易了解的數據，即使使用二元配置（有、無重複）或使用直交配列均能計算。

範例 **3-5**

　　以輕減茶的苦味為目的，針對新開發的 2 種成分 A、B，分別讓 71 人以 4 級即「無效果」、「略有效果」、「有效果」、「非常有效果」進行評估，得出如表 3.38 的結果。試解析之。

表 3.38　輕減茶的苦味的評估結果

效果 成分	1 無效果	2 略有效果	3 有效果	4 非常有效果	計
成分 A	10	8	20	33	71
成分 B	20	11	19	21	71
計	30	19	39	54	142

Excel 的解析例

範例 3-5 的 Excel 輸出入例如表 3.39 所示。

表 3.39　範例 3-5（累積 χ^2 法）的 Excel 輸出入例

	A	B	C	D	E	F	G	H
1	數據表							
2	效果	1	2	3	4			
3	成分	無效果	略有效果	有效果	非常有效果	計		
4	成分A	10	8	20	33	71		
5	成分B	20	11	19	21	71		
6	計	30	19	39	54	142		
7	累積 χ^2 法的計算補助表							
8		1	2〜4	1〜2	3〜4	1〜3	4	計
9	成分A	10	61	18	53	38	33	71
10	成分B	20	51	31	40	50	21	71
11	計	30	112	49	93	88	54	142
12		$\chi_1^2=$	4.226190476	$\chi_2^2=$	5.266183893	$\chi_3^2=$	4.30303	
13							$\chi^2=$	13.795405

步驟 1　輸入數據

表 3.39 的數據如表 3.40 那樣輸入。

步驟 2　製作計算輔助表

關於效果 1（無效果）的次數，針對成分 A、B 合計效果 1 及效果 1 以下者（效果 2〜4）後，製作二元表。

關於效果 2（略有效果）的次數，累計至效果 2（效果 1 與效果 2）以及效果 2 以下（效果 3 與效果 4）者，製作二元表。

關於效果 3（有效果）的次數，累計至效果 3（效果 1〜3）以及效果 3 以下（效果 4）者，製作二元表。

　B9：＝B4　　　　　　　（複製到 B10）

　C9：＝C4＋D4＋E4　　（複製到 C10）

　D9：＝B4＋C4　　　　（複製到 D10）

　E9：＝D4＋E4　　　　（複製到 E10）

　F9：＝B4＋C4＋D4　（複製到 F10）

G9：= E4　　　　　　　　（複製到 G10）

H9：= F4　　　　　　　　（複製到 H10）

B11：= SUM（B9：B10）（複製到 G11）

步驟 3　求 χ_1^2，χ_2^2，χ_3^2，計算 χ^2。

$\chi^2 = \chi_1^2 + \chi_2^2 + \chi_3^2$，

此處 $\chi_1^2 = \dfrac{\text{次數的合計} \times \text{有關效果 i 的 2 元表的行列式}}{\text{A 的次數的合記} \times \text{B 的次數的合計} \times \text{主效果 i 的累積次數} \times \text{效果 i 以下的次數的合計}}$

具體言之，$\chi_1^2 = \dfrac{142 \times (10 \times 51 - 20 \times 61)^2}{71 \times 71 \times 30 \times 112} = 4.2262$

$\chi_2^2 = \dfrac{142 \times (18 \times 40 - 31 \times 53)^2}{71 \times 71 \times 49 \times 93} = 5.2662$

$\chi_3^2 = \dfrac{142 \times (38 \times 21 - 50 \times 33)^2}{71 \times 71 \times 88 \times 64} = 4.3030$

C12：= $H11×MDETERM(B9：C10)^2 / ($H9*$H10*$B11*C11)

（分別複製到 E12，G12）

步驟 4　求自由度 v

利用以下式子如表 3.40 這樣計算。

表 3.40　範例 3-5（累積 χ^2 法）的 Excel 輸出入例

	A	B	C
14	評価階級数 k =	4	
15	λ_1 =	0.267857143	… 式(4.20)
16	λ_2 =	0.52688172	… 式(4.21)
17	λ_3 =	1.62962963	… 式(4.22)
18	d =	1.664041727	… 式(4.19)
19	v =	1.802839407	… 式(4.18)
20	χ^2 分配上的機率 P 值 =	0.000203834	
21	判定	顯著	

$$v = (k-1)/d \qquad\qquad \text{式（3.18）}$$

$$d = 1 + \frac{2}{k-1}\left(\frac{\lambda_1}{\lambda_2} + \frac{\lambda_1 + \lambda_2}{\lambda_3} + \cdots + \frac{\lambda_1 + \cdots + \lambda_{k-2}}{\lambda_{k-1}}\right) \qquad 式（3.19）$$

此處 C_i 當作效果 i 的次數的合計時，

$$\lambda_1 = C_1/(C_2 + C_3 + C_4) \qquad\qquad 式（3.20）$$
$$\lambda_2 = (C_1 + C_2)/(C_3 + C_4) \qquad\qquad 式（3.21）$$
$$\lambda_3 = (C_1 + C_2 + C_3)/C_4 \qquad\qquad 式（3.22）$$

其中，k = 評估的級數（本例是 k = 4）

　　　B14：= 4〈評估的級數〉

　　　$\lambda_1 \sim \lambda_3$ 利用式（3.20）～式（3.22）

　　　B15：= B11/C11

　　　B16：(B6 + C6)/(D6 + E6)

　　　B17：(B6 + C6 + D6)/E6

　　　d 利用式（4.19）

　　　B18：= 1 + 2/（B14 − 1）＊（B15/B16 +（B15 + B16）/B17）

　　　v 利用式（4.18）

　　　B19：=（B14 − 1）/B18

步驟 5　　求 χ^2 分配的機率 P 值

　　　B20：= CHIDIST(H13, B19)

步驟 6　　判定顯著性的檢定結果

　　　B21：= IF（B20 < 0.05），「顯著」、「不顯著」）

步驟 7　　敘述結論

　　　結論是顯著的。因此，成分 A、B 之間，在統計上可以說，茶的苦味的減輕效果不同。

第4章　順位法

本章所使用的 Excel 函數

本章所使用的 Excel 函數如表 4.1 所示。Excel 函數的詳細情形，請參照 Excel 的解說書。

表 4.1　第 4 章所使用的 Excel 函數

函數的種類	函數	內容
數字／三角函數	SUM SUMXMY2	引數的合計 2 個列之差的平方合計
邏輯函數	IF	檢查是否符合其一條件，若為 TRUE 則傳回某值，若為 FALSE 則傳回另一值。
檢視與參照函數	COLUMNS INDEX ROW ROWS	求出方格參照的行數 求出任意位置中之值 求出方格參照的列號 求出方格參照的列數

4.2　順位法的概要

對於 n 個樣本 $S_1, S_2, \cdots, S_n$，依據某特性的大小、品質的好壞、喜好度等來決定順位的方法，稱為順位法（ranking method, method of order）。此時，有允許同順位（tie）與不允許同順位之情形，但一般以不允許的情形居多。

順位法是針對 2 組或 3 組以上樣本間的獨立性或中心位置之差異等

的檢定，使用順位來解析的方法。統計學中稱爲無母數（nonparametric）
法。順位法的概要如表 4.2 所示。

表 4.2 順位法

樣本	獨立性檢定	位置的檢定
2 組	Spearman 順位相關係數 Kendall 順位相關係數	Wilcoxon 順位和檢定
3 組以上	Kendall 一致性檢定	Kruskal Wallis H 檢定

4.3 順位相關係數

令其決定 n 個樣本的順位，觀察檢查員的判定對檢查樣本的接近程度
等，於觀察 2 組樣本之間的獨立性時可以使用。

順位相關係數有 Spearman 的順位相關係數與 Kendall 的順位相關係
數，任一者均常使用。

一、Spearman 的順位相關係數

Spearman 的順位相關係數（Spearman's coefficient of rank correlation）
r_s 或 r 是把各順位看成一個計量值，求出一般的相關係數，基於順位進行
檢定。亦即，將順位數據看成計量值，與平常的相關係數（Spearman 的
機率相關係數）所求出之值是一致的。但是，檢定表是依列舉的情況數加
以製作。

關於 2 組順位 X、Y 的相關檢定，取決於也觀察完全逆順之情形（雙
邊檢定），或只觀察完全一致的情形（單邊檢定）等的檢定方法，解析的

方法有若干的不同，因此列舉 2 個範例加以介紹。

範例 4-1（雙邊檢定）

　　就市面上銷售的 6 種罐裝啤酒 A～F，讓 2 位職員 X、Y 就認為可口的順序設定順位之後，得出如表 4.3 的結果。X、Y 的順位可以說是一致的嗎？

表 4.3　有關罐裝啤酒的可口順位數據

樣本	A B C D E F
X 的順位	3　1　2　6　5　4
Y 的順位	5　2　1　4　3　6

Excel 的解析例

　　使用表 4.4 所示之「Spearman 順位相關係數檢定的顯著點之表」（以下略稱檢定表），進行解析。此「檢定表」附加在試算上。並且，依題意有需要考量 2 組的順位完全一致時（順位相關係數 r_s 是 1），無相關時（r_s 為 0），寫成完全逆順位時（r_s 是 -1），因此使用雙邊檢定進行解析。

步驟 1　輸入數據

　　(1) 輸入樣本數 n

　　　　A1：6

表 4.4　spearman 順位相關係數檢定的顯著點

α 　　　n	0.025(雙邊5%) Σd_i^2 的顯著點	0.025(雙邊5%) r_s 的顯著點	0.05(單邊5%) Σd_i^2 的顯著點	0.05(單邊5%) r_s 顯著點
4	—	—	0	1.000
5	0	1.000	2	0.900
6	4	0.886	6	0.829
7	14	0.790	16	0.714
8	22	0.742	30	0.643
9	36	0.687	48	0.600
10	58	0.648	72	0.564

表 4.5　範例 4-1（spearman 順位相關係數）的 Excel 輸出入例

	A	B	C	D	E	F	G	H	I	J
									α 　　n	0.025(雙邊5%) Σd_i^2 的顯著點
1	6	=樣本數							4	—
2	樣本	A	B	C	D	E	F	計	5	0
3	X的順位	3	1	2	6	5	4	21	6	4
4	Y的順位	5	2	1	4	3	6	21	7	14
5	順位的合計	21							8	22
6	Σd_i^2	18							9	36
7	r_s	0.485714 3							10	58
8										
9	n的列號	α 的行號	Σd_i^2 的顯著點							
10	4	2	4							
11										
12	判定	不顯著								
13										
14	n的列號	α 的行號	r_s 的顯著點							
15	4	3	0.886							
16										
17	判定	不顯著								
18										

(2) 輸入表 4.2 的數據，分別求出 X、Y 的順位合計

　　H3：= SUM（B3：G3）　　　　（複製至 H4）

(3) 使用式（4 1）求出順位合計，確認有無輸入失誤。

$$\frac{n(n+1)}{2}$$

式（4.1）

B5：＝A1*（A1 + 1）/2

步驟 2　求檢定統計量 Σdi^2。

在 X、Y 的順位中，求出對應順位之差 $d_i = x_i - y_i$ 的平方和 Σd_i^2，Σd_i^2 是表示在 X、Y 的順位中一致程度的統計量。

B6：＝SUMXMY2（B3:G3；B4:G4）

步驟 3　求出 Spearman 的順位相關係數 r_s。

使用式（4.2）求 Spearman 的順位相關係數 r_s。

$$r_s = 1 - \frac{6 \sum_{i=1}^{n} d_i^2}{n(n-1)} \qquad\qquad 式（4.2）$$

B7 = 1 − 6*B16/（B11^3 − B11）

步驟 4　進行顯著性的檢定

從「檢定表」（圖表 4.4）可直接參照的 Σd_i^2 的 5% 顯著點（雙邊），但此處，使用 INDEX 函數求出的方法作為參考來說明。

(1) 首先，求出「檢定表」中 n 的列號。此範例 4-2 的樣本數是 6，表中的 n = 6 是位於第 4 列第 1 行，所以符合的列號是 4，因此，於 A10 輸入 4。

A10：4

(2) 其次，求出「檢定表」中 α 的行號，此時，要注意有需要求出 Σd_i^2 的雙邊顯著點。表中的雙邊 5% 顯著點位於第 1 列第 2 行，所以所屬的行號是 2，因此，於 B10 輸入 2。

B10：2

使用 INDEX 函數，求出表中對應第 2 列第 2 行之值（指定函數時，會顯示引數選擇的對話框，要選擇（配列、列號、行號）。並且，試算表

上的「檢定表」是從 I1 到 M8 被記入，因此配列即指定 I1:M8。

C10：= INDEX（I1：M8，A10，B10）

又，取代 INDEX 函數，使用 VLOOKUP 函數，當作

C10：= VLOOKUP（A1，I2：M8，B10，FALSE）

也是可以的。此時，①的步驟可以省略。

Σd_i^2 如比「檢定表」（圖表 4.3）所得出之值還少時，即爲顯著。

B12：= IF（B6 <= C10，「顯著」、「不顯著」）

另外，使用步驟 3 所求出的順位相關係數 r_s 進行檢定也是可行的，雙邊檢定時，順位相關係數 r_s 的絕對值比「檢定表」（圖表 4.4）中對應的顯著點之值還大時即顯著。檢定不需要以雙邊進行，使用單邊也行，如想確認結果時，雙邊檢定較好。

A15：4

B15：3

C15：= INDEX（I1：M8：A15：B15）

B17：= IF（B7 >= C15，「顯著」、「不顯著」）

步驟 5 敘述結論

結果不顯著。因此，X、Y 的順位不能說一致。

範例 4-2（單邊檢定）

接受範例4-1的結果，此次針對職員 X 1 人，準備好 8 種罐裝啤酒 A～H 再次設定順位，並且，此次也讓熟練的專門檢查員同樣設定順位。

2 人設定順位的結果，如表 4.6 所示，X 能說有識別罐裝啤酒可口的能力嗎？

表 4.6　有關罐裝啤酒可口度的順位數據

樣本	A	B	C	D	E	F	G	H
專門檢查員的判斷順位	3	1	2	6	5	7	8	4
職員 X 的判斷順位	5	2	1	4	3	7	8	6

Excel 的解析例

　　使用圖表 4.4 所示之「Spearman 順位相關係數檢定的顯著點之表」進行解析，此「檢定表」附加在試算表中。並且，依題意，如果職員 X 有識別能力時，判斷順位理應與專門檢查員所進行的正確順位一致，形成相反順序是不被考慮的。因此，要考慮的只是 Σd_i^2 的較小一方（r_s 接近 1），可使用單邊檢定進行解析。

　　範例 4-2 的 Excel 輸出入例如表 4.7 所示。

步驟 1　輸入數據

　　(1) 輸入樣本數 n。

　　　A1：8

　　(2) 輸入圖表 4.5 的數據，求出專門檢查員，職員 X 各自的順位合計。

　　　J3：= SUM（B3:I3）（複製到 J4）

　　(3) 使用式（4.1）求出順位的合計，確認有無輸入失誤。

　　　B5：= A1*(A1 + 1)/2

步驟 2　求檢定統計量 Σd_i^2

　　B6：= SUMXMY2（B3：I3，B4：I4）

步驟 3　求 Spearman 的順位相關係數 r_s

　　B7：= 1 − 6*B6/（A1^3 − A1）

表 4.7 （Spearman 的順位相關係數）Excel 輸出入例

	B	C	D	E	F	G	H	I	J	K	L
1	=產品數									α / n	0.025（雙邊5%）/ Σd_i^2的顯著點
2	*A*	*B*	*C*	*D*	*E*	*F*	*G*	*H*	計	4	—
3	3	1	2	6	5	7	8	4	36	5	0
4	5	2	1	4	3	7	8	6	36	6	4
5	36									7	14
6	18									8	22
7	0.7857143									9	36
8										10	58
9	α 的行號	Σd_i^2的顯著點									
10	4	30									
11											
12	顯著										
13											
14	α 的行號	r_s的顯著點									
15	5	0.643									
16											
17	顯著										

步驟 4　進行顯著性檢定

可以從「檢定表」（表 4.4）中直接參照 Σdi^2 的 5% 顯著點（單邊），但此處使用 INDEX 函數求出的方法作為參照來說明。

(1) 首先，求「檢定表」中 n 的列號，此範例 4-2 的樣本數是 8，表中的 n = 8 是位於第 6 列第 1 行，所以符合的列號是 6。因此，於 A10 輸入 6。

A10：6

(2) 其次，求「檢定表」中 α 的行號。此時，要注意有需要求出 Σd_i^2 的單邊 5% 的顯著點。表中 Σd_i^2 的單邊 5% 顯著點是位於第 1 列第 4 行，所屬的行號是 4，因此於 B10 輸入 4。

B10：4

(3) 使用 INDEX 函數，求出對應表中第 6 列第 4 行的值。並且，試算表上之「檢定表」是從 K1 到 O8 被記入，因此配列是指定 K1：O8。

C10：＝ INDEX（K1：O8，A10，B10）

Σd_i^2 如比「檢定表」（圖表 4.4）所得出之值還小時即顯著。

B12：＝ IF（B6 <= C10，「顯著」、「不顯著」）

　　另外，使用順位相關係數 r_s 進行檢定結果也是一樣。單邊檢定時，順位相關係數 r_s 的絕對值如比「檢定表」（表 4.4）對應的顯著點之值還大時即爲顯著。

A15：6

B15：5

C15：＝ INDEX（K1：O8，A15，B15）

B17：＝ IF（B7 >= C15，「顯著」、「不顯著」）

步驟 5　敘述結論

　　結果是顯著的。因此統計上可以說兩者的感官評價並非獨立而是有關聯的。亦即，職員 X 與專門檢查員一樣，統計上可以說具有能識別罐裝啤酒的可口度。

二、Kendall 的順位相關係數

　　從 n 個樣本任意取出 2 個 T_i 與 T_j 時，如果 2 個特性 X、Y 之間有關聯時，對於 T_i 與 T_j 來說，有關特性 X 的順位 R_i 與 R_j 以及有關特性 Y 的順位 Q_i 與 Q_j 的大小關係大多應該是一致的，由此事來看，對於由 n 個與 2 個的一切組合 $_nC_2 = n(n-1)/2$ 來說，兩方的順位的大小關係一致者給與 +1，不一致者給與 −1，就給一切組合而言這些值之和當作 S。此時，Kendall 的順位相關係數（Kendall's coefficient of correlation）r_k 或 τ 如下定義。

$$r_k = \frac{S}{\frac{1}{2}n(n-1)} \quad (-1 \leqq r_k \leqq 1) \qquad \text{式（4.3）}$$

又，+1 的個數當作 P，−1 的個數當作 M，

$$M = \frac{n(n-1)}{2} - P \qquad \text{式（4.4）}$$

$$P - M = S \qquad \text{式（4.5）}$$

所以 r_k 也可如下表示。

$$r_k = \frac{4P}{n(n-1)} - 1 \quad (-1 \leqq r_k \leqq 1) \qquad \text{式（4.6）}$$

2 個順位完全一致時 $S = n(n-1)/2$，逆順序時 $S = -n(n-1)/2$，所以 r_k 分別是 +1，−1。如不太有關係時則取接近 0 之值。

關於 2 組順位 X、Y 的相關檢定，取決於也觀察完全逆順之情形（雙邊檢定），或只觀察完全一致的情形（單邊檢定）等的檢定方法，解析的方法有若干的不同。因此，列舉 2 個範例依序加以介紹。

範例 4-3（雙邊檢定）

有關 7 種廁所用芳香劑 A1～A7 的香味好壞，讓職員 X、Y 二位就所認為的香味好壞的順序設定順位後，得出如表 4.8 的結果。X、Y 的順位能否說一致？

表 4.8　芳香劑香味好壞的順位數據

樣本	A1	A2	A3	A4	A5	A6	A7
X 的順位	1	4	6	2	5	7	3
Y 的順位	3	4	7	1	5	6	2

Excel 的解析例

　　使用表 4.9 所示之「Kendall 順位相關係數檢定的顯著點之表」（以下略記「檢定表」）進行解析。「檢定表」附加在試算表中。並且，依題意，由於有需要考慮 2 組的順位完全一致時（順位相關係數 r_k 為 1），無相關時（r_k 為 0），完全逆順序時（r_k 為 -1），因此使用雙邊檢定進行解析。

表 4.9　Kendall 順位相關係數檢定的顯著點

N	O	P	Q	R
α n	0.025(雙邊5%) $S=P-M$的顯著點	0.025(雙邊5%) r_k的顯著點	0.05(單邊5%) $S=P-M$的顯著點	0.05(單邊5%) r_k的顯著點
4	—	—	6	1.000
5	10	1.000	8	0.800
6	13	0.866	11	0.733
7	15	0.714	13	0.619
8	18	0.643	16	0.571
9	20	0.555	18	0.500
10	23	0.511	21	0.467
11	27	0.491	23	0.418
12	30	0.455	26	0.394
13	34	0.435	28	0.359
14	37	0.407	33	0.363
15	41	0.390	35	0.333
16	46	0.383	38	0.317
17	50	0.368	42	0.309
18	53	0.346	45	0.294
19	57	0.333	49	0.287
20	62	0.326	52	0.274

步驟 1　輸入數據

　　依照以下如表 4.10 輸入。

　　1. 輸入樣本數 n。

　　　A1：7

　　2. 將圖表 4.8 的數據重排成行再輸入，X 的順位是從 B3 輸入列 B9，Y 的順位是從 C3 輸入到 C9

表 4.10　範例 4-3（Kendall 順位相關係數）的 Excel 輸出入例

	A	B	C	D	E
1	7	=樣本數*n*			
2	樣本	*X*的順位	*Y*的順位	*X*的順位	*Y*的順位
3	A_1	1	3	1	3
4	A_2	4	4	2	1
5	A_3	6	7	3	2
6	A_4	2	1	4	4
7	A_5	5	5	5	5
8	A_6	7	6	6	7
9	A_7	3	2	7	6

　　從 B3 複製到 C9，從 D3 貼在 E9。特別此時要依據下列的步驟。

　　首先，複製 B3:C9 貼在 D3:E9。維持著 D3:E9 的範圍指定，從〔常用〕→〔排序與篩選〕→〔自訂排序〕。確認排序對象與順序且形成〔最小到最大〕後按確定。結果，X 的順位依由小而大的順序重排，Y 的順位對應它重排。

步驟 2　將對應 X 的順位重排後的 Y 的順位使之旋轉成行方向。

　　如表 4.11 所示，複製 E3 到 E9，貼在 F2 到 L2。特別是依照下列的步驟為宜，複製 E3:E9 後將游標放在 F2。從〔常用〕→〔剪貼簿〕→〔貼上〕→題型①〔轉置〕，題型②〔選擇性貼上〕。然後，類型①以外者，

要勾選〔轉置〕，按確定。

表 4.11　範例 4-3（Kendall 順位相關係數）的 Excel 輸出入例（續）

E	F	G	H	I	J	K	L
Y的順位	3	1	2	4	5	7	6
3							
1							
2							
4							
5							
7							
6							

步驟 3　計數 X 與 Y 順位大小關係一致的組合數

Excel 輸出入例表示在表 4.12 中。具體做法如下。

表 4.12　範例 4-3（Kendall 順位相關係數）的 Excel 輸出入例（續）

C	D	E	F	G	H	I	J	K	L	M
Y的順位	X的順位	Y的順位	3	1	2	4	5	7	6	計
3	1	3	0	0	1	1	1	1		4
4	2	1		1	1	1	1	1		5
7	3	2			1	1	1	1		4
1	4	4				1	1	1		3
5	5	5					1	1		2
6	6	7						0		0
2	7	6								0
									計	18
										=P

(1) 譬如，D3、E3 中 X、Y 的順位分別是 1 位，3 位。此範例 4-3
的情形，比 1 位大的順位是 2 位～7 位。比 3 位大的順位是 4 位～
7 位，兩者的順位大小關係一致的組合是 4 位～7 位。因此，此

時對於步驟 2 排成列的 Y 的順位來說，大小關係一致的 4 位～7 位輸入 1，大小關係不一致的 1 位～2 位輸入 0 後，計數 P 的個數。

此處，搭配 ROWS 函數、COLUMNS 函數、IF 函數去求之。

F3; = IF（ROWS（$E$3:$E3）< COLUMNS（$F$2:F$2），IF（$E3 < F$2,1,0），…）

（複製至 L9）

(2) 合計各列，再求其合計的 P。

M3：= SUM（F3：L3）（複製至 M9）

M10：= SSUM（M3：M9）

步驟 4　求出 X 與 Y 的大小關係不一致的組合表 M 與檢定統計量 S。

如圖表 4.12 所示，使用式（4.4）求大小關係不一致的組合表，使用式（4.5）求檢定統計量 S。

B11：= A1*(A1 − 1)/2 − M10

B12：= M10 − B11

步驟 5　求 Kendall 順位相關係數 r_k。

使用式（4.6），求順位相關係數 r_k。

B16：= 4*P13/(A1*(A1 − 1)) − 1

步驟 6　進行顯著性的檢定

可從「檢定表」（表 4.9）直接參照 S 的 5% 顯著點，但此處說明使用 INDEX 函數求出的方法作為參考。

(1) 首先，求出「檢定表」中 n 的列號。此範例的樣本數是 7，表中 n = 7 是位於第 5 列第 1 行，因此所屬的列號是 5。因此於 A16 輸入 5。

A16：5

(2) 其次，求「檢定表」中 α 的行號。此時，要注意有需要求出 S 的單邊 5% 顯著點，表中 S 的單邊 5% 顯著點位於第 1 列第 2 行，因此所屬的行號是 2。因此於 B16 輸入 2。

B16：2

(3) 使用 INDEX 函數，求出數表中對應第 5 列第 2 行的值，以及試算表上的「檢定表」是被記入在由 N1 到 R18 中，因此配列是指定 N1:R18。C16; = INDEX（N1:R18, A16, B16）雙邊檢定時，S 如比「檢定表」（表 4.9）所得出的值大時即爲顯著。

B18：= IF（B12 >= C16，「顯著」、「不顯著」）

又，與 Spearman 順位相關係數的檢定的計算一樣，使用 Kendall 的順位相關係數 r_k 進行檢定，結果也是相同的。單側檢定時，順位相關係數｜r_k｜如比「檢定表」（表 4.9）中對應的顯著點之值大時即爲顯著。

A21：5

B21：3

C21：= INDEX（N1：R18，A21，B21）

B23：= IF（B13 >= C21，「顯著」、「不顯著」）

表 4.13　範例 4-3（Kendall 順位相關係數）的 Excel 輸出入例（續）

步驟 7 敘述結論

結果是不顯著。因此，X 與 Y 的順位統計上可以說一致。

範例 4-4（單邊檢定）

透過消費者調查對 10 種廁所用芳香劑 A1～A10 得出有關香味好壞的順位數據。讓職員 Y 對 A1～A10 的香味排出順位後，兩方的順位如表 4.14 加以比較。如消費者的順位當作眞正的順位時，Y 的順位可否說與此一致呢？

表 4.14　有關香味好壞的順位數據

樣本	A1	A2	A3	A4	A5	A6	A7	A8	A9	A10
消費者的順位	1	9	6	5	7	10	3	8	2	4
Y 的順位	4	7	3	1	9	8	2	10	5	6

Excel 的解析例

使用表 4.9 所示之「Kendall 順位相關係數檢定的顯著表」（以下略記「檢定表」）進行解析。「檢定表」附加在試算表中。並且，依題意，由於形成逆相關並不成爲問題，因此使用單邊檢定進行解析。

步驟 1 輸入數據

依照以下如圖表 4.15 輸入。

(1) 輸入樣本數 n。

　　A1：10

(2) 將圖表 4.14 的數據重排成行之後再輸入，消費者的順位是從 B3 輸入到 B12，Y 的順位是從 C3 輸入到 C12。

表 4.15　Kendall 順位相關係數檢定的輸入例

	A	B	C	D	E
1	10	=樣本數n			
2	試料	消費者的順位	Y 的順位	消費者的順位	Y 的順位
3	A_1	1	4	1	4
4	A_2	9	7	2	5
5	A_3	6	3	3	2
6	A_4	5	1	4	6
7	A_5	7	9	5	1
8	A_6	10	8	6	3
9	A_7	3	2	7	9
10	A_8	8	10	8	10
11	A_9	2	5	9	7
12	A_{10}	4	6	10	8

(3) 複製 B3 到 C12，貼在 D3 到 E12。特別此時要依據下列的步驟。

首先，複製 B3:C12 貼在 D3:E12。維持著 D3:E12 的範圍指定，選擇〔常用〕→〔排序與篩選〕→〔自訂排序〕。確認排序對象與順序，形成〔最小到最大〕後按確定。結果，X 的順位依由小而大的順序重排，Y 的順位對應它重排。

步驟 2　將對應 X 的順位重排後的 Y 的順位使之旋轉成行方向。

如表 4.16 所示，複製 E3 到 E12，貼在 F2 到 O2。特別是依照下列的步驟為宜，複製 E3:E12 後將游標放在 F2。選擇〔常用〕→〔剪貼簿〕→〔貼上〕→題型①〔轉置〕，題型②〔選擇性貼上〕。然後，題型①以外者，要勾選〔轉置〕，按確定。

表 4.16　範例 4-4（Kendall 順位相關係數）的 Excel 輸出入例（續）

Y的順位	4	5	2	6	1	3	9	10	7	8
4		✓		✓	✓					
5			✓		✓	✓				
2				✓	✓					
6					✓	✓				
1										
3										
9								✓		
10										
7										✓
8										

步驟 3　計數 X 與 Y 順位大小關係一致的組合數

Excel 輸出入例表示在表 4.17 中。具體做法如下。

表 4.17　範例 4-4（Kendall 順位相關係數）的 Excel 輸出入例（續）

	A	B	C	D	E	F	G	H	I	J	K	L	M	N	O	P
1	10	=樣本數n														
2	試料	消費者的順位	Y的順位	消費者的順位	Y的順位	4	5	2	6	1	3	9	10	7	8	計
3	A_1	1	4	1	4		1	0	1	0	0	1	1	1	1	6
4	A_2	9	7	2	5			0	1	0	0	1	1	1	1	5
5	A_3	6	3	3	2				1	0	1	1	1	1	1	6
6	A_4	5	1	4	6					0	0	1	1	1	1	4
7	A_5	7	9	5	1						1	1	1	1	1	5
8	A_6	10	8	6	3							1	1	1	1	4
9	A_7	3	2	7	9								1	0	0	1
10	A_8	8	10	8	10									0	0	0
11	A_9	2	5	9	7										1	1
12	A_{10}	4	6	10	8											
13															計	32
14	$M=$	13														=P

(1) 譬如，D3, E3 中消費者 Y 的順位分別是 1 位、4 位。此範例 4-4 的情形，比 1 位大的順位是 2 位～10 位。比 4 位大的順位是 5

位～10 位，兩者的順位大小關係一致的組合是 5 位～10 位。因
此，此時對於步驟 2 排成列的 Y 的順位來說，大小關係一致的
5 位～10 位輸入 1，大小關係不一致的 1 位～4 位輸入 0。計數
P 的個數。

此處，搭配 ROWS 函數、COLUMNS 函數、IF 函數再求之。

F3; = IF（ROWS（\$E\$3:\$E3）< COLUMNS（\$F\$2:F\$2），IF（\$E3
< F\$2,1,0），…）

（複製至 O12）

(2) 合計各列，再求其合計的 P。

P3：= SUM（F3：O3）（複製至 P12）

P13：= SUM（P3：P12）

步驟 4　求出消費者與 Y 的大小關係不一致的組合表 M 與檢定統計量 S。

如圖表 4.18 所示，使用式（4.4）求大小關係不一致的組合表，使用
式（4.5）求檢定統計量 S。

B14：= A1*（A1 − 1）/2 − P13

B15：= P13 − B14

步驟 5　求 Kendall 順位相關係數 r_k。

使用式（4.6），求順位相關係數 r_k。

B16：= 4*P13/(A1*(A1 − 1)) − 1

步驟 6　進行顯著性的檢定

可從「檢定表」（表 4.9）直接參照 S 的 5% 顯著點，但此處說明使
用 INDEX 函數求出的方法作爲參考。

表 4.18　範例 4-4（Kendall 順位相關係數）的 Excel 輸出入例（續）

	A	B	C	D	E	F	G	H	I	J	K	L	M	N	O	P	Q
1	10	=樣本數n															α / n
2	試料	消費者的順位	Y的順位	消費者的順位	Y的順位	4	5	2	6	1	3	9	10	7	8	計	4
3	A_1	1	4	1	4		1	0	1	0	0	1	1	1	1	6	5
4	A_2	9	7	2	5			0	1	0	0	1	1	1	1	5	6
5	A_3	6	3	3	2				1	0	1	1	1	1	1	6	7
6	A_4	5	1	4	6					0	0	1	1	1	1	4	8
7	A_5	7	9	5	1						1	1	1	1	1	5	9
8	A_6	10	8	6	3							1	1	1	1	4	10
9	A_7	3	2	7	9								1	0	0	1	11
10	A_8	8	10	8	10									0	0	0	12
11	A_9	2	5	9	7										1	1	13
12	A_{10}	4	6	10	8												14
13															計	32	15
14	$M=$	13														=P	16
15	$S=$	19															17
16	$r_1=$	0.422222222															18
17																	19
18	n的列數	α的行號	S的顯著點														20
19	8	4	21														
20																	
21	判定	不顯著															
22																	
23	n的列數	α的行號	r_1的顯著點														
24	8	5	0.467														
25																	
26	判定	不顯著															
27																	

(1) 首先，求出「檢定表」中 n 的列號。範例的樣本數是 10，表中 n = 10 是位於第 8 列第 1 行，因此所屬的列號是 8。因此於 A19 輸入 8。

A19：8

(2) 其次，求「檢定表」中 α 的行號。此時，要注意有需要求出 S 的單邊 5% 顯著點，表中 S 的單邊 5% 顯著點位於第 1 列第 4 行，因此所屬的行號是 4。因此於 B19 輸入 4。

B19：4

(3) 使用 INDEX 函數，求出數表中對應第 8 列第 4 行的值，以及試算表上的「檢定表」是被記入在由 Q1 到 U18 中，因此配列是指定 Q1：U18。

單邊檢定時，S 如比「檢定表」（表 4.9）所得出的值大時即為顯著。

B21：＝ IF（B15 >= C19，「顯著」、「不顯著」）

又，與 Spearman 順位相關係數的檢定的計算一樣，使用 Kendall 的順位相關係數 r_k 進行檢定，結果也是相同的單側檢定時，順位相關係數 $|r_k|$ 如比「檢定表」（表 4.9）中對應的顯著點之值大時即為顯著。

A24：8

B24：5

C24：＝ INDEX（Q1：U18，A24，B24）

B26：＝ IF（B16 >= C24，「顯著」、「不顯著」）

步驟 7　敘述結論

結果是不顯著。因此，消費者與職員 Y 的順位不能說一致。

4.3　Kendall 的一致性數 W 與 Friedman 的檢定

將 n 個樣本讓 k 位檢查員決定順位，檢查員的判定是否有一致性等，只觀察 k 組樣本之間的獨立性時可以使用。

當有 3 組以上的順位時，可以將每 2 組加以組合，利用順位相關係數觀察一致性，但無法將全體的一致性一併觀察。Kendall 的一致性係數（Kendall's coefficient of concordance）與 Friedman 的檢定（Friedman's test）可以將 3 組以上的順位設定數據的一致性一併處理。

使用此手法的留意點如下：

1. 樣本數太大時，兩極端之差任誰都不知道，整體的傾向容易一致，因此，檢定虛無假設也是無意義的。因此，樣本數最好是 3～7 左右。

2. 順位的數據除了相對性的順序外無法提供資訊，無法處理像信賴
   區間那樣的數據。
3. 對樣本加上「盲號」，提示順序或位置要隨機配置。
4. 設定順位時，即使優劣的判定困難，原則上仍然要設定順位。

範例 **4-5**

針對 6 種香菸 A、B、C、D、E、F，讓 5 位檢查員 Q1～Q5 設定味
道輕重的順位後，得出如表 4.19 的結果。5 位判斷是否一致？

表 4.19　有關香菸味道輕重的順位數據

樣本＼檢查員	A	B	C	D	E	F
Q1	2	1	6	3	4	5
Q2	3	1	5	2	4	6
Q3	1	2	4	3	6	5
Q4	3	2	6	1	4	5
Q5	2	1	5	3	6	4

Excel 解析例

檢定時，使用圖表 4.20 所示的「Kendall 的一致性係數與 Friedman 檢
定的顯著點」（以下略稱檢定表）進行檢定。表附加在試算表中。

範例 4-5 的 Excel 輸出入例表示在表 4.21 中。

表 4.20　Kendall 的一致性係數與 Friedman 檢定的顯著點

k \ n	3	4	5	6	7
3	17.5	35.4	64.4	103.9	157.3
4	25.4	49.5	88.4	143.3	217.0
5	30.8	62.6	112.3	182.4	276.2
6	38.3	75.7	136.1	221.4	335.2
7	42.3				
8	48.1	101.7	183.7	299.0	453.1
9	54.0				
10	60.0	127.8	231.2	376.7	571.0
12	71.9				
14	83.3				
15	89.8	192.9	349.8	570.5	864.9
16	95.8				
18	107.7				
20	119.7	258.0	468.5	764.4	1158.7

表 4.21　範例 4-5（Kendall 的一致性係數 W 與 Friedman 檢定）的 Excel 輸出入例

	A	B	C	D	E	F	G	H	I	J
1	6	=樣本數n							k \ n	3
2	5	=檢查員人數k							3	17.5
3	樣本		A	B	C	D	E	F	計	4	25.4
4	檢查員									5	30.8
5	O_1	2	1	6	3	4	5	21	6	38.3
6	O_2	3	1	5	2	4	6	21	7	42.3
7	O_3	1	2	4	3	6	5	21	8	48.1
8	O_4	3	2	6	1	4	5	21	9	54.0
9	O_5	2	1	5	3	6	4	21	10	60.0
10	順位和	11	7	26	12	24	25	105	12	71.9
11	順位的平均:$k(n+1)/2$	17.5	17.5	17.5	17.5	17.5	17.5		14	83.3
12	殘差平方和S	353.5							15	89.8
13	一致性係數W	0.808							16	95.8
14									18	107.7
15	k的列號	n的行號	S的顯著點						20	119.7
16	4	5	182.4							
17										
18		判定 顯著								

步驟 1　輸入數據，製作累計表。

(1) 輸入樣本數 n = 6，檢查員人數 k = 5。

A1：6

A2：5

(2) 輸入表 4.18 的數據，分別求順位的列和、行和。

H5：＝ SUM（B5：G5）（複製至 H9）

B10：＝ SUM（B5：B9）（複製至 H10）

(3) 使用式（5.7）求所期待順位的平均。

$$\frac{k(k+1)}{2}$$ 式（4.7）

B11：＝ \$A\$2*（\$A\$1）/2 （複製至 G11）

步驟 2 求順位和的殘差平方和 *S*。

$$S = \sum_{j=1}^{n} \left\{ S_j - \frac{k(k-1)}{2} \right\}^2$$ 式（4.8）

B12：＝ SUMXMY2（B10：G10，B11：G11）

步驟 3 求 Kendalla 的一致性係數 W。

使用式（4.9），求 Kendall 的一致性係數 W。

$$W = \frac{12S}{k^2(n^3 - n)}$$ 式（4.9）

B14：＝ 12*B12 /（A2^2*（A1^3 － A1））

步驟 4 顯著性的檢定

可從「檢定表」（表 4.20）直接參照殘差平方和 S 的顯著點，但此處說明使用 INDEX 函數求出的方法作爲參考。

(1) 首先，求出「檢定表」中檢查員人數 k 的列號。範例的檢查員人數是 5，表中 k = 5 是位於第 4 列第 1 行，因此所屬之列號是 4。因此，於 A16 輸入 4。

A16：4

(2) 其次，求「檢定表」中樣本數 n 的行號。範例的樣本數是 6，表中 n = 6 是位於第 1 列第 5 行，所屬的行號是 5，因此於 B16 輸入 5。

B16：5

(3) 使用 INDEX 函數，求出數表中對應第 4 列第 5 行的數值。以及試算表上的「檢定表」是被記入在從 I1 到 N15，因此配列是指定 I1：N15。

C16：= INDEX（I1：N15，A16，B16）

殘差平方和 S 的實測值如比「檢定表」（表 4.20）之值大時，即顯著。

B18：= IF（B12 > C16，「顯著」、「不顯著」）

　　另外，n 或 k 不在表中時使用近似值，n 與 k 的組合空欄時，使用安全側（顯著點大者）之值。

步驟 5　敘述結論

　　結果是顯著的。因此，5 位檢查員的判斷，並非各自分歧，統計上可以說具有一致性。

4.4　Wilcoxon 的順位和檢定

　　將 m 個 A 與 n 個 B 合在一起設定順位時，可以對 A 設定的一切順位組合即有 $_{m+n}C_m$ 種。在「A 與 B 之分配的中心位置沒有差異」的虛無假設

下，A 的順位的組合皆以均等的機率 $1/_{m+n}C_m$ 發生。因此，取各個組合的順位和 T，就 T 整理機率時，可以得出順位和 T 的分配。

像這樣，當給與 A 的個數 m 與 B 的個數 n 時，如計算順位和 T 之分配時，即可檢定虛無假設。可是，當 m 與 n 變大時，$_{m+n}C_m$ 的組合數急速增大，因此計數非常麻煩，所以，準備有針對各種的 m 與 n 的 T 分配之表。

A 的順位和 T 的分配，關於 m（m＋n＋1）/2 來說是對稱的。另外，T 與位於對稱位置的 T′，是在相反方向所設定的順位和。如考慮 T 與 T′ 之和時，T＋T′＝m（m＋n＋1）（一定值）。如從好的一方所設定的順位當作 R，從壞的一方所設定的順位當作 R′ 時，則有 R＋R′＝m＋n＋1（一定值）之關係。因此，變成 R′＝(m＋n＋1) － R，將 R′ 只針對 A 相加時，可得出如下關係，

$$T' = \Sigma\{m + n + 1\} - R_i\} = m(m + n + 1) - T \qquad 式（4.10）$$

因此，當檢定有關 A 的順位和 T 時，只要取 T 或 T′＝m(m＋n＋1) － T 之中較小的即可。

以上 Wilcoxon 的順位和檢定（Rank sum test）。T′ 是在相反方向所設定順位的順位和。

範例 4-6（雙邊檢定）

分別提示原產地 A 的 4 種葡萄酒（A1～A4）以及原產地 B 的 5 種葡萄酒（B1～B5），某檢查員針對合計 9 種葡萄酒設定香醇好壞的順位後，成為以下的順序。原產地 A 的葡萄酒與原產地 B 的葡萄酒的香醇好壞上

能否說有差異呢？

A3，B5，A1，A2，B2，A4，B1，B3，B4

Excel 的解析例

　　A、B 中的順位設定是否有差異，是問題所在，因此有需要進行雙邊檢定。

　　因此，檢定時使用表 4.22 所表示的「Wilcoxon 順位和檢定的顯著點表（雙邊）」（以下，略記成「檢定表」）進行檢定。表附加於試算表中。

步驟 1　輸入數據

　　(1) 2 種樣本之中，樣本個數少的一方（同數時任一方均可）當作 A，其個數當作 m，另一方當作 B，其個數當作 n。亦即，m ≦ n。

　　　　將 A 的個數 m = 4，B 的個數 n = 5 分別輸入。

　　　　A1：4

　　　　A2：5

　　(2) 將所得出的結果從 B4 輸入到 J4。此時，重排成 A1～A4，B1～B5 的順序，使相同的組形成連續。

步驟 2　求組 A 的順位和 T。

　　求 A 組中順和之和 T。

　　B5：= SUM（B4：E4）

步驟 3　求出按相反方向（從壞方向）所設定的順位和 T′。

　　使用式（5.10）求 T′。

　　B6：= A1*（A1 + A2 + 1）− B5

表 4.22　Wilcoxon 的順位和檢定的顯著點（雙邊檢定）

m＼n	4	5	6	7	8	9	10	11	12	13	14	15	16	17	18	19	20
2	−	−	−	−	3	3	3	3	4	4	4	4	4	5	5	5	5
3	−	6	7	7	8	8	9	9	10	10	11	11	12	12	13	13	14
4	10	11	12	13	14	14	15	16	17	18	19	20	21	21	22	23	23
5		17	18	20	21	22	23	24	26	27	28	29	30	32	33	34	35
6			26	27	29	31	32	34	35	37	38	40	42	43	45	46	49
7				36	38	40	42	44	46	48	50	52	54	56	58	60	62
8					49	51	53	55	58	60	62	65	67	70	72	74	77
9						62	65	68	71	73	76	79	82	84	87	90	93
10							78	81	84	88	91	94	97	100	103	107	110
11								96	99	103	107	111	114	118	121	124	128
12									115	119	123	127	131	135	139	143	147
13										136	141	145	150	154	158	163	167
14											160	164	169	174	179	183	188
15												184	190	195	200	205	210
16													211	217	222	228	234
17														240	246	252	258
18															270	277	283
19																303	309
20																	337

表 4.23　範例 4-6（Wilcoxon 的順位和檢定）的 Excel 輸出入例

	A	B	C	D	E	F	G	H	I	J	K	L	M
1	4	=A 的個數 m									m＼n	4	5
2	5	=B 的個數 n									2	−	−
3	樣本	A_1	A_2	A_3	A_4	B_1	B_2	B_3	B_4	B_5	3	−	6
4	順位	3	4	1	6	7	5	8	9	2	4	10	11
5	試料 A 的順位和 T'	14									5		17
6	T'	26									6		
7	m 的列號	n 的行號	$T'(0.025)$								7		
8	4	3	11								8		
9											9		
10		判定	不顯著								10		
11											11		
12											12		
13											13		
14											14		
15											15		
16											16		
17											17		
18											18		
19											19		
20											20		

步驟 4　進行顯著性的檢定

可從「檢定表」（表 4.22）直接參照對應的顯著點（界限值）T（0.025），但此處，說明使用 INDEX 函數求出的方法作為參考。

(1) 首先，求出「檢定表」中 A 的個數 m 的列號。範例的 A 的個數是 4，表中 m = 4 是位於第 4 列第 1 行，所屬列號是 4，因此於 A8 輸入 4。

A8：4

(2) 其次，求出「檢定表」中 B 的個數 n 的列號。範例的 B 的個數是 5，表中 n = 5 是位於第 1 列第 3 行，所屬列號是 3，因此於 B8 輸入 3。

B8：3

(3) 使用 INDEX 函數，求出「檢定表」中對應第 4 列第 3 行之值。並且，試算表上的「檢定表」是被記入在由 K1 到 AB20，因此配列是指定 K1：AB20。

C8：= INDEX（K1：AB20，A8，B8）

先前所求的 T 及 T' 之中較小之值，如此「檢定表」（表 4.22）所設定之值還小時，即顯著。

B10：= IF（B5 <= C8，「顯著」、「不顯著」）

步驟 5　敘述結論

結果並不顯著。因此無法否定「A、B 兩組的順位設定無差異」之虛無假設 H_0。亦即，原產地 A 的葡萄酒與原產地 B 的葡萄酒，在香醇的好壞上不能說有差異。

範例 **4-7**（單邊檢定）

以改良品種 A 的蘋果作為原料的 10 種果汁（A1～A10），以品種 B 的蘋果作為原料的果汁 10 種（B1～B10）分別提示，針對合計 20 種蘋果的果汁，某位檢查員就味道的好壞設定順位後，得出表 4.24 的結果。品種 A 的蘋果汁可否說比品種 B 的蘋果汁的味道好呢？

表 4.24　有關蘋果汁味道的順位數據

樣本	A1	A2	A3	A4	A5	A6	A7	A8	A9	A10
順位	2	10	4	6	13	1	9	12	5	15

	B1	B2	B3	B4	B5	B6	B7	B8	B9	B10
	14	18	3	19	7	8	11	16	20	17

Excel 的解析例

比較 A、B 後，A 是否較佳為問題所在，因此有需要使用單邊檢定。因此，檢定時，使用圖表 4.25 所示之「Wilcoxon 的順位和檢定的顯著點（單邊）」，（以下略記為「檢定表」）進行檢定。表附加在試算表中。

範例 4-7 的 Excel 輸出入例如表 4.26 所示。

步驟 1　輸入數據

　　(1) 分別輸入 A 的個數 m = 10，B 的個數 n = 10。

　　　　 Λ1：10

　　　　 A2：10

表 4.25　Wilcoxon 的順位和檢定的顯著點（單邊檢定）

m\n	3	4	5	6	7	8	9	10	11	12	13	14	15	16	17	18	19	20
1	−	−	−	−	−	−	−	−	−	−	−	−	−	−	−	−	1	1
2	−	−	3	3	3	4	4	4	4	5	5	5	6	6	6	7	7	7
3	6	6	7	8	8	9	9	10	11	11	12	13	13	14	15	15	16	17
4		11	12	13	14	15	16	17	18	19	20	21	22	24	25	26	27	28
5			19	20	22	23	24	26	27	28	30	31	33	34	35	37	38	46
6				28	29	31	33	35	37	38	40	42	44	46	47	49	51	53
7					39	41	43	45	47	49	52	54	56	58	61	63	65	67
8						51	54	56	59	62	64	67	69	72	75	77	80	83
9							66	69	72	75	78	81	84	87	90	93	96	99
10								82	86	89	92	96	99	103	106	110	113	117
11									100	104	108	112	116	120	123	127	131	135
12										120	125	129	133	138	142	146	150	155
13											142	147	152	156	161	166	171	175
14												166	171	176	182	187	192	197
15													192	197	203	208	214	220
16														219	225	231	237	243
17															249	255	262	268
18																280	287	294
19																	313	320
20																		348

表 4.26　範例 4-7（Wilcoxon 的順位和檢定）的 Excel 輸出入例

	A	B	C	D	E	F	G	H	I	J	K	L	M	N	O	P	Q	R	S	T	U	V
1	10	=A的個數m																				m\n
2	10	=B的個數n																				1
3	樣本	A_1	A_2	A_3	A_4	A_5	A_6	A_7	A_8	A_9	A_{10}	B_1	B_2	B_3	B_4	B_5	B_6	B_7	B_8	B_9	B_{10}	2
4	順位	2	10	4	6	13	1	9	12	5	15	14	18	3	19	7	8	11	16	20	17	3
5	品種A的順位和T	77																				4
6	T'	133																				5
7	m 的列號	n 的行號	$T'(0.05)$																			6
8	11	9	82																			7
9																						8
10		判定	顯著																			9
11																						10
12																						11
13																						12
14																						13
15																						14
16																						15
17																						16
18																						17
19																						18
20																						19
21																						20

(2) 將表 4.24 的數據由 B4 輸入到 U4。

步驟 2　求組 A 的順位和 T。

求品種 A 中的順位和。

B5：= SUM（B4：U4）

步驟 3　求相反方向（縱方向）設定的順位和 T′。

使用式（4.10）求 T′。

B6：= A1*（A1 + A2 + 1）− B5

步驟 4　顯著性的檢定

可從「檢定表」（表 4.25）直接參照對應的顯著點（界限值）T（0.05），但此處說明使用 INDEX 函數求出的方法作爲參考。

(1) 首先，求出「檢定表」中 A 的個數 m 的列號。範例的 A 的個數是 10，「檢定表」中 m = 10 是位於第 11 列第 1 行，所屬之列號是 11。因此於 A8 輸入 11。

A8; 11

(2) 其次，求出「檢定表」中 B 的個數 n 的行號。範例的 B 的個數是 10，「檢定表」中 n = 10 是位於第 1 列第 9 行，所屬之行號是 9。因此，於 B8 輸入 9。

B8：9

(3) 使用 INDEX 函數，求出對應「檢定表」中第 11 列第 9 行之值。並且，試算表上的「檢定表」是被記入在 V1 到 AN21，因此配列是指定 V1：AN21。

C8：= INDEX（V1：AN21，A8，B8）

先前求出的 T 及 T′ 之中較小之值如比「檢定表」（表 4.25）所設定之值還小時即爲顯著。

B10：IF（B5 <= C8，「顯著」、「不顯著」）

步驟 5　敘述結論

結果是顯著的。因此否定「A、B 兩組的順位設定無差異」之虛無假設 H_0，採納「A 比 B 佳」的對應假設 H_1。亦即，改良品種 A 的蘋果汁比傳統品種 B 的蘋果汁，在統計上可以說味道較佳。

4.5　Kruskal-Wallis 的 H 檢定

上述所敘述的 Wilcoxon 的順位和檢定，雖然是檢定 2 組的處理之差，而將此擴張為檢定 3 組以上的 k 組處理之差者即為 Kruskal-Wallis 的 H 檢。

將 R_{ij} 當作 i 組的第 j 個樣本所設定的順位，n_i 當作各組的樣本數，樣本總數當作 $N = \sum n_i$。此時各組的順位的平均值 $\overline{R} = (N + 1)/2$ 呢？如可作出指標時，即可成為判斷虛無假設是否正確的指標。此指標即為以下 Kruskal-Wallis 的統計量 H。

$$H = \frac{12}{N(N+1)} \sum_{i=1}^{k} \frac{T_i^2}{n_i} - 3(N+1) \qquad \text{式 (4.11)}$$

此處，T_i 是各組的順位和 $T_i = \sum_{j=1}^{n_i} R_{ij}$。

雖可利用此 H 檢定假設，而樣本的總數 $N = \sum n_i$ 除了非常小的情形之外，計算量變得很膨大，因此直接求 H 的分配事實上是不可能的。

因此，k = 3 或 4，當 n_1，n_2，n_3（，n_4）是在表 4.27 中所記載的範圍時，使用圖表 4.27，對表中未給與的 n_1，n_2，n_3（，n_4）來說，將 H 利用自由度 k − 1 的 χ^2 分配近似地來進行檢定。

表 4.27　Kruskal-Wallis 的 H 檢定的顯著點（顯著水準 5%）

(a) k = 3 組時

N	n_1	n_2	n_3	H	N	n_1	n_2	n_3	H
6	2	2	2	—	15	2	2	11	5.1636
7	2	2	3	4.7143	15	2	3	10	5.3617
8	2	2	4	5.3333	15	2	4	9	5.4000
8	2	3	3	5.3611	15	2	5	8	5.4150
9	2	2	5	5.1600	15	2	6	7	5.3571
9	2	3	4	5.4444	15	3	3	9	5.5889
9	3	3	3	5.6000	15	3	4	8	5.6229
10	2	2	6	5.3455	15	3	5	7	5.6067
10	2	3	5	5.2509	15	3	6	6	5.6250
10	2	4	4	5.4545	15	4	4	7	5.6500
10	3	3	4	5.7273	15	4	5	6	5.6608
11	2	2	7	5.1429	15	5	5	5	5.7800
11	2	3	6	5.3485	16	2	2	12	5.1728
11	2	4	5	5.2727	16	2	3	11	5.3743
11	3	3	5	5.6485	16	2	4	10	5.3448
11	3	4	4	5.5985	16	2	5	9	5.3956
12	2	2	8	5.3558	16	2	6	8	5.4044
12	2	3	7	5.3571	16	2	7	7	5.3981
12	2	4	6	5.3397	16	3	3	10	5.5882
12	2	5	5	5.3385	16	3	4	9	5.6519
12	3	3	6	5.6154	16	3	5	8	5.6143
12	3	4	5	5.6308	16	3	6	7	5.6891
12	4	4	4	5.6923	16	4	4	8	5.7794
13	2	2	9	5.2601	16	4	5	7	5.7328
13	2	3	8	5.3159	16	4	6	6	5.7243
13	2	4	7	5.3760	17	5	5	6	5.7294
13	2	5	6	5.3385	17	2	2	13	5.1991
13	3	3	7	5.6201	17	2	3	12	5.3496
13	3	4	6	5.6099	17	2	4	11	5.3654
13	3	5	5	5.7055	17	2	5	10	5.4196
13	4	4	5	5.6176	17	2	6	9	5.3921
14	2	2	10	5.1200	17	2	7	8	5.4034
14	2	3	9	5.3397	17	3	3	11	5.5829
14	2	4	8	5.3929	17	3	4	10	5.6608
14	2	5	7	5.3927	17	3	5	9	5.6697
14	2	6	6	5.4095	17	3	6	8	5.6781
14	3	3	8	5.6167	17	3	7	7	5.6881
14	3	4	7	5.6231	17	4	4	9	5.7037
14	3	5	6	5.6019	17	4	5	8	5.7176
14	4	4	6	5.6810	17	4	6	7	5.7059
14	4	5	5	5.6429	17	5	5	7	5.7076
					17	5	6	6	5.7647

(b) k = 4 組時

N	n_1	n_2	n_3	n_3	H
8	2	2	2	2	6.1667
9	2	2	2	3	6.3333
10	2	2	2	4	6.5455
10	2	2	3	3	6.5273
11	2	2	2	5	6.5636
11	2	2	3	4	6.6212
11	2	3	3	3	6.7273
12	2	2	2	6	6.5385
12	2	2	3	5	6.6641
12	2	2	4	4	6.7308
12	2	3	3	4	6.7949
12	3	3	3	3	7.0000
13	2	2	2	7	6.5651
13	2	2	3	6	6.7033
13	2	2	4	5	6.7253
13	2	3	3	5	6.8220
13	2	3	4	4	6.8736
13	3	3	3	4	6.9835
14	2	2	2	8	6.5714
14	2	2	3	7	6.7184
14	2	2	4	6	6.7428
14	2	2	5	5	6.7771
14	2	3	3	6	6.8762
14	2	3	4	5	6.9257
14	2	4	4	4	6.9571
14	3	3	3	5	7.0190
14	3	3	4	4	7.0381

（出處）山内二郎編〈簡約統計數值表〉，日本規格協會，1977 年，p.85-89

範例 **4-8**

　　澳洲產牛肉 A 準備 5 種（A1～A5），美國產牛肉 B 準備 6 種（B1～B6），國產牛肉 C 準備 5 種（C1～C5）合計 16 種樣本，某位檢查員就柔軟度設定順位後，得出表 4.28 的結果。牛肉的柔軟度能否說依原產地而有差異呢？

表 4.28　有關牛肉柔軟度的順位數據

樣本	A1	A2	A3	A4	A5	B1	B2	B3	B4	B5	B6	C1	C2	C3	C4	C5
順位	5	9	10	12	14	3	8	11	13	15	16	1	2	4	6	7

Excel 的解析例

　　檢定時，是使用表 4.27 所示的「檢定表」。表附加在試算表中。範例 4-8 的 Excel 輸出入例表示在表 4.29 中。

表 4.29　範例 4-8（Krusual-Wallis 的 H 檢定）的 Excel 輸出入例

	A	B	C	D	E	F	G	H	I	J	K	L	M	N
1	樣本	順位		樣本	A	B	C	計	(k=3)	N	n_1	n_2	n_3	H
2	A_1	5		樣本數	5	6	5	16		6	2	2	2	–
3	A_2	9		順位和	50	66	20	=N		7	2	2	3	4.7143
4	A_3	10		順位和的平方	2500	4356	400			8	2	2	4	5.3333
5	A_4	12		檢定統計量H_0	6.617647					8	2	3	3	5.3611
6	A_5	14								9	2	2	5	5.1600
7	B_1	3		k=3, n_1=5, n_2=6,	H的行號	H的顯著點				9	2	3	4	5.4444
8	B_2	8		n_3=5的列號						9	3	3	3	5.6000
9	B_3	11		68	5	5.7294				10	2	2	6	5.3455
10	B_4	13								10	2	3	5	5.2509
11	B_5	15		判定	顯著					10	2	4	4	5.4545
12	B_6	16								10	3	3	4	5.7273
13	C_1	1								11	2	2	7	5.1429
14	C_2	2								11	2	3	6	5.3485
15	C_3	4								11	2	4	5	5.2727
16	C_4	6								11	3	3	5	5.6485
17	C_5	7								11	3	4	4	5.5985
18										12	2	2	8	5.3558

步驟 1 輸入數據

　　將表 4.28 的數據從 B2 輸入到 B17。此時，A1～A5，B1～B6，C1～C5 的順序，同組使之能連續地輸入。

步驟 2 輸入各組的樣本數 n_i，求其合計$N = \sum_{i=1}^{k} n_i$。

　　E2：E5，F2：6，G2：5

　　H2：= SUM（E2：G2）

步驟 3 求各組的順位和 T_i。

　　E3：= SUM（B2：B6），F3：= SUM（B7：B12），G3：=（B13：B17）

步驟 4 分別求順位和的平方 T_i^2

　　E4：= E3^2，F4：= F3^2，G4：= G3^2

步驟 5 求 Krusual-Wallis 的統計量 H。

　　使用式（4.11），求檢定統計量 H_0。

　　E5：= 12/(H2*(H2 + 1))*(E4/E2 + F4/F2 + G4/G2) − 3*(H2 + 1)

步驟 6 進行顯著性的檢定

　　可從「檢定表」直接參照對應 H 的顯著點，但此處說明使用 INDEX 函數求出的方法作為參考。範例中組數是 k = 3，使用的表是「k = 3」。

　　(1) 首先，求出「檢定表」中 N（n_1，n_2，n_3）的列號。

　　　　此範例 4-8 是 N = 16，n_1 = 5，n_2 = 6，n_3 = 5，可是發覺表中並無所屬的部分。像此種情形，改讀 n_1 = 5，n_2 = 6，n_3 = 5，使用 n_1 = 5，n_2 = 5，n_3 = 6 進行檢定。因此，可以查出表中 N = 16，n_1 = 5，n_2 = 5，n_3 = 6 的列號。此處，一一計數列號很麻煩，可使用 ROW 函數，求出 N = 16，n_1 = 5，n_2 = 5，n_3 = 6 的列號。

　　　　D9; = ROW（J68:M68）

　　(2) 其次，求「檢定表」中 H 的顯著點的行號。表中 H 是位於第 1

列第 5 行，因此所屬的行號是 5。因此於 E9 輸入 5。

E9：5

(3) 使用 INDEX 函數，求出「檢定表」中對應第 68 列第 5 行的值。並且，試算表上 k = 3 的「檢定表」是被記入在 J1 到 N84，因此配列是指定 J1：N84。

F9：= INDEX（J1：N84，D9，E9）

以上，說明了使用 INDEX 函數求出「檢定表」中對應 H 的顯著點的方法。可是，使用到 ROW 函數等，太過於技巧性，仍然推薦由表直接參照。

F9：= N68（或 5.7294）

先前所求出的 H_0 之值，如比「檢定表」（圖表 4.27）所設定之值還大時，即為顯著。

E11：= IF（E5 >= F9，「顯著」、「不顯著」）

步骤 7　敘述結論

結果是顯著的。因此牛肉的柔軟度統計上，可以說取決於原產地的不同而有差異。

第5章　一對比較法

5.1　本章所使用的 Excel 函數

本章所使用的 Excel 函數如表 5.1 所示。Excel 函數的詳細情形，請參照 Excel 的解說書。

表 5.1　第 5 章所使用的 Excel 函數

函數的種類	函數	內容
數學 \ 三角函數	SIGN	對應數值的正負數值
	SQRT	數值的平方根
	SUM	引數的統計
	SUMPRODUCT	配列內對應元素之積和
	SUMSQ	引數之平方的合計
統計函數	CHIDIST	χ^2 分配的單邊機率
	FDIST	F 分配的機率分配
邏輯函數	IF	檢查是否符合某一條件，若為 TRUE 則傳回某值，若為 FALSE 則傳回另一值
檢視與參照函數	INDEX	求位於任意位置的值

5.2　一對比較法的概要

當想比較 k 個樣本時，像順位法那樣將所有的樣本同時設定順位有時候是很困難的。此時，從 k 個中取出 2 個作為一對加以比較，綜合全體 $_kC_2$ 組的結果之後，最後評估 k 個全體樣本的方法稱為一對比較法（paired comparison）。換言之，是利用同盟戰的綜合評價。

表 5.2　一對比較法

判斷方法	要求尺度	手法
設定順位（優劣）	順位尺度	一致性的係數 ζ 一致性的係數 μ
	間隔尺度	Thurstone 的一對比較法
	比例尺度	Bradley 的一對比較法
以評分表示差的程度	間隔尺度	Scheffe 的一對比較法 （包含各式變形法）

　　按各配對進行比較判斷的方法，如表 5.2 所示，有只是評定兩者的順位（優劣）之情形，以及評定順位後再以評分表示兩者之差異程度之情形。並且，在最終的評價方面，有構成順位尺度的情形，亦即將順位的一致性當成問題之情形，以及構成間隔尺度或比例尺度的情形。在檢定順位的一致性的方法方面，有利用一致性的係數 ζ，在構成間格尺度的方法上，有 Scheffe 的一對比較法。在構成距離尺度或比例尺度的方法方面，有 Thurstone、Bradley、Scheffe 等的一對比較法。本章在表 5.2 中只提出一致性的係數 ζ 以及 Scheffe 的一對比較法。一致性的係數 μ、Thurstone 的一對比較法、Bradley 的一對比較法則省略。

　　一對比較法的最大優點是判斷簡單。感官檢查一般評價的基準不明確、容易變動，因此有很多難以判斷的情形。如果是比較兩者再評定順位（優劣）或評定評分的程度時，即使不是專家而是外行人或未熟練者也是可以比較簡單進行的。因此，在許多的感官檢查手法之中，一對比較法是經常加以使用的。另外，即使以一般的消費者為對象的嗜好調查也常加以使用。

　　並且，與比較對象不存在時之判斷即「絕對判斷」相比，「比較判

斷」的判斷結果被認爲較安定也是優點。感官特性的測量由於基準不明確，而且常會受周圍的狀況與個人的事情所影響容易變動。基於這些事情，因此相互比較後，再評定順位是經常採行的。可是，一次比較幾個時，會受到疲勞的影響，因此結果無法信賴的情形也有。因此一次只讓其比較 2 個，以某一方作爲基準評估另一方的一對比較法是經常採用的。

　　另一方面，也有缺點。今有 k 個樣本 A_1，A_2，…，A_k，當評價這些時，各取出 2 個進行比較的方法即爲一對比較法。但是，進行一對比較時，對於要比較的個數 k 而言，必須實施 $_kC_2 = k(k-1)/2$ 組的比較實驗。因此，樣本數增多時，組合數就會變大，需要許多的受試人員，或者以少數的受試者進行時，由於每 1 人的實驗次數會增大，不僅疲勞而且實驗的實施變得困難。

　　另外，利用比較判斷能評估微妙的差異，雖然可以說是一對比較法的優點，但是在評定差異程度的評分時由於允許 0 分（任一者均一樣好），因此微妙的差異難以評估的狀況也有。

5.3　一致性係數 ζ

　　今有一位評審員從 3 個樣本 A、B、C 各取出 2 個，當判斷 A＜B、B＜C 時，如圖 5.1(a) 當然應該判斷 A＜C。

　　可是，如圖 5.1(b) 那樣，如果得到的判斷是 A＞C 的話，順位形成巡迴，因此無法決定 3 個順位。此時的關係稱爲巡迴三角形（circular triad）。

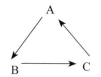

(a) 設定 A < B < C 之順位時　　　　(b) 順位為巡迴時的巡迴三角形

（不等號 A < B 以及圖的箭頭 A → B 是意指喜歡 B 甚於 A）

圖 5.1　巡迴三角形

除了巡迴三角形以外，也有巡迴四角形，巡迴五角形等的巡迴多角型，如分解時可歸納有數個巡迴三角形。

發生巡迴三角形之原因，可以設想以下 3 種。

1. 儘管各樣本間存在客觀的順位，但因評審員的識別能力不足而無法辨別時。

2. 各樣本間可以看成沒有差異時。

3. 各樣本間有差異，評審員也可識別其差異，但評價並非在一次元的尺度上進行，對各樣本的各組合而言，判斷的次元不定而在變動時，亦即發生組合效果時。

基於以上的任一理由，如果 k 個樣本間完全不能設定順位時，隨機發生的巡迴三角形的個數即形成機率的分配。因此，如果發生巡迴三角形，只因偶然而發生那些數目以下的巡迴三角形之機率如果十分小時，各樣本間可以想成可以設定順位。此檢定法稱為一意性檢定。

並且，完全沒有巡迴三角形時值為 1，最多時值為 0 的統計量，即為表示一意性的係數。此稱為一致性係數（coefficient of consistency）以 ζ（Zeta）表示。

範例 5-1（樣本數 k ≦ 7 時）

　　針對洗髮精的 7 種新設計案 A～G，公司內的銷售經理進行一對比較，設定順位後，得出如圖 5.2 的結果，7 個包裝設計案的偏好順位可以視為是存在的嗎？

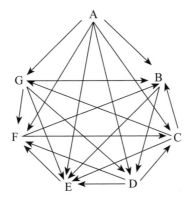

（圖中的箭頭 A→B 是意指喜好 B 甚於 A）

圖 5.2　洗髮精包裝設計的喜好

Excel 的解析例

步驟 1　輸入樣本數 k

　　A1：7

步驟 2　求出巡迴三角形的個數 d

　　從圖計算巡迴三角形的個數是很累人的，因此如下求之。

　　首先，如表 5.3 那樣求出由各頂點向外的箭線數。並且，為了用於往後的計算，從各 a_i 減去 1。

箭頭數 a_i 的合計是，$\sum_{i=1}^{k} = k(k-1)/2 = 7 \times (7-1)/2 = 21$。試確認看看。

I3：SUM（B3：H3）

B4：B3 − 1（複製至 H4）

使用式（5.1）求巡迴三角形的個數 d。

$$d = \frac{1}{6}k(k-1)(k-2) - \frac{1}{6}\sum_{i=1}^{k} a_i(a_i - 1) \qquad 式（5.1）$$

B5：(A1×(A1 − 1)×(A1 − 2))/6 − (SUMPRODUCT(B3：H3，B4：H4)/2)

表 5.3　範例 5-1（一致性係數）的 Excel 輸出入例

	A	B	C	D	E	F	G	H	I
1	7	=樣本數k							
2		*A*	*B*	*C*	*D*	*E*	*F*	*G*	計
3	箭線數a_i	6	2	3	3	1	2	4	21
4	a_i-1	5	1	2	2	0	1	3	
5	d=	6							

步驟 3　求一致性的係數

一致性係數在 k 為偶數時，使用式（6.2），k 為奇數時，使用式（5.3）。

$$K 為偶數時 \quad \zeta = 1 - \frac{24d}{k^3 - 4k} \qquad 式（5.2）$$

$$K 為奇數時 \quad \zeta = 1 - \frac{24d}{k^3 - k} \qquad 式（5.3）$$

範例的 k 是奇數，使用式（5.3）時即如表 5.4。

B6：= 1 − 24×B5/(A1^ 3 − A1)

表 5.4　範例 5-1（一致性係數）的 Excel 輸出入例

	A	B	C	D	E	F	G	H	I
6	ξ =	0.571							
7									
8	一致性係數ξ 檢定的顯著點(α =0.05)								
9	k	6	7						
10	d(0.05)	1	3						
11									
12	判定	不顯著							
13									
14									

步驟 4　判定

輸入如表 5.5 所示之「一致性係數檢定的顯著點（$\alpha = 0.05$）」進行判定。

k = 6，d 在 1 以下，k = 7，d 在 3 以下時，在顯著水準 5% 以下可以說，樣本間有顯著的順位。k $\leqq$ 5 時，即使 d = 0 也未達顯著。

表 5.5　一致性係數檢定的顯著點（$\alpha = 0.05$）

k	6	7
d(0.05)	1	3

步驟 5　敘述結論

結果是不顯著。因此 7 個樣本間的偏好差異不能說是存在的。

範例 **5-2**（樣本數 **k ≧ 8**）

　　某設計師對 10 個新車設計案 $D_1 \sim D_{10}$，進行一對比較進行實施決定順位的實驗。從各樣本向外的箭線數如表 5.6 所示。此設計師可以看成以一定的基準判斷嗎？

表 5.6　從各樣本向外的箭頭數 d_i 的結果

	D1	D2	D3	D4	D5	D6	D7	D8	D9	D10
箭線數 a_i	3	4	6	6	4	5	5	3	6	3

Excel 的解析例

　　k ≧ 8 時，利用近似 χ^2 分配進行檢定。此與分類數據的解析中，當 n > 100 時使用近似 χ^2 分配是一樣的。因此，在 Excel 中使用 CHIDIST 函數，不使用數表也可進行一致性係數 ζ 的檢定。

步驟 1　輸入樣本數 k。

　　A1：10

步驟 2　求巡迴三角形的個數 d

　　將表 5.6 的數據如表 5.7 那樣輸入，爲了用於後面 d 的計算，從各 a_i 減去 1。

　　箭線數 a_i 的合計是，$\sum a_i = k(k-1)/2 = 10 \times (10-1)/2 = 45$。確認看看。

　　L3：SUM（B3：K3）

　　B4：B3 － 1（複製至 K4）

　　使用式（5.1）求巡迴三角形的個數 k。

表 5.7　範例 5-2（一致性係數）的 Excel 的輸出入例

	A	B	C	D	E	F	G	H	I	J	K	L
1	10	=樣本數k										
2		D_1	D_2	D_3	D_4	D_5	D_6	D_7	D_8	D_9	D_{10}	計
3	箭線數a_i	3	4	6	6	4	5	5	3	6	3	45
4	a_i-1	2	3	5	5	3	4	4	2	5	2	
5	d=	34										

B5：A1×(A1 － 1)×(A1 － 2)/6 － (SUMPRODUCT(B3：K3，B4：K4)/2)

步驟 3　求一致性係數 ζ

此範例中 k 是偶數，使用式（5.2）時即為表 5.8。

B6：= 1 － 24×B5/(A1^ 3 － 4*A1)

步驟 4　利用近似 χ^2 分配進行檢定

利用式（5.4）計算自由度 f，利用式（5.5）求 χ_0^2 再進行檢定。

檢定的結果如 $\chi_0^2 \geq \chi_a^2$ 時，在顯著水準 α 下順位設定是顯著的。

$$f = \frac{k(k-1)(k-2)}{(k-4)^2} \qquad\qquad 式（5.4）$$

$$\chi_0^2 = \frac{8}{k-4}\left\{\frac{k(k-1)(k-2)}{24} - d + \frac{1}{2}\right\} + f \qquad 式（5.5）$$

B7：A1*(A1 － 1)*(A1 － 2)/(A1 － 4)^2

B8：(8/(A1 － 1))*(A1 － 1)*(A1 － 2))/24 － B5 + 1/2) + B7

步驟 5　求 χ^2 分配的機率 P 值

使用函數 CHIDIST 求之。

B9：= CHIDIST（B8, B7）

步驟 6　判定顯著性

B10：IF（B9 < 0.05，「顯著」、「不顯著」）

表 5.8　範例 5-2（一致性係數）的 Excel 的輸出入例（續）

	A	B	C	D	E
6	$\zeta =$	0.15			
7	自由度$f=$	20			
8	$\chi_0^2=$	15.33333			
9	P 值=	0.757027			
10	判定	不顯著			

步驟 7　敘述結論

結果是不顯著。因此，此設計師不能說以一定基準進行判斷。

5.4　Scheffe 的一對比較法

以一對比較法設定評分時，即為 Scheffe 的一對比較法（Scheffe 法）。關於此法所使用的評分例如表 5.9 所示。Scheffe 法（也包含各種變形法）是感官評價法獨特的手法，也可以說是「首屈一指」的手法。

表 5.9　在 Scheffe 的一對比較法中所使用的評分例

(a)5 級（5 件法）

評價	分數
A_i 比 A_j 非常好時	+2 分
A_i 比 A_j 稍好時	+1 分
A_i 與 A_j 一樣好時	0 分
A_i 比 A_j 稍差時	−1 分
A_i 比 A_j 非常差時	−2 分

(b)7 級（7 件法）

評價	分數
A_i 比 A_j 非常好時	+3 分
A_i 比 A_j 相當好時	+2 分
A_i 比 A_j 稍好時	+1 分
A_i 與 A_j　樣好時	0 分
A_i 比 A_j 稍差時	−1 分
A_i 比 A_j 相當差時	−2 分
A_i 比 A_j 非常差時	−3 分

　　H. Scheffe 在 1952 年所提出的原先方法（Scheffe 的一對比較法原法，一對比較原法）是針對 1 位受試者分配一組讓其比較，而此情形應比較的數目如增多時，就需要甚多的組合數。像市場調查等，當受試者甚多時，雖是有利的，但對研究室或工廠實驗而言是不利的。

　　因此，如表 5.10 以 Scheffe 的一對比較法之原法作為基本，以 1 個人對所有的組合進行比較的方法，或不進行（或不能進行）往返判斷時的方法來說，除原法之外像芳賀氏變形法、浦氏變形法、中屋氏變形法之 3 種變形法都是由日本人所想出來的。另外，一對比較原法與各變形法的關係如表 5.11 所示。

表 5.10　Scheffe 法的一對比較原法與各變形法

手法名	特徵
Scheffe 的原法（1952）	將評審員分成數組，1 位評審員 1 次只比較 1 個組合。考慮比較順序。
芳賀氏變形法（1962）	將評審員（panellist）分成數組，允許往返判斷進行比較。順序效果少，如果不需要考慮比較順序時，即可減少比較次數。
浦氏變形法（1956）	1 人進行一反覆的一對比較，再換人進行反覆。像研究室等無法收集甚多的評審員時是很適當的，考慮比較順序。
中屋氏變形法（1970）	不考慮比較順序，而且允許 1 位評審員往返判斷，每 1 次比較全部的組合時可以應用。

表 5.11　Scheffe 法的原法與各變法之關係

		1 位評審員評價時的樣本對	
		只有一對	所有的對
比較順序 （順序結果）	考慮	Scheffe 的原法（1952）	浦氏變形法（1956）
	不考慮	芳賀氏變形法（1962）	中屋氏變形法（1970）

　　2 張海報的比較，可以將 2 張排列比較。視線是往返兩者之間進行比較，因此稱為「往返比較」。食品或聲音由於無法往返比較，因此以其中一個為先，另一個為後。此種比較稱為「順序比較」。進行順序比較時，前者的影響會改變後者的評價稱為「順序比較」。啤酒的原味或不加糖之純乳酪的酸味等，大多是先嚐的一方令人感覺強烈，後嚐的一方則感覺較弱。因此，即使判斷「先飲的啤酒比後飲的的啤酒覺得較好」，那是真正啤酒的差異造成的呢？還是順序效果呢？不得而知的。

　　因此，「考慮比較順序」的 Scheffe 的原法與浦氏變形法，將比較順序按相反順序更換後的配對也有需要實驗，因此樣本數 k 個時，所需的配對數有 $_kC_2 \times 2$ 對。譬如，樣本數 6 個時，配對數需要 30 對。就 1 個配對來說，「先喝之啤酒與後喝的啤酒」要喝 2 杯，在浦氏變形法中，1 位受試者有 30 對合計要喝 60 杯的啤酒（不過，像食品公司的研究所等所進行的感官評價，實際上是不喝的，反而是含在口中再吐掉並漱漱口）。

　　相對的，「不考慮比較順序」的芳賀氏變形法與中屋氏變形法，對於將比較順序按相反順序更換後的配對是不需要實驗的，因此樣本數 k 個時，只要 $_kC_2$ 對即可解決。

　　又，原法或 3 種變形法的前提是完全可以實施一對比較。相對的，一對比較不完全時的解析法，已由芳賀氏與長澤氏所提出。另外，1 個人並非比較一個組合，也非全部的組合，比較對象數只以 k 次進行比較的方法（循環一對比較法）也由長澤氏提出。

一、Scheffe 的原法

　　將每 2 個作成一組的數種樣本，幾位評審員分成 2 組後，讓某一組先看 A_i，然後再看 A_j。將該順序更換後再讓另一組觀看，分別以後面所看的一方當作基準，覺得前面所看到的一方好到什麼程度，或覺得壞到什麼程度，如圖表 5.11 所示，讓他們用 −2～ +2 或 −3～ +3 的評分來表現。

　　一般考察 N 位評審員評價 k 個樣本時，樣本可形成 $k(k-1)$ 組有順序的配對，如將 N 位評審員分成 $k(k-1)$ 群時，每 1 群的評審員人數即有 $n = N/k(k-1)$ 人。各群的評審員分配 1 個有順序的配對讓其判斷，就各個有順序的配對進行 $n = N/k(k-1)$ 次的判斷。

【想法】

　　n 位的評審員之中的第 1 位評審員 O_1，從 k 個樣本 A_1，A_2，…，A_k 之中每 2 個配對組合，以 A_i 爲先 A_j 爲後的順序比較之後，針對組合（A_i, A_j）所給與的評分設爲 $\chi_{ij\ell}$ 時，將數據的構造如下考量。

$$\chi_{ij\ell} = (\alpha_i - \alpha_j) + \gamma_{ij} + \delta_{ij} + e_{ij\ell}$$

此處，

　　k：樣本數

　　i：先被呈現的樣本號碼，i = 1,2,…,k

　　j：後被呈現的樣本號碼，j = 1,2,…,k

　　ℓ：在（A_i，A_j）的配對上所分配的評審群內的評審員號碼。ℓ = 1,2,…, n。但 $n = N/k(k-1)$　（N：評審員的總數）

　　α_i，α_j：主效果，對於樣本 A_i 與 A_j，評審員全體所具有的平均嗜好度。爲了解析容易，當作 $\sum_{i=1}^{k} \alpha_i = 0$。

γ_{ij}：組合的效果，亦即因 A_i 與 A_j 作成組出現的相乘或相抵之效果，當作 $\Sigma_{i=1}^{k} \gamma_{ij} = 0$，$\gamma_{ij} = -\gamma_{ij}$。

δ_{ij} = 順序效果，$\delta_{ij} = \delta_{ji}$。

$e_{ij\ell}$ = 誤差，假定服從平均 0，變異數 σ^2 的常態分配。

解析的目的是求出 α 的估計值 $\hat{a}_1$，$\hat{a}_2$，$\cdots\hat{a}_i$，有關組合效果與順序效果等所得到的知識是輔助的收穫。

範例 5-3

就 4 種廚房清潔劑 A_1、A_2、A_3、A_4 的香味好壞，利用 Scheffe 的一對比較法讓 168 位消費者評估，樣本是 4 時組合數是 6 種，如考慮順序時即產生 2 倍的 12 種組合配對。亦即，將 168 位分成每 14 人的 12 群進行評價。譬如，某群的 14 人先聞 A_i，後聞 A_j 再評價，另外一群的 14 人先聞 A_j 後聞 A_i 再評價。然後，以後面呈現的樣本做為基準，就前面所呈現的樣本其香味是好（或壞）到何種程度呢？利用 s = −2～+2 的 5 級評價（5 級法）來表現，並要求評分。其結果如表 5.12 所示。試解析看看。

Excel 的解析例

手算時，一對比較的解析原本是很複雜且花時間的，但如在 Excel 試算表上先製作雛型時，就能很簡便地解析。並且，主效果 α 之差的估計，有需要使用「標準距的百分點」而此附加在試算表中。表 5.12，是有關洗廁劑的香味好壞的評估結果。

表 5.12　廚房清潔劑香味的感官評價結果

	$n_{ij}(-2)$	$n_{ij}(-1)$	$n_{ij}(0)$	$n_{ij}(1)$	$n_{ij}(2)$	計
A_1,A_2	4	5	4	1		14
A_2,A_1			3	6	5	14
A_1,A_3	4	10				14
A_3,A_1			1	3	10	14
A_1,A_4	11	1	2			14
A_4,A_1			1	1	12	14
A_2,A_3	1	4	7	2		14
A_3,A_2				9	5	14
A_2,A_4	2	10	2			14
A_4,A_2			1	6	7	14
A_3,A_4	3	6	5			14
A_4,A_3			5	6	3	14

步驟 1　輸入數據製作累計表。將 Excel 輸出入例，表示在表 5.13 中。

　　(1) 輸入 1 個群的評審人數 n = 14，樣本數 k = 4。

　　　　A1：14

　　　　A2：4

　　(2) 求出評分的平方值，這用於計算後面的總平方和 S_T。

　　　　B4：= B3^2 複製至 F4）

　　(3) 於 B5：F16 輸入表 5.13 的數據，求出評分的合計 x_{ij}.。譬如，就（A_1、A_2）來說，即為 $(-2)\times 4 + (-1)\times 5 + 0\times 4 + 1\times 1 + 2\times 0 = 12$。

　　　　G5：= SUMPRODUCT（B\$3：F\$3，B5：F5）（複製至 G16）

表 5.13　範例 5-3（Scheffe 原法）的 Excel 輸出入例。

	A	B	C	D	E	F	G	H	I	J
1	14	=一個群秤的評審員人數n								
2	4	=產品數k								
3	評点	-2	-1	0	1	2	$x_{ij}.$	$x_{ij}.^2$	$x_{ij}.-x_{ji}.$	$x_{ij}.+x_{ji}.$
4	評分的平方	4	1	0	1	4				
5	A_1A_2	4	5	4	1		-12	144	-28	4
6	A_2A_1		3	6	5		16	256		
7	A_1A_3	4	10				-18	324	-41	5
8	A_3A_1			1	3	10	23	529		
9	A_1A_4	11	1	2			-23	529	-48	2
10	A_4A_1			1	1	12	25	625		
11	A_2A_3	1	4	7	2		-4	16	-23	15
12	A_3A_2				9	5	19	361		
13	A_2A_4	2	10				-14	196	-34	6
14	A_4A_2			1	6	7	20	400		
15	A_3A_4	3	6	5			-12	144	-24	0
16	A_4A_3			5	6	3	12	144		
17	計	25	36	31	34	42	32	3668	-198	
18							$=x...$	$=\Sigma\Sigma x_{ij}.^2$	$=\Sigma(x_{ij}.-x_{ji}.)$	

(4) 求 $x_{ij}.$ 的合計 x。

　　G17：= SUM（G5：G16）

(5) 求 $x_{ij}.^2$，再求其合計 $\sum_i \sum_j x_{ij}^2.$。這可用於後面計算順序效果的平方和 S_δ。

　　H5：= G5^2（複製至 H16），H17：= SUM（H5：H16）

(6) 求 $x_{ij}. - x_{ji}.$。此時如結合 I5 與 I6，I7 與 I8（以下同樣）的方格時，複製即爲可能可省去計算的時間。這可用於計算組合效果的主效果 S_r。

　　I5：= G5 − G6（複製至 I16）。

(7) 求 $x_{ij}. + x_{ji}.$。這也一樣結合方格像是 J5 與 J6 等，可省去計算的時間，這可用於往後計算順序效果 δ_{ij}。

　　J5：= G5 + G6（複製至 J16）

(8) 求評分的行和。這用於計算後面的總平方和。

　　B17：= SUM（B5：B16）（複製至 I17）

步驟 2　對 A_1 求出平均嗜好度 α_i 的估計值 $\hat{\alpha}_i$

Excel 的輸出入例表示在表 5.14 中。

表 5.14　實施 5-3（Scheffe 原法）的 Excel 輸出例（續）

	A	B	C	D	E	F	G	H	I	J
19	平均嗜好度 α_i 的估計									
20		\<1\>				\<2\>	\<3\>	\<4\>	\<5\>	\<6\>
21	i　　j	1	2	3	4	$x_{i..}$	$x_{.j.}$	$x_{i..}-x_{.j.}$	$\alpha_i=(x_{i..}-x_{.j.})/2nk$	$(x_{i..}-x_{.j.})^2$
22	1		-12	-18	-23	-53	64	-117	-1.044642857	13689
23	2	16		-4	-14	-2	27	-29	-0.258928571	841
24	3	23	19		-12	30	-10	40	0.357142857	1600
25	4	25	20	12		57	-49	106	0.946428571	11236
26	$x_{.j.}$	64	27	-10	-49	32	32	0	0	27366
27										

(1) 將 $x_{ij.}$ 作成矩陣的形式，求出列和 $x_{i..}$，行和 $x_{.j.}$。

　　F22：＝ SUM（B22：E22）（複製至 F25）

　　F26：＝ SUM（B22：B25）（複製至 F26）

(2) 求出 $x_{i..}$ 的合計。並且，將 $x_{.j.}$ 改成行當作 $x_{.j.}$ 求其合計，確認值是否與 $x_{i..}$ 的合計相同。

　　F26：＝ SUM（F22：F25）

　　G22：＝ B26

　　G23：＝ C26

　　G24：＝ D26

　　G25：＝ E26

　　G26：＝ SUM（G22：G25）

3. $x_{i..}-x_{.j.}$。並且，求其合計，確認是否為 0。

　　H22：＝ F22 － G22（複製至 H25）

　　H26：＝ SUM（H22：H25）

(4) 對 A_i 的平均嗜好度 α_i 的估計值 $\hat{\alpha}_i$，使用式（5.6）求出。並且，求出其合計確認是否成為 0。

$$\hat{\alpha}_i = \frac{x_{i..} - x_{.i.}}{2nk} \qquad\qquad 式（5.6）$$

I22：= H22/(2*$A1*$A$2)（複製至 I25）

I26：= SUM（I22：I25）

4. 求 $(x_{i..} - x_{.i.})^2$ 與其合計。這可用於後面計算主效果的平方和 S_{α}。

　　J22：= H22^2（複製至 J25）

　　J26：= SUM（J22：J25）

步驟 3　求組合效果 γ_{ij} 的估計值 $\hat{\gamma}_{ij}$。

將 Excel 輸出入例表示在表 5.15 中。

表 5.15　實施 5-3（Scheffe 原法）的 Excel 輸出例（續）

	A	B	C	D	E	F	G	H	I	J	K	L	M	N	O	P	Q	R
28	組合效果 γij 的估計																	
29				<7>			<8>			<9>					<8>-<9>			Σγij
30				$x_{ij.}-x_{ji.}$			$(x_{ij.}-x_{ji.})/2n$			$\alpha_i-\alpha_j$				$\gamma_{ij}=(x_{ij.}-x_{ji.})/2n-(\alpha_i-\alpha_j)$				
31	i	1	2	3	4	1	2	3	4	1	2	3	4	1	2	3	4	計
32	1		-28	-41	-48	0	-1	-1.46	-1.71		-0.79	-1.4	-1.99		-0.21	-0.06	0.277	0
33	2			-23	-34	0	0	-0.82	-1.21			-0.62	-1.21	0.214		-0.21	-0.01	0
34	3				-24	0	0	0	-0.86				-0.59	0.062	0.205		-0.27	0
35	4					0	0	0	0					-0.28	0.062	0.258		0
36														0	0	0	0	
37																		

(1) 求 $x_{ij.} - x_{ji.}$。$x_{ij.} - x_{ji.}$ 是在步驟 2-(1) 所求出的 $x_{ij.}$ 的矩陣中，從對角線的右上的各元素減去左下對應的元素。此值在步驟 1-(6) 中已求出，仍將此作成矩陣的形式。

　　C32：= I5，D32：= I7，E32：= I9

　　D33：= I11，E33：= I13，

　　E34：= I15

(2) 將 $(x_{ij.} - x_{ji.})$ 矩陣中的各要素除以 2n。

　　F32：= B32/(2*$A$1)（複製至 I35。對角元素與對角線的左下半之元素得出 0，不用於後面的計算。複製出現一次後效率佳）。

(3) 從步驟 2-(4) 所求出的 $\hat{a}$ 求出 $\hat{a}_i - \hat{a}_j$，作成矩陣形式。

　　K32：= I22 − I23，L32：= I22 − I24，M32：= I22 − I25

　　L33：= I23 − I24，M33：= I23 − I25

　　M34：= I24 − I25

(4) 使用式（5.7）求組合效果 γ_{ij} 的估計值 $\hat{\gamma}_{ij}$。

$$\hat{\gamma}_{ij} = \frac{(x_{ij\cdot} - x_{ji\cdot})}{2n} - (\hat{a}_i - \hat{a}_j) \qquad\qquad 式（5.7）$$

　　O32：= G32 − K32（複製至 Q32，將 P32 複製在 P33，將 Q32 複製到 Q35）。

(5) 將 $\hat{\gamma}_{ij}$ 的矩陣中的對角線右上半部的符號顛倒，作成左下半部的元素。並且，求其行和與列和確認是否為 0。

　　N33：= −O32

　　N34：= −P32，O34：= − 33

　　N35：= −Q32，O35：= −Q33，P35：= −Q34

　　R32：= SUM（N32：Q32）（複製至 R35）

　　R36：= SUM（N32：N35）（複製至 Q36）

步驟 4　求出順序效果 δ_{ij} 的估計值 $\hat{\delta}_{ij}$。

　　Excel 輸出入例表示在表 5.16 中。

(1) 求 $x_{ij\cdot} + x_{ji\cdot}$。$x_{ij\cdot} + x_{ji\cdot}$ 是在步驟 2-(1) 中所求出的 $x_{ij\cdot}$ 的矩陣中，從對角線右上的各元素加左下的對應元素。此值在步驟 1-(1) 中已求出，故將此作為矩陣的形式。

表 5.16　實施 5-3（Scheffe 原法）的 Excel 輸出例（續）

	A	B	C	D	E	F	G	H	I
38	順序效果δ$_{ij}$ 的估計								
39				<10>				<11>	
40			$x_{ij\bullet}$+$x_{ji\bullet}$				δ$_{ij}$=($x_{ij\bullet}$+$x_{ji\bullet}$)/2n		
41	i		1	2	3	4	1	2	3	4
42	1			4	5	2	0	0.143	0.179	0.071
43	2				15	6	0	0	0.535	0.214
44	3					0	0	0	0	0
45	4						0	0	0	0
46										

C42：= J5，D42：= J7，E42：= J9

D43：= J11，E43：= J13

E44：= J15

(2) 使用式（5.8）求順序效果 δ_{ij} 的估計值 $\hat{\delta}_{ij}$。

$$\hat{\delta}_{ij} = \frac{\left(x_{ij\bullet} + x_{ji\bullet}\right)}{2n} \qquad 式（5.8）$$

F42：= B42/（2*\$A\$1）（複製至 I45。對角元素與對角線的左下半的元素求出是 0，但複製出現 1 次後效率佳。並且，原本 $\delta_{ij} = \delta_{ji}$）。

步驟 5　就各效果進行變異數分析

Excel 的輸出入例表示在表 5.17 中。

表 5.17　實施 5-3（Scheffe 原法）的 Excel 輸出例（續）

	A	B	C	D	E	F	G
47	變異數分析表						
48	要因	平方和	自由度	不偏變異數	F_0值	P 值	判定
49	主效果S_α	244.3393	3	81.4464	167.1795	0.000000	顯著
50	組合效果S_γ	6.7321	3	2.2440	4.6062	0.004064	顯著
51	順序效果S_δ	10.9286	6	1.8214	3.7387	0.001672	顯著
52	誤差S_e	76.0000	156	0.4872			
53	総平方和S_T	338.0000	168				

(1) 求各效果的平方和。

各效果的平方和使用以下式子求出。

主效果 $S_\alpha = \dfrac{1}{2nk} \sum\limits_{i=1}^{k} (x_{i..} - x_{.i.})^2$ 　　　　式（5.9）

組合效果 $S_\gamma = \dfrac{1}{2n} \sum\limits_{i=1}^{k} \sum\limits_{j>1} (x_{ij.} - x_{ji.})^2$ 　　　　式（5.10）

順序效果 $S_\delta = \dfrac{1}{n} \sum\limits_{i=1}^{k} \sum\limits_{j=1}^{k} x_{ij}^2 - S_\alpha - S_\gamma$ 　　　　式（5.11）

總平方和 $S_T = \sum\limits_{i=1}^{k} \sum\limits_{j=1}^{k} \sum\limits_{l=1}^{n} x_{ijl}^2 = \sum\limits_{s} s^2\, n_{ij}(s)$ 　　　　式（5.12）

誤差平方和 $S_e = S_T - S_\alpha - S_\gamma - S_\delta$ 　　　　式（5.13）

由式（5.9）S_α 是

B49：= 1/(2*A1*A2)*J26

由式（5.10）S_γ 是

B50：= 1/(2*A1)*SUMSQ(I5：I16) − B49

由式（5.11）S_δ 是

B51：= 1/A1*H17 − B49 − B50

作為與式（5.12）當作等價計算，在此範例中，$S_T = (-2)^2 \times 25 + (-1)^2 \times 36 + 0^2 \times 31 + 1^2 \times 34 + 2^2 \times 42 = 338$。使用積和的函數時，$S_T$ 即為

B53：= SUMPRODUCT（B4：F4, B17：F17）

由式（6.13），S_e 是

B52：= B53 − SUM（B49：B51）

(2) 求各效果的自由度

各效果的自由度使用以下的式子求出。

主效果的自由度 $f_\alpha = K - 1$ 　　　　式（5.14）

組合效果的自由度 $f_r = \dfrac{(k-1)(k-2)}{2}$ 　　　　式（5.15）

順序效果的自由度 $f_\delta = \dfrac{k(k-1)}{2}$ 式（5.16）

總自由度 $f_T = k(k-1)n$ 式（5.17）

誤差自由度 $f_e = k(k-1)(n-1) = f_T - f_\alpha - f_r - f_\delta$ 式（5.18）

由式（5.14）f_α 是

C49：= A2 − 1

由式（5.15）f_r 是

C50：= (A2 − 1)*(A2 − 2)/2

由式（5.16）f_δ 是

C51：= A2*(A2 − 1)/2

由式（5.17）f_T 是

C53：= A2*(A2 − 1)*A1

由式（5.18）f_e 是

C52：= C53 − SUM（C49：C51）

(3) 求不偏變異數

D49：= B49/C49（複製至 D52）

(4) 求 F_0 之值

E49：= D49/D$49（複製至 D51）

(5) 求 F 分配上的機率 P 值。

F49：= FDIST（E49，C49，C$52）（複製至 F51）

步驟 6 判定顯著性

G49：= IF（F49 < 0.05，「顯著」）（複製至 G51）

主效果 α_i，組合效果 γ_{ij}，順序效果 δ_{ij} 是顯著的。

步驟 7 估計主效果 α 之差（$\alpha_i - \alpha_j$）

主效果之差的估計，首先以式（5.19）來求出 Yardstick Y 再進行。

$$Y = q\sqrt{\frac{\hat{\sigma}^2}{2nk}} \qquad\qquad 式（5.19）$$

此處 q：是標準距的百分點，由表 5.18 求出對應樣本數 k 與誤差自由度 f = f_e 的 q。

$\hat{\sigma}^2$：誤差變異數的估計值，使用變異數來分析表的 V_e。

如果主效果之差絕對值 $|\alpha_i - \alpha_j| > Y$ 時，樣本 A_i 與 A_j 之間即有顯著誤差。

表 5.18　標準距的 5% 點 q（0.05）

f＼k	2	3	4	5	6	8	10	15	20	30
1	17.9693	26.9755	32.8187	37.0815	40.4076	45.3973	49.0710	55.3607	59.5576	65.1490
2	6.0849	8.3308	9.7980	10.8811	11.7343	13.0273	13.9885	15.6503	16.7688	18.2690
3	4.5007	5.9096	6.8245	7.5017	8.0371	8.8525	9.4620	10.5222	11.2400	12.2073
4	3.9265	5.0402	5.7571	6.2870	6.7064	7.3465	7.8263	8.6640	9.2334	10.0034
5	3.6354	4.6017	5.2183	5.6731	6.0329	6.5823	6.9947	7.7163	8.2080	8.8747
6	3.4605	4.3392	4.8956	5.3049	5.6284	6.1222	6.4931	7.1428	7.5864	8.1889
7	3.3441	4.1649	4.6813	5.0601	5.3591	5.8153	6.1579	6.7586	7.1691	7.7275
8	3.2612	4.0410	4.5288	4.8858	5.1672	5.5962	5.9183	6.4831	6.8694	7.3953
9	3.1992	3.9485	4.4149	4.7554	5.0235	5.4319	5.7384	6.2758	6.6435	7.1444
10	3.1511	3.8768	4.3266	4.6543	4.9120	5.3042	5.5984	6.1141	6.4670	6.9480
12	3.0813	3.7729	4.1987	4.5077	4.7502	5.1187	5.3946	5.8780	6.2089	6.6600
14	3.0332	3.7014	4.1105	4.4066	4.6385	4.9903	5.2534	5.7139	6.0290	6.4586
16	2.9980	3.6491	4.0461	4.3327	4.5568	4.8962	5.1498	5.5932	5.8963	6.3097
18	2.9712	3.6093	3.9970	4.2763	4.4944	4.8243	5.0705	5.5006	5.7944	6.1950
20	2.9500	3.5779	3.9583	4.2319	4.4452	4.7676	5.0079	5.4273	5.7136	6.1039
24	2.9188	3.5317	3.9013	4.1663	4.3727	4.6838	4.9152	5.3186	5.5936	5.9682
30	2.8882	3.4864	3.8454	4.1021	4.3015	4.6014	4.8241	5.2114	5.4750	5.8335
40	2.8582	3.4421	3.7907	4.0391	4.2316	4.5205	4.7345	5.1056	5.3575	5.6996
60	2.8288	3.3987	3.7371	3.9774	4.1632	4.4411	4.6463	5.0011	5.2412	5.5663
120	2.8000	3.3561	3.6846	3.9169	4.0960	4.3630	4.5595	4.8979	5.1259	5.4336
∞	2.7718	3.3145	3.6332	3.8577	4.0301	4.2863	4.4741	4.7959	5.0117	5.3013

Excel 輸出入例表示在表 5.19 中。

表 5.19　範例 5-3（Scheffe 的原形）的 Excel 輸出例（續）

（1-1）首先，求出圖表 5.19 中 f 的列號。f 是使用變異數分析中所求出的誤差的自由度 f_e。範例的 f_e 由變異數分析表是 156，但圖表 5.20 並未記載對應 f = 156 的 q 值。因此，取安全側，求出對應 f = 120 的 q。在圖表 5.20 中的 f = 120，但位在 21 列第 1 行，所以符合的列號是 21。因此，在 A56 中輸入 21。

A56：21

（1-2）其次，求出圖表 5.19 中樣本數 k 的行號。範例的樣本數是 4，在圖表 5.20 中的 k = 4 是位於第 1 列第 4 行，所以在 B56 中輸入 4。

（1-3）使用 INDEX 函數，求出表中位於第 21 列第 4 行的 q 值（指定函數時），顯示有選擇列數的對話框，選擇「配列、列號、行號」。數值表上的表 5.18 是由 A81 記入到 K102，因此配列是指定 A81：K102。

C56：= INDEX（A81：K102，A56，B56）

(2) 使用式（5.19）求出 Yardstick Y。

B57：= C56*SQRT(D52/(2*A1*A2))

(3) 製作掌握主效果的位置關係

將 I22 到 I25 的數據複製到 A59 到 D59，由 A60 到 D60 輸入 0。

A59：= I22，B59：= I23，C59：= I24，D59：= I25

A60：0，B60：0，C60：0

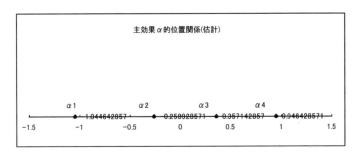

圖 5.3　範例 5-3（Scheffe 的原形）的 $\hat{a}_i$ 尺度圖

指定 A59：D60 的範圍，從〔插入〕→〔圖表〕→〔散佈圖〕之後再實施。

每 2 組樣本的主效果之差，如此所求出的 Yardstick Y 大時，該樣本間即有顯著性。Excel 無法劃出正確的尺度值，因此正確呈現上面結果者表示在圖表 5.22 中。

對所有的主效果之差而言 $|\hat{a}_i - \hat{a}_j| > Y$，可以說任一樣本組合間具有顯著性。

步驟 8　求（$\alpha_i - \alpha_j$）的 95% 信賴區間

使用式（5.20），求（$\alpha_i - \alpha_j$）的 95% 信賴區間。

$$\hat{a}_i - \hat{a}_j - Y \leqq \alpha_i - \alpha_j \leqq \hat{a}_i - \hat{a}_j + Y \qquad\qquad 式（5.20）$$

Excel 輸出入例表示在表 5.20 中。

表 5.20　範例 5-3（Scheffe 的原形）的 Excel 輸出例（續）

	A	B	C	D	E	F	G
72	$(\alpha_i-\alpha_j)$的95%信賴區間						
73	$(\alpha_i-\alpha_j)$		$(\alpha_i-\alpha_j)+Y$	$(\alpha_i-\alpha_j)-Y$			
74	$(\alpha_1-\alpha_2)$	−0.785714	−0.542703	−1.028725	有顯著差		
75	$(\alpha_1-\alpha_3)$	−1.401786	−1.158775	−1.644797	有顯著差		
76	$(\alpha_1-\alpha_4)$	−1.991071	−1.74806	−2.234082	有顯著差		
77	$(\alpha_2-\alpha_3)$	−0.616071	−0.37306	−0.859082	有顯著差		
78	$(\alpha_2-\alpha_4)$	−1.205357	−0.962346	−1.448368	有顯著差		
79	$(\alpha_3-\alpha_4)$	−0.589286	−0.346275	−0.832297	有顯著差		
80							
81	f ╲ k	2	3	4	5	6	8
82	1	17.9693	26.9755	32.8187	37.0815	40.4076	45.3973
83	2	6.0849	8.3308	9.7980	10.8811	11.7343	13.0273
84	3	4.5007	5.9096	6.8245	7.5017	8.0371	8.8525
85	4	3.9265	5.0402	5.7571	6.2870	6.7064	7.3465
86	5	3.6354	4.6017	5.2183	5.6731	6.0329	6.5823
87	6	3.4605	4.3392	4.8956	5.3049	5.6284	6.1222
88	7	3.3441	4.1649	4.6813	5.0601	5.3591	5.8153
89	8	3.2612	4.0410	4.5288	4.8858	5.1672	5.5962
90	9	3.1992	3.9485	4.4149	4.7554	5.0235	5.4319

將步驟 3-3 所求出的 $(\hat{\alpha}_i-\hat{\alpha}_j)$ 整理成行。

B74：= K32

B75：= L32

B76：= M32

B77：= L33

B78：= M33

B79：= M34

使用步驟 7-(2) 所求出的 Yardstick Y 去求 $\hat{\alpha}_i-\hat{\alpha}_j+Y$，$\hat{\alpha}_i-\hat{\alpha}_j-Y$。

C74：= B74 + $B$57　　　（複製至 C79）

D74：= B74 − $B$57　　　（複製至 D79）

式（5.20）所求出的信賴區間如落在 + 側 − 側時，該區間含有 0，因此，α_i 與 α_j 不能說有差異。另外，區間如在 + 側，想成是 $\alpha_i > \alpha_j$，如在 − 側，則想成是 $\alpha_i < \alpha_j$。

E74：= IF（SIGN（C74）= SIGN（D74），「顯著」）（複製至 E79）

上面的結果，$\hat{\alpha}_i - \hat{\alpha}_j + Y$，$\hat{\alpha}_i - \hat{\alpha}_j + Y$ 均爲同號，因而任一樣本組合可以說均有顯著差，此與步驟 7 的結果也一致。

步驟 9　敘述結論

由以上的解析結果，在統計上可以說 4 種洗廁劑的香味好壞是有差異的。另外，依判斷的順序評價受到影響（因 $\hat{\delta}_{ij} > 0$，因此先聞的樣本的評分即高），而且，取決於樣本的組合可以說產生某種的效果，因此需要檢討。此外，4 種樣本的定位，被估計出如圖 5.3 中所顯示的平均度 $\hat{\alpha}_i$ 的尺度圖那樣。亦即，A_4 的氣味最好，其次是 A_3、A_2，最差的是 A_1。任一樣本組合間均有差異，關於 4 種樣本的氣味好壞統計上的結論是 $A_1 < A_2 < A_3 < A_4$。

二、Scheffe 的一對比較法、芳賀（Haga）氏變形法

Scheffe 的原法，譬如先判斷 i 再判斷 j 之後，再回到 i 重新比較，對於此種判斷的往返是設有限制的。亦即，一位評審員在一組的樣本（i, j）與（j, i）之中是判斷其中的一方。

可是，一般比較 2 個時，讓判斷往返的評價是容易評價的，有時誤差小。譬如，令其判斷 2 個設計案中何者較爲喜歡時，與其讓其先看 A_i 後，將其隱藏再看 A_j 的評價，不如允許 2 個之間的往返判斷較爲容易判斷是可以想像的。因此，在 Scheffe 原法中允許往返判斷且不考慮比較順序時的解析方法，即爲芳賀氏的變形法。

將每 2 個作成組的數個樣本，在不考慮比較順序下，同時讓幾位評審

員觀看。分別以某一方作為基準時（譬如以右方作為基準時，覺得另一方好（或壞）到什麼程度呢？如圖表 5.11 使用 −2～+2 或 −3～+3 的評分來表現。

　　一般考察 N 位評審員評價 k 個樣本時，樣本可作成 k(k − 1)/2 組，將 N 位評審員隨機分成 k(k − 1)/2 群時，每一群的評審員人數是 n = 2N/k(k − 1) 人。對各評審群分配沒有順序的每個配對讓其判斷，由於是往返比較，所以就各個沒有順序的配對進行 n = 2N/k(k − 1) 次的判斷。

【想法】

　　N 位評審員之中第 1 位評審員 O_1，從 k 個樣本 A_1，A_2，…，A_k 中每 2 個配對組合後，對比較的組合假定給與的評分是 $x_{ij\ell}$ 時，將數據的構造如下考慮。

$$x_{ij\ell} = (\alpha_i - \alpha_j) + \gamma_{ij} + e_{ij\ell}$$

此處，

　　k：樣本數

　　i：先提示的樣本號碼，i = 1，2，…，k

　　j：後提示的樣本號碼，j = 1，2，…，k

　　ℓ：在（A_i，A_j）的配對中所分配之評審群內之評審員號碼。ℓ = 1，2，…，n。其中 2N/k(k − 1)（N：評審員總數）。

　　α_i，α_j：針對樣本 A_i 與 A_j，評審員全體具有的平均嗜好度。為了使解析容易，假定 $\sum\limits_{i=1}^{k} \alpha_i = 0$。

　　γ_{ij}：組合的效果，亦即將 A_i 與 A_j 做成組所產生的相乘、相抵效果。當作 $\sum\limits_{i=1}^{k} \gamma_{ij} = 0$，$\gamma_{ij} = -\gamma_{ij}$。

$e_{ij\ell}$：誤差，假定服從平均 0，變異數 σ^2 的常態分配。

假定此種的數據構造時，各個母數的估計值與各效果的平方和如下。

範例 5-4

針對女性用皮膚霜的 4 種包裝設計方案 A_1、A_2、A_3、A_4 的偏好，利用 Scheffe 一對比較法、芳賀氏變形法讓 210 位消費者評價。因爲不考慮比較順序，因此樣本 4 個時的組合數有 6 種。亦即，將 210 人分成每 35 人一群共 6 群進行評價，然後，以呈現在右方的設計案作爲基準，呈現左方的設計案是喜好到何種程度？利用 $s = -2 \sim +2$ 的 5 級評價（5 級法）來表現，並設定分數。其結果如表 5.21 所示。試就此解析。

表 5.21　有關女性用皮膚保養霜的包裝設計之偏好評分

	$n_{ij}(-2)$	$n_{ij}(-1)$	$n_{ij}(0)$	$n_{ij}(1)$	$n_{ij}(2)$
A_1、A_2			14	12	9
A_1、A_3		1	9	18	7
A_1、A_4		1	2	13	19
A_2、A_3		1	23	10	1
A_2、A_4		2	10	22	1
A_3、A_4		5	10	10	

（註）就各組合，將給予評分的人數作爲表，空欄是 0

Excel 解析例

與 Scheffe 的原法一樣，主效果 α 之差的估計，有需要使用數表「標準距的百分點」（表 5.18），此附加在試算表上。

步驟 1　輸入數據，製作累計表。

Excel 輸出入例表示在表 5.22 中。

表 5.22　範例 5-4（芳賀氏的變形法）Excel 輸出例

	A	B	C	D	E	F	G	H
1	35	=一個群的評審員人數n						
2	4	=產品數k						
3	評分	-2	-1	0	1	2	$x_{ij}.$	$x_{ij}.^2$
4	評分的平方	4	1	0	1	4		
5	A_1, A_2			14	12	9	30	900
6	A_1, A_3		1	9	18	7	31	961
7	A_1, A_4		1	2	13	19	50	2500
8	A_2, A_3		1	23	10	1	11	121
9	A_2, A_4		2	10	22	1	22	484
10	A_3, A_4		5	10	20		15	225
11	計	0	10	68	95	37	159	5191
12							$=x...$	$= \Sigma \Sigma x_{ij}.^2$

(1) 輸入一個群的評審員人數 n = 35，樣本數 k = 4。

　　A1：35

　　A2：4

(2) 求評分平方後之值。此用於後面的總平方和 S_T 的計算。

　　B4：= B3^2　（複製至 F4）

(3) 在 B5：F10 輸入表 5.22 的數據，求評分的合計 $x_{ij}.$。譬如，就（A_1、A_2）而言，即為 $(-2) \times 0 + (-1) \times 0 + 0 \times 14 + 1 \times 12 + 2 \times 9 = 30$。

　　G5：= SUMPRODUCT（B$3：F$3，B5：F5）　（複製至 G10）

(4) 求 $x_{ij}.$ 的合計 $x...$。

　　G11：= SUM（G5：G10）

(5) 求 $x_{ij}.^2$，再求其合計 $\sum_i \sum_j x_{ij}.^2$。此用於後面計算組合效果的平方和 S_γ，誤差平方和 S_e。

H5：＝G5^2 （複製至 F10）

H11：＝SUM（H5：H10）

(6) 求評分的行和。此用於計算後面的總平方和 S_T。

B11 = SUM（B5：B10） （複製至 H11）

步驟 2 針對 A_i 求平均嗜好變異 α_i 的估計值 $\hat{\alpha}_i$。

Excel 輸出入例表示在表 5.23 中。

(1) 將 x_{ij}. 作成矩陣的形式，求出列和 x_i.. 製作行，確認其行和是否為 0。

求 x_{ij}. 的行和（$-x_{ij}$.）即使合計也可以得出同樣的結果。但，矩陣的左下半部要輸入與右上半部相反之值。

C17：＝G5，D17：＝G6，E17：＝G7

B18：＝－C17，D18：＝G8，E18：＝G9

B19：＝D－17，C19：＝D－18，E19：＝G10

B20：＝E－17，C20：＝E－18，D20：＝E－19

F17：＝SUM（B17：E17） （複製至 F20）

F21：＝SUM（F17：F20）

B21：＝SUM（B17：B20） （複製至 F21）

表 5.23 範例 5-4（芳賀氏式變形法）的 Excel 輸出入例（續）

	A	B	C	D	E	F	G	H
13	平均嗜好度 α_i 的估計							
14				〈1〉		〈2〉	〈3〉	〈4〉
15				x_{ij}.		x_i..	$\alpha_i = x_i../nk$	x_i..²
16	i	j	1	2	3	4		
17	1			30	31	50	111	0.7928571	12321
18	2		-30		11	22	3	0.0214286	9
19	3		-31	-11		15	-27	-0.192857	729
20	4		-50	-22	-15		-87	-0.621429	7569
21	計		-111	-3	27	87	0	0	20628
22				x_{ij}.=	0	=x...	=$\Sigma \alpha_i$²	=Σx_i..²

(2) 使用式（5.21）針對 A_i 求平均嗜好度 α_i 的估計值 $\hat{\alpha}_i$ 再合計確認是否爲 0。

$$\hat{\alpha} = \frac{x_{i\bullet\bullet}}{nk} \qquad\qquad 式（5.21）$$

G17：= F17/（$A51*$A$2）　（複製至 G20）

G21：= SUM（G17：G20）

(3) 求 x_{ij}^2 與其合計。此用於後面計算主效果的平方和 S_α。

H17：= F17^2（複製至 H20）

H21：= SUM（H17：H20）

步驟 3　求組合效果 γ_{ij} 的估計值 $\hat{\gamma}_{ij}$。

Excel 輸出入例表示在表 5.24 中。

(1) 求 $x_{ij\bullet}$，以 n 除各元素後整理成矩陣。$x_{ij\bullet}$ 是在步驟 2-(1) 中所求出的 $x_{ij\bullet}$ 的矩陣中，對角線右上的各元素。

C27：= C17/$A$1（複製至 E27，將 D27 複製至 D28，從 E27 複製至 E29）

(2) 從步驟 2-(2) 所求出 $\hat{\alpha}$，求出 $\hat{\alpha}_i - \hat{\alpha}_j$，作成矩陣的形式。

G27：= G17 − G18，H27：= G17 − G19，I27：= G17 − G20

H28：= G18 − G19，I28：= G18 − G20

I29：= G19 − G20

表 5.24　範例 5-4（芳賀氏變形法）的 Excel 輸出入例（續）

	A	B	C	D	E	F	G	H	I	J	K	L	M	N
23	組合效果 γ_{ij} 的估計													
24				<5>				<6>				<5>-<6>		
25				x_{ij}/n				$\alpha_i - \alpha_j$				$\gamma_{ij} = x_{ij}/n - (\alpha_i - \alpha_j)$		$\Sigma \gamma_{ij}$
26	i	j	1	2	3	4	1	2	3	4	1	2	3	4	計
27	1			0.8571429	0.8857143	1.428571		0.771429	0.985714	1.414286		0.085714	-0.1	0.014286	0
28	2				0.3142857	0.528571			0.214286	0.542857	-0.08571		0.1	-0.01429	0
29	3					0.428571				0.428571	0.1	-0.1		0	0
30	4										-0.01429	0.014286	0		0
31	計										0	0	0	0	0
32														

(3) 使用式（5.22）求出組合效果 γ_{ij} 的估計值 $\hat{\gamma}_{ij}$。

$$\gamma_{ij} = \frac{x_{ij\bullet}}{n} - \left(\hat{\alpha}_i - \hat{\alpha}_j\right) \qquad \text{式（5.22）}$$

K27：＝ C27 － G27　　（複製至 M27，將 L27 複製至 L28，從 M27 複製至 M29）。

(4) $\hat{\gamma}_{ij}$ 在的矩陣中將對角線的右上半部使之符合相反製作右下半部的元素。並且，求出其列和與行和確認是否成為 0。

J28：＝ － K27

J29：＝ － L27，K29：＝ － L28

J30：＝ － M27，K30：＝ － M28，L30：＝ － M29

N27：＝ SUM（J27：M27）　（複製至 N30）

J31：＝ SUM（J27：J30）　（複製至 N31）

步驟 4　對各效果進行變異數分析

Excel 輸出入例表示在表 5.25 中。

表 5.25 範例 5-4（芳賀氏變形法）的 Excel 輸出入例（續）

	A	B	C	D	E	F	G
33	變異數分析表						
34	要因	平方和	自由度	不偏變異數	F_0值	P值	判定
35	主效果 S_α	147.3429	3	49.1143	95.7085	0.000000	顯著
36	組合效果 S_γ	0.9714	3	0.3238	0.6310	0.595785	
37	誤差 S_e	104.6857	204	0.5132			
38	總平方和 S_T	253.0000	210				

(1) 求各效果的平方和

各效果的平方和使用以下式子求出。

$$主效果\ S_\alpha = \frac{1}{nk}\sum_{i=1}^{k}x_{i\bullet\bullet}^2 \qquad\qquad 式（5.23）$$

$$組合效果\ S_\gamma = \frac{1}{n}\sum_{i=1}^{k}\sum_{j>i}^{k}x_{ij\bullet}^2 - S_\alpha \qquad\qquad 式（5.24）$$

$$總平方和\ S_T = \sum_{i=1}^{k}\sum_{j=1}^{k}\sum_{l=1}^{n}x_{ijl}^2 = \sum_{s}s^2 n_{ij}(s) \qquad\qquad 式（5.25）$$

$$誤差平方和\ S_e = S_T - S_\alpha - S_\gamma \qquad\qquad 式（5.26）$$

由式（5.23） S_α 是

B35：= H21/（A1*A2）

由式（5.24） S_γ 是

B36：= H11/(A1 − B35)

作為與式（5.25）的等價值計算來說，在此實施範例中，$S_T = (-2^2)\times 0 + (-1^2)\times 10 + 0^2\times 68 + 1^2\times 95 + 2^2\times 37 = 253$。如使用積和的函數時 S_T 是

B38：= SUMPRODUCT（B4：F4，B11：F11）

由式（5.26），S_e 是

B37：= B38 − B35 − B36

(2) 求各效果的自由度

各效果的自由度使用下式求出。

主效果的自由度 $f_a = K - 1$ 　　　　　　　　　式（5.27）

組合效果的自由度 $f_\gamma = \dfrac{(k-1)(k-2)}{2}$ 　　　　式（5.28）

總自由度 $f_T = \dfrac{k(k-1)n}{2}$ 　　　　　　　式（5.29）

誤差自由度 $f_e = \dfrac{k(k-1)(n-1)}{2} = f_T - f_a - f_\gamma$ 　式（5.30）

由式（5.27）f_a 是

C35：＝A2 − 1

由式（5.28）f_γ 是

C36：＝(A2 − 1)*(A2 − 2)/2

由式（5.29）f_T 是

C38：＝A2*(A2 − 1)*A1/2

由式（5.30）f_e 是

C37：＝A2*(A2 − 1)*(A1 − 1)/2

(3) 求不偏變異數

D35：＝B35/C35　（複製至 D37）

(4) 求 F_0 之值

E35：＝D35/D$37　（複製至 E36）

(5) 求 F 分配上的機率 P 值。

F35：＝FD1ST（E35，C35，C$37）　（複製至 F36）

步驟 5　判定顯著性

G35：＝IF（F35 ＜ 0.005，「顯著」）　（複製至 G36）

主效果 α_i 顯著。

步驟 6　估計主效果 α 之差（$\alpha_i - \alpha_j$）

主效果之差的估計，首先以式（5.31）來求出 Yardstick 後再進行。

$$Y = q\sqrt{\frac{\hat{\sigma}^2}{nk}} \qquad\qquad 式（5.31）$$

此處 q：是標準距的百分點，由表 5.18 求出對應樣本數 k 與誤差的自由度 f = f_e 的 q。

$\hat{\sigma}$：誤差變異數的估計值，使用變異數分析表的 V_e。

主效果之差絕對值 $|\alpha_i - \alpha_j| > Y$ 時，樣本 A_i 與 A_j 之間即有顯著差。

Excel 輸出入例表示在圖表 5.29 中。

1. 從表 5.18「標準距的百分點」使用 INDEX 函數求出 q。

　(1) 首先，求出表 5.18 中 f 的列號。f 是使用變異數分析中所求出的誤差的自由度 f_e。範例的 f_e 由變異數分析表知是 204，但表 5.18 並未記載對應 f = 204 的值 q。因此，取安全的一方，求出對應 f = 120 的 q。在表 5.18 中的 f = 120，但位在 21 列第 1 行，所以符合的列號是 21。因此，在 A41 中輸入 21。

　　A41：21

表 5.26　範例 5-4（芳賀氏變形法）的 Excel 輸出入例（續）

(2) 其次，求出表 5.18 中樣本數 k 的行號。範例的樣本數是 4，在表 5.18 中的 k = 4 是位於第 1 列第 4 行，所以在 B41 中輸入 4。

B41：4

(3) 使用 INDEX 函數求出表中位於第 21 列第 4 行的 q 值（引數選擇是選擇「配列、列號、行號」），試算表上的表 5.18 是由 A63 記入到 K84，因此配列是指定 A63：K84。

C41：= INDEX（A63：K84，A41，B541）

2. 使用式（5.31）求出 Yardstick。

B42：= C41*SQRT（D37/（A1*A2））

3. 製作掌握主效果的位置關係

將 G17 的數據複製到 G20 的數據複製到由 A41 到 D44，由 A45 到 D45 輸入 0。

A44：= G17，B44：= G18，C44：= G19，D44：= G20

A45：0，B45：0，C45：0，D45：0

指定 A44：D45 的範圍，選擇〔插入〕→ Ribbon 的〔圖表〕→〔散佈圖〕。

每 2 組樣本的主效果之差，如比所求出的 Yardstick Y 大時，該樣本間即有顯著差。EXCEL 無法劃出正確的尺度值，因此將表 5.26 的結果正確表示在圖 5.4。

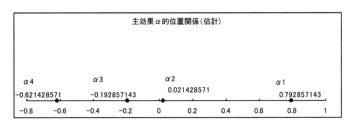

圖 5.4　範例 5-4（芳賀氏變形法）的 $\hat{a}_i$ 的尺度圖

結果除 $(\hat{\alpha}_2 - \hat{\alpha}_3)$ 以外，$\left|\hat{\alpha}_i - \hat{\alpha}_j\right| > Y$ 其他樣本的組合間可以說任一樣本組合間具有顯著差。$\hat{\alpha}_2$ 與 $\hat{\alpha}_j$ 之間不能說有顯著差，不能說方案 A_2 與 A_3 之間在喜好上有差異。

步驟 7 求（$\alpha_i - \alpha_j$）的 95% 信賴區間

使用與 Scheffe 原法相同的式子（5.20），求（$\alpha_i - \alpha_j$）的 95% 信賴區間。

Excel 輸出例表示在表 5.27 中。

表 5.27　範例 5-4（芳賀氏變形法）的 Excel 輸出入例（續）

	A	B	C	D	E	F
54	$(\alpha_i-\alpha_j)$的95%信賴區間					
55	$(\alpha_i-\alpha_j)$		$(\alpha_i-\alpha_j)+Y$	$(\alpha_i-\alpha_j)-Y$		
56	$(\alpha_1-\alpha_2)$	0.7714286	0.9945057	0.5483515	有顯著差	
57	$(\alpha_1-\alpha_3)$	0.9857143	1.2087914	0.7626372	有顯著差	
58	$(\alpha_1-\alpha_4)$	1.4142857	1.6373628	1.1912086	有顯著差	
59	$(\alpha_2-\alpha_3)$	0.2142857	0.4373628	-0.008791		
60	$(\alpha_2-\alpha_4)$	0.6428571	0.8659342	0.4197801	有顯著差	
61	$(\alpha_3-\alpha_4)$	0.4285714	0.6516485	0.2054943	有顯著差	
62						
63	f ＼ k	2	3	4	5	6
64	1	17.9693	26.9755	32.8187	37.0815	40.4076
65	2	6.0849	8.3308	9.7980	10.8811	11.7343
66	3	4.5007	5.9096	6.8245	7.5017	8.0371
67	4	3.9265	5.0402	5.7571	6.2870	6.7064
68	5	3.6354	4.6017	5.2183	5.6731	6.0329

(1) 將步驟 3-(2) 所求出的 $\left(\hat{\alpha}_i - \hat{\alpha}_j\right)$ 整理成行。

　　B56：= G27

　　B57：= H27

　　B58：= I27

　　B59：= H28

　　B60：= I28

　　B61：= I29

(2) 使用步驟 5-(2) 所求出 Yardstick Y 求 $\hat{a}_i - \hat{a}_j + Y$，$\hat{a}_i - \hat{a}_j - Y$。

　　C56：= B56 + \$B\$42　　　　　（複製至 C61）

　　D56：= B56 − \$B\$42　　　　　（複製至 D61）

　　E56：= IF（SIGN（C56）= SIGN（D56），「有顯著差」、「無明顯差異」）　　　　　（複製至 E61）

　　由於 $(\hat{a}_2 - \hat{a}_3)$ 的信賴區間位於 + 側與 − 側，因此 $\hat{a}_i$ 與 $\hat{a}_j$ 不能說有差異。其他的 $\hat{a}_i - \hat{a}_j + Y$ 與 $\hat{a}_i - \hat{a}_j - Y$ 均為同號，因而任一樣本組合可以說均有顯著差，此與步驟 7 的結果也一致。

步驟 8　敘述結論

　　由以上的解析結果，在統計上可以說女性用保養霜 4 種包裝設計方案的喜好方式是有差異的。如圖 5.4 的平均嗜好度 $\hat{a}_i$ 的尺度圖所示。統計上可以說 A_1 是最受到喜歡的設計案，A_4 是最不受喜歡的設計案。但，A_2 與 A_3 之間沒有顯著差，因此 4 種設計案受到喜歡的程度可以下結論說是 A_4 < $(A_3，A_2)$ < A_1。

三、Scheffe 一對比較法、浦（Ura）氏變形法

　　Scheffe 的原法是 1 位評審員按 i, j 的順序將 k 個樣本中的 2 個組合（i, j）配對只評價 1 次，根據其結果進行解析。因此，評審員全體的大小是 N 人時，對（i, j）的配對所得出的判斷數是 n 個，亦即成為 N/ k(k − 1) 個。可是，N 的大小事先被限定成少數時，被認為判斷數 n 的大小也會變小，對解析的結果會造成影響。

　　因此，讓 1 位評審員對所有的組合，以及兩方的順序配對進行一對比較，進行解析的手法即為浦氏變形法。此時，雖有需要考慮評審員間的評價差異再解析，但是卻可得出個人嗜好的資訊。

　　Scheffe 的原法是評審員一人，分配一個組合，相對的，一人進行一

反覆的一對比較法,當換人進行反覆時,有需要考慮評審員之間的評價差異後再解析。此種情形可使用浦氏變形法。

【想法】

N 位評審員之中第 1 位評審員 O_1,從 k 個樣本 A_1,A_2,…,A_k 中每 2 個配對組合後,以 A_i 為先 A_j 為後的順序進行比較,針對組合(A_i, A_j)給與的評分設為 $x_{ij\ell}$ 時,將數據的構造如下考慮。

$$x_{ij\ell} = (\alpha_i - \alpha_j) + (\alpha_{i\ell} - \alpha_{j\ell}) + \gamma_{ij} + (\delta + \delta_1) = e_{ij\ell}$$

此處,

K:樣本數

i:先提示的樣本號碼,i = 1,2,…,k

j:後提示的樣本號碼,j = 1,2,…,k

n:評審員(或重複)的總數

ℓ:評審員號碼,ℓ = 1,2,…,n

α_i,α_j:主效果,對於樣本 A_i 與 A_j,評審員全體具有的平均嗜好度。為使解析容易,當作 $\sum \alpha_i = 0$

$\alpha_{i\ell}$,$\alpha_{j\ell}$:對於樣本 A_i 與 A_j,評審員 O_1 具有嗜好度的個人差,換言之,評審員 O_1 之嗜好度與評審員的平均嗜好度之差。因此,評審員 O_ℓ 對樣本 A_i 而言,具有 $\alpha_i + \alpha_{il}$ 的嗜好度。此處也當作 $\sum_{i=1}^{k} \alpha_{i\ell} = 0$,$\sum_{\ell=1}^{k} \alpha_{i\ell} = 0$。

γ_{ij}:組合的效果,亦即將 A_i 與 A_j 作成組所產生的相乘或相抵效果。當作 $\sum \gamma_{ij} = 0$,$\gamma_{ij} = -\gamma_{ji}$。

δ:平均順序效果。

δ_ℓ：順序效果的個人差，$\sum \delta_\ell = 0$

$e_{ij\ell}$：誤差，假定服從平均 0，變異數 σ^2 的常態分配。

| 範例 **5-5** |

在啤酒氣泡的細膩度的調查中，準備有 4 種樣本 A1、A2、A3、A4，利用 Scheffe 的一對比較法、浦氏變形法由 3 位感官檢查員 O1～O3 評價。亦即，3 位檢查員分別評價所有的組合與雙方的順序對（A1, A2）、（A1, A3）、（A1, A4）、（A2, A1）、（A2, A3）、（A2, A4）、（A3, A1）、（A3, A2）、（A3, A4）、（A4, A1）、（A4, A2）、（A4, A3）各一次，以 5 級尺度（5 級法）進行。評價結果如表 5.28 所示，試解析看看。

表 5.28　有關啤酒氣泡的細膩度的一對比較結果

樣本 ＼ 檢察員	O1	O2	O3
（A1, A2）	1	1	0
（A1, A3）	2	2	−2
（A1, A4）	1	2	1
（A2, A1）	−2	−1	−1
（A2, A3）	2	1	1
（A2, A4）	−1	2	1
（A3, A1）	−2	−2	−1
（A3, A2）	−2	−1	−2
（A3, A4）	−2	1	−2
（A4, A1）	−2	−2	−2
（A4, A2）	2	−1	−2
（A4, A3）	1	−1	0

Excel 的解析例

與 Scheffe 原法、芳賀氏的變形法一樣，主效果 α 之差的估計，有需要使用數表「標準距的百分點」（表 5.18），將此附加在試算表中。

步驟 1 輸入數據，製作累計表

Excel 輸入例如表 5.29 所示。

(1) 輸入檢查員人數 n = 3，樣本數 k = 4。

　　A1：3

　　A2：4

(2) 將檢查員 Oℓ 的評分整理成矩陣

　　C5：1、D5：2 、E5：1

　　B6：−2、D6：2 、E6：−1

　　B7：−2、C7：−2、E7：−2

　　B8：−2、C8：2 、D8：1

(3) 求出列和 $x_{i\cdot\ell}$、行和 $x_{\cdot j\ell}$ 並且，分別求其合計 $x_{\cdot\cdot\ell}$，確認是否一致，$x_{\cdot\cdot\ell}$ 是用於後面計算順序效果的個人差 $\hat{\delta}_\ell$。

　　F5：= SUM（B5：E5）　　　（複製至 F8）

　　B9：= SUM（B5：B8）　　　（複製至 F9）

表 5.29　範例 5-5（浦氏變形法）Excel 輸出入例

	A	B	C	D	E	F	G	H	I	J	K
1	3	=評審員人數 n									
2	4	=產品數 k									
3	檢查員 O_1 的評分										
4		A_1	A_2	A_3	A_4	$x_{i\cdot 1}$	$x_{\cdot j1}$	$x_{i\cdot 1}-x_{\cdot i1}$	$\Sigma(x_{i\cdot 1}$	$x_{\cdot\cdot 1}^{2}$	$\Sigma\Sigma x_{ij1}^{2}$
5	A_1		1	2	1	4	−6	10	234	4	36
6	A_2	−2		2	−1	−1	1	−2			
7	A_3	−2	−2		−2	−6	5	−11			
8	A_4	−2	2	1		1	−2	3			
9	x_{j1}	−6	1	5	−2	−2	=$x_{\cdot\cdot 1}$				

(4) 將行和 $x._{j\ell}$ 整理成行，製作 $x._{i\ell}$ 行

　　G5：＝B9

　　G6：＝C9

　　G7：＝D9

　　G8：＝E9

(5) 求 $x_{i.\ell} - x._{i\ell}$ 以及 $\sum (x_{i.\ell} - x._{i\ell})^2$。$x_{i.\ell} - x._{i\ell}$ 用於計算後面嗜好

　　度的個人差 $\alpha_{i\ell}$ 的估計值 $\hat{\alpha}_{i\ell}$，$\sum (x_{i.1} - x._{i1})^2$ 用於計算主效果 ×

　　個人的平方和 $S_{\alpha(B)}$

　　H5：＝F5－G5（複製至 H8）

　　I 5：＝SUMSQ（H5：H8）

(6) 求 $x_{...\ell}^2$。此用於後面計算（順序 × 個人）的平方和 $S_{\delta(B)}$。

　　J5：＝F9^2

(7) 求評分的平方和 $\sum\limits_{i=1}^{k}\sum\limits_{j=1}^{k} x_{ij\ell}^2$。此用於後面計算總平方和 S_T。

　　U5：＝SUMSQ（B5：E8）

(8) 就檢查員 O_2、O_3 來說，也利用同樣的計算如表 5.30 求出。

(9) 將所有檢查員的評分如表 5.31 那樣整理成矩陣。

　　B26：＝B5＋B12＋B19（複製至 E29。對角元素可求得是 0，
　　但複製出現一次後效率佳）

　　以下與檢查員 O_ℓ 的累計一樣（評分的平方和的計算省略）。

步驟 2　針對 A_i 求出平均嗜好度 α_i 的估計值 $\hat{\alpha}_i$，以及嗜好的個人差 $\hat{\alpha}_{i\ell}$。

Excel 輸出入例如表 5.32 所示。

(1) 使用式（5.32）求平均嗜好度 α_i 的估計值 $\hat{\alpha}_i$

$$\hat{\alpha} = \frac{x_{i\bullet\bullet} - x_{\bullet i\bullet}}{2nk} \qquad\qquad 式（5.32）$$

B35：= H26/（2*$A$1*$A$2）（複製至 B38）

表 5.30　範例 5-5（浦氏變形法）Excel 輸出入例（續）

	A	B	C	D	E	F	G	H	I	J	K
10	檢查員O_2的評分										
11		A_1	A_2	A_3	A_4	$x_{i\cdot 2}$	$x_{\cdot i2}$	$x_{i\cdot 2}-x_{\cdot i2}$	$\Sigma(x_{i\cdot 2})^2$	$x_{\cdot\cdot 2}^2$	$\Sigma\Sigma x_{ij2}^2$
12	A_1		1	2	2	5	-5	10	206	1	27
13	A_2	-1		1	2	2	-1	3			
14	A_3	-2	-1		-2	-2	2	-4			
15	A_4	-2	-1	-1		-4	5	-9			
16	x_{j2}	-5	-1	2	5	1	$=x_{\cdot\cdot 2}$				
17	檢查員O_3的評分										
18		A_1	A_2	A_3	A_4	$x_{i\cdot 3}$	$x_{\cdot i3}$	$x_{i\cdot 3}-x_{\cdot i3}$	$\Sigma(x_{i\cdot 3})^2$	$x_{\cdot\cdot 3}^2$	$\Sigma\Sigma x_{ij3}^2$
19	A_1		0	-2	1	-1	-4	3	66	81	25
20	A_2	-1		1	1	1	-4	5			
21	A_3	-1	-2		-2	-5	1	-4			
22	A_4	-2	-1	0		-4	0	-4			
23	x_{j3}	-4	-4	-1	0	-9	$=x_{\cdot\cdot 3}$				

表 5.31　範例 5-5（浦氏變形法）Excel 輸出入例（續）

	A	B	C	D	E	F	G	H	I	J
24	檢查員合計									
25		A_1	A_2	A_3	A_4	$x_{i\cdot\cdot}$	$x_{\cdot i\cdot}$	$x_{i\cdot\cdot}-x_{\cdot i\cdot}$	$\Sigma(x_{i\cdot\cdot})^2$	$x_{\cdot\cdot\cdot}^2$
26	A_1	0	2	2	4	8	-15	23	1026	100
27	A_2	-4		4	2	2	-4	6		
28	A_3	-5	-5		-3	-13	6	-19		
29	A_4	-6	-1	0		-7	3	-10		
30	$x_{j\cdot}$	-15	-4	6	3	-10	$=x_{\cdot\cdot\cdot}$			

表 5.32　範例 5-5（浦氏變形法）Excel 輸出入例（續）

	A	B	C	D	E	F	G	H	I
32	平均嗜好度α_i與嗜好度的個人差α_{ij}的估計								
33		⟨1⟩	⟨2⟩			⟨2⟩-⟨1⟩			
34	i	$\alpha_i=(x_{j\cdots 1}-x_{\cdot j1})/(\ldots-x_{\cdot j1})/$	$(\ldots_{\cdot j2}-x_{\cdot j2})/$	$(\ldots_{\cdot j3}-x_{\cdot j3})/$		α_{j1}	α_{j2}	α_{j3}	$\Sigma\alpha_{ij}$
35	1	0.9583	1.25	1.25	0.375	0.2917	0.2917	-0.583	0
36	2	0.25	-0.25	0.375	0.625	-0.5	0.125	0.375	0
37	3	-0.792	-1.375	-0.5	-0.5	-0.583	0.2917	0.2917	0
38	4	-0.417	0.375	-1.125	-0.5	0.7917	-0.708	-0.083	0
39	計	0	0	0	0	0	0	0	0

(2) $(x_{i \cdot 1} - x_{\cdot i1})$ 、$(x_{i \cdot 2} - x_{\cdot i2})$ 、$(x_{i \cdot 3} - x_{\cdot i3})$ 、$(x_{i \cdot 4} - x_{\cdot i4})$ 分別以 2k 除之,整理成行。

C35：= H5/（2*$A$2）　　　（複製至 C38）

D35：= H12/（2*$A$2）　　　（複製至 D38）

E35：= H19/（2*$A$2）　　　（複製至 E38）

(3) 使用式（5.33）求嗜好度的個人差 $\alpha_{i\ell}$ 的估計值 $\hat{\alpha}_{i\ell}$

$$\hat{\alpha}_{i\ell} = \frac{(x_{i \cdot \ell} - x_{\cdot i\ell})}{2k} - \hat{\alpha}_i \qquad\qquad 式（5.33）$$

F35：= C35 − $B35　　（複製至 H38）

(4) 求出所有的行和與 $\hat{\alpha}_{i\ell}$ 的列和 $\sum \hat{\alpha}_{i\ell}$ 確認是否為 0

B39：= SUM（B35：B38）　（複製至 H39）

I39：= SUM（F35：H35）　（複製至 I38）

步驟 3　求組合效果 γ_{ij} 的估計值 $\hat{\gamma}_{ij}$

Excel 輸出入例表示在表 5.33。

(1) 求 $x_{ij \cdot} - x_{ji \cdot}$。$x_{ij \cdot} - x_{ji \cdot}$ 是在步驟 1-(9) 所求出的 $x_{ij \cdot}$ 的矩陣中,從對角線右上的各元素減去左下對應的元素。

C45：= C25 − B27,D45：= D25 − B28,E45：= E25 − B29

D46：= D27 − C28,E46：= E27 − C29

E47：= E28 − D29

(2) 求 $x_{ij \cdot} - x_{ji \cdot}$ 中各元素的平方和,此用於後面計算組合效果的平方和 S_γ。

D50：= SUMSQ（B45：E48）

(3) 將 $(x_{ij \cdot} - x_{ji \cdot})$ 矩陣中的各元素除以 2n。

G45：= C45/（2*$A$1）（複製到 I45,將 H45 複製到 H46,從

I45 複製到 I47）

(4) 從步驟 2-(1) 所求出的 $\hat{\alpha}$ 求出 $\hat{\alpha}_i - \hat{\alpha}_j$，作成矩陣形式。

K45：= B35 − B36，L45：= B35 − B37，M45：= B35 − B38

L46：= B35 − B37，M46：= B35 − B38

M47：= B37 − B38

表 5.33　範例 5-5（浦氏變形法）Excel 輸出入例（續）

	A	B	C	D	E	F	G	H	I	J	K	L	M	N	O	P	Q	R
41	組合效果 γ 的估計																	
42				⟨3⟩				⟨4⟩				⟨5⟩				⟨5⟩-⟨4⟩		
43				$x_{ij\bullet}-x_{ji\bullet}$				$(x_{ij}-x_{ji})/2n$				$\alpha_i-\alpha_j$				$\gamma_{ij}=(x_{ij}-x_{ji})/2n-(\alpha_i-\alpha_j)$		Σ γ_{ij}
44			1	2	3	4	1	2	3	4	1	2	3	4	1	2	3	4	計
45	1			6	7	10		1	1.167	1.667		0.708	1.75	1.375		0.291667	−0.58333	0.2916667	0
46	2				9	3			1.5	0.5		1.041667	0.566667		−0.29167		0.458333	−0.166667	0
47	3					−3				−0.5			−0.375		0.583333	−0.45833		−0.125	0
48	4														−0.29167	0.166667	0.125		0
49		計													0	0	0	0	
50	Σ Σ $(x_{ij}-x_{ji})\hat{\gamma}=$			284														

(5) 從用式（5.34）求組合效果 γ_{ij} 的估計值 $\hat{\gamma}_{ij}$。

$$\hat{\gamma}_{ij} = \frac{x_{ij\bullet} - x_{ji\bullet}}{2n} - \left(\hat{\alpha}_i - \hat{\alpha}_j\right) \qquad \text{式（5.34）}$$

O45：= G45 − K45（複製至 Q45，將 P45 複製到 P46，從 Q45 複製到 Q47）

(6) 將 $\hat{\gamma}_{ij}$ 的矩陣中對角線的右上半部的符號使之相反，製作右下半部的元素。並且，求出其列和與行和在確認是否為 0。

N46：= −O45

N47：= −P45，O47：= −P46

N48：= −Q45，O48：= −Q46，P48：= −Q47

N49：= SUM（N45：N48）（複製至 Q49）

R45：= SUM（N45：Q45）（複製至 R48）

步驟 4　求順序效果 δ 的估計值 $\hat{\delta}$。

Excel 輸出入例如表 5.34 所示。

(1) 使用式（5.35）求順序效果 的估計值 $\hat{\delta}$。

$$\hat{\delta} = \frac{x_{\bullet\bullet\bullet}}{k(k-1)n} \qquad\qquad 式（5.35）$$

B56：= \$F\$30/（\$A\$2*（\$A\$2-1）*\$A\$1）

將 $x_{\bullet\bullet 1}$, $x_{\bullet\bullet 2}$, $x_{\bullet\bullet 3}$ 分別除以 k（k − 1），整理成行。

C56：= F9/(A2*(A2 − 1))

C57：= F16/(A2*（A2 − 1))

C58：= F23/(A2*（A2 − 1))

表 5.34　範例 5-5（浦氏變形法）Excel 輸出入例（續）

	A	B	C	D	E	F	G
53	順序效果 δ 與順序效果的個人差 δ 的估計						
54		<5>	<7>	<7>-<5>			
55	i	x.../k(k-1	.,/k(k-1	δ,			
56	1	-0.28	-0.17	0.111			
57	2	-0.28	0.083	0.361			
58	3	-0.28	-0.75	-0.47			
59	計			0			
60							

(2) 使用式（5.36）求順序效果的個人差 $\hat{\delta}_l$。並確認合計是否成為 0。

$$\hat{\delta}_\ell = \frac{x_{\bullet\bullet\ell}}{k(k-1)} - \delta \qquad\qquad 式（5.36）$$

D56：= C55 − B56（複製至 D58）

D59：= SUM（D56：D58）

步驟 5 就各效果進行變異數分析。

Excel 輸出入例如表 5.35 所示。

(1) 求各效果的平方和

各效果的平方和使用以下式子求出。

主效果 $S_\ell = \dfrac{1}{2nk} \sum_{i=1}^{k} (x_{i\bullet\bullet} - x_{\bullet i \bullet})^2$　　　　　式（5.37）

主效果 × 個人 $S_{\alpha(B)} = \dfrac{1}{2k} \sum_{\ell=1}^{n} \sum_{i=1}^{k} (x_{i\bullet\ell} - x_{\bullet i\ell})^2 - S_\alpha$　　式（5.38）

組合效果 $S_\gamma = \dfrac{1}{2n} \sum_{\ell=1}^{n} \sum_{j>i}^{k} (x_{ij\bullet} - x_{ji\bullet})^2 - S_\alpha$　　式（5.39）

順序效果 $S_\delta = \dfrac{x_{\bullet\bullet\bullet}^2}{nk(k-1)}$　　　　　式（5.40）

順序 × 個人 $S_{\delta(B)} = \dfrac{1}{k(k-1)} \sum_{\ell=1}^{n} x_{\bullet\bullet\ell}^2 - S_\delta$　　式（5.41）

總平方和 $S_T = \sum_{i=1}^{k} \sum_{j=1}^{k} \sum_{l=1}^{n} x_{ijl}^2$　　　　式（5.42）

誤差平方和 $S_e = S_T - S_\alpha - S_{\alpha(B)} - S_\gamma - S_\delta - S_{\delta(B)}$　　式（5.43）

表 5.35　範例 5-5（浦氏變形法）Excel 輸出入例（續）

61	變異數分析表					
62	要因	平方和	自由度	不偏變異數	F_0值	P值	判定
63	主效果S_α	42.7500	3	14.2500	23.0192	0.000001	顯著
64	主效果×個人$S_{\alpha(B)}$	20.5000	6	3.4167	5.5192	0.001449	顯著
65	組合效果$S\gamma$	4.5833	3	1.5278	2.4679	0.090203	
66	順序效果S_δ	2.7778	1	2.7778	4.4872	0.046246	顯著
67	順序×個人$S_{\delta(B)}$	4.3889	2	2.1944	3.5449	0.047158	顯著
68	誤差S_e	13.0000	21	0.6190			
69	総平方和S_T	88.0000	36				

由式（5.37）S_α 是

B63：＝I26/(2*A1*A2)

由式（5.38）$S_{\alpha(B)}$ 是

B64：＝(IS + I12 + I19)/(2*A2) − B63

由式（5.39）S_{γ} 是

B65：＝D50/(2*A1) − B63

由式（5.40）S_{δ} 是

B66：＝J26/(A1*A2*(A2 − 1))

由式（5.41）$S_{\delta(B)}$ 是

B67：＝(J5 + J12 + J19)/(A2*（A2 − 1)) − B66

由式（5.42）S_{T} 是

B69：＝K5 + K12 + K19

由式（5.43）S_{e} 是

B68：＝B69 − SUM（B63：B67）

(2) 求各效果的自由度

主效果的自由度 $f_{\alpha} = k − 1$ 　　　　　　　　　式（5.44）

主效果 × 個人的自由度 $f_{\alpha(B)} = (k − 1)(n − 1)$ 　　式（5.45）

組合效果的自由度 $f_{r} = \dfrac{(k − 1)(k − 2)}{2}$ 　　　式（5.46）

順序效果的自由度 $f_{\delta} = 1$

順序 × 個人的自由度 $f_{\delta(B)} = n − 1$ 　　　　　式（5.47）

總自由度 $f_{T} = k(k − 1)n$ 　　　　　　　　　式（5.48）

誤差自由度 $f_{e} = nk^{2} − 2nk − \dfrac{(k − 1)(k − 2)}{2}$

$$= f_{T} − f_{\alpha} − f_{\alpha(B)} − f_{r} − f_{\delta} − f_{\delta(B)} \qquad 式（5.49）$$

由式（5.44）f_{α} 是

C63：= A2 − 1

由式（5.45）$f_{\alpha(B)}$ 是

　C64：=（A2 − 1）*（A1 − 1）

由式（5.46）f_r 是

　C65：=（A2 − 1）*（A2 − 2）/2

$f_\delta = 1$

　C66：1

由式（5.47）$f_{\delta(B)}$ 是

　C67：= A1 − 1

由式（5.48）f_T 是

　C69：= A2*（A2 − 1）*A1

由式（5.49）f_e 是

　C68：= C69 − SUM（C63：C67）

(3) 求不偏變異數

　D63：= B63/C63（複製至 D68）

(4) 求 F_0 值

　E63：= D63/D$68（複製至 E67）

(5) 求 F 分配上的機率 P 值。

　F63：= FDIST（E63，C63，C$68）（複製至 F67）

步驟 6 判定顯著性

　G63：= IF（F63 < 0.05，「顯著」、「不顯著」）（複製至 G67）

主效果 α_i，主效果 × 個人 α_{ij}，順序效果 δ_{ij}，順序 × 個人 δ_ℓ 均為顯著。

步驟 7 估計主效果之差（$\alpha_i - \alpha_j$）。

主效果之差的估計，首先利用與 Scheffe 之原法相同的式（5.19）求出 Yardstick 後再進行。主效果之差的絕對值 $|\alpha_i - \alpha_j| > Y$ 時，樣本 A_i 與 A_j

之間有顯著差。

Excel 輸入例如表 5.36 所示。

表 5.36　範例 5-5（蒲氏變形法）Excel 輸出入例（續）

	A	B	C	D	E	F
71	f的列號	k的行號	q			
72	16	4	3.9583			
73	Y=	0.635718887				
74	α_1	α_2	α_3	α_4		
75	0.958333333	0.25	−0.7916667	−0.4166667		
76	0	0	0	0		

主効果 α 的位置關係（估計）

$\alpha 3$　$\alpha 4$　$\alpha 2$　　$\alpha 1$

−0.791666667　　−0.416666667　　0.25　　　0.958333333

−1　−0.8　−0.6　−0.4　−0.2　0　0.2　0.4　0.6　0.8　1　1.2

1. 從圖表 5.20「標準距的百分點」使用 INDEX 函數求出。

    (1) 首先，求表 5.18 中 f 的列號。f 是使用變異數分析所求出的誤差的自由度 f_e。範例的 f_e 依據變異數分析表是 21，表 5.18 中並無對應 f = 21 的 q 值。在表 5.18 中 f = 20 因爲是位於第 16 列第一行，所以符合的列號是 16。因此，於 A72 輸入 16。

    A72：16

    (2) 其次，求表 5.18 中樣本數 k 的行號。例題的樣本數是 4，表 5.18 中的 k = 4 是位於第 1 列第 4 行，所以在 B72 中輸入 4。

    B72：4

    (3) 使用 INDEX 函數求表中第 16 列第 4 行的 q 值（引數選擇是「配列、列號、行號」）。數值表上的表 5.18，由於記入有由 A97

到 K118，因此配列是指定 A97：K118

C72：＝ INDEX（A97：K118，A72，B72）

2. 使用與 Scheffe 原法相同的式子（5.19）求 Yardstick。

B73：＝ C72*SQRT（D68/（2*A1*A2））

製作掌握主效果的位置關係。

將由 B35 到 B38 的數據複製到由 A75 到 D75，由 A76 到 D76 輸入 0。

A75：＝ B35，B75：＝ B36，C75：＝ B37，D75：＝ B38

A76：0，B76：0，C76：＝ 0，D76：0

指定 A75：D75 的範圍，從【插入】→【圖表】→【散佈圖】。

2 組樣本的主要果之差，如比所求出的 YardstickY 大時，該樣本之間即有顯著差。Excel 是無法畫出正確的尺度圖，因此將正確表示表 5.36 的結果者表示於圖 5.5 中。

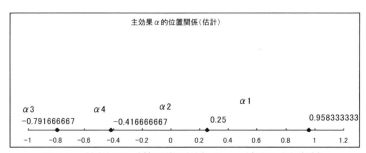

圖 5.5　範例 5-5（蒲氏變形法）Excel 輸出入例（續）

結果是除（$\hat{\alpha}_3 - \hat{\alpha}_4$）以外，$|\alpha_i - \alpha_j| > Y$，其他樣本的組合間可以說有顯著差。

$\hat{\alpha}_3$ 與 $\hat{\alpha}_4$ 之間不能說有顯著差，樣本 A3、A4 之間不能說啤酒氣泡的細膩度有差異。

步驟 8　求（$\alpha_i - \alpha_j$）的 95% 信賴區間。

使用與 Scheffe 原法相同的式子（5.20），求（$\alpha_i - \alpha_j$）的 95% 信賴區間。

Excel 輸出入例如表 5.37 所示。

將步驟 3-(4) 所求出的（$\hat{\alpha}_i - \hat{\alpha}_j$）整理成行。

B90：= K45

B91：= L45

B92：= M45

B93：= L46

B94：= M46

B95：= M47

(1) 使用在步驟 7-(2) 中所求出的 YardstickY，求出 $\hat{\alpha}_i - \hat{\alpha}_j + Y$，$\hat{\alpha}_i - \hat{\alpha}_j - Y$。

表 5.37　範例 5-5（浦氏變形法）Excel 輸出入例（續）

	A	B	C	D	E	F
88	$(\alpha_i - \alpha_j)$的95%信賴區間					
89	$(\alpha_i - \alpha_j)$		$(\alpha_i - \alpha_j)+Y$	$(\alpha_i - \alpha_j)-Y$		
90	$(\alpha_1 - \alpha_2)$	0.708333333	1.34405222	0.07261445	有顯著差	
91	$(\alpha_1 - \alpha_3)$	1.75	2.38571889	1.11428111	有顯著差	
92	$(\alpha_1 - \alpha_4)$	1.375	2.01071889	0.73928111	有顯著差	
93	$(\alpha_2 - \alpha_3)$	1.041666667	1.67738555	0.40594778	有顯著差	
94	$(\alpha_2 - \alpha_4)$	0.666666667	1.30238555	0.03094778	有顯著差	
95	$(\alpha_3 - \alpha_4)$	−0.375	0.26071889	−1.0107189		
96						
97	f　　k	2	3	4	5	6
98	1	17.9693	26.9755	32.8187	37.0815	40.4076
99	2	6.0849	8.3308	9.7980	10.8811	11.7343
100	3	4.5007	5.9096	6.8245	7.5017	8.0371
101	4	3.9265	5.0402	5.7571	6.2870	6.7064

C90：= B90 + B$73（複製至 C75）

D90：＝ B90 − B\$73（複製至 D95）

E90：＝ IF（SIGNLC90）＝ SIGN（D90），「顯著差」、「不顯著差」）（複製至 E95）

此結果除 $\hat{\alpha}_3 - \hat{\alpha}_4$ 以外，$\hat{\alpha}_i - \hat{\alpha}_j + Y$ 與 $\hat{\alpha}_i - \hat{\alpha}_j - Y$ 均為同符號，除（$\hat{\alpha}_3 - \hat{\alpha}_4$）以外，樣本的組合間可以說有顯著差。此也與步驟 7 的結果一致。

步驟 9　敘述結論

由以上的解析結果知：4 種啤酒，在氣泡的細膩度上以統計的方式來說，可以說有差異。並且，3 位檢查員的評價方式有差異，而且評價受到判定的樣本順序的影響（$\hat{\delta} = -0.27778 < 0$，因此後者樣本評價較高）。

另外，順序效果的個人差也是顯著的，因此各檢查員受到順序影響的程度也是有差異的。

各樣本的位置，被估計出如表 5.36 所表示之平均嗜好度 $\hat{\alpha}_1$ 的尺度圖那樣。亦即，A_1 的氣泡最細膩，其次依序是 A_2、A_3、A_4。但因為 A_4 與 A_3 之間無顯著差，因此 4 種樣本中氣泡的細膩度在統計上可下結論是 A_3，$A_4 < A_2 < A_1$

四、Scheffe 的一對比較法、中屋（Nakaya）氏變形法

在 Scheffe 的原法中，不考慮順序時的解析法即為芳賀氏變形法，對所有的配對考慮比較順序時即為浦氏變形法，但在浦氏變形法中，不考慮順序時，亦即允許判斷的往返時的解析法是中屋氏的變形法。亦即，不考慮比較順序，而且每一位評審員將全部的組合各比較一次時，使用中屋氏變形法。

【想法】

N 位評審團之中第 ℓ 位評審員 O_ℓ，從 k 個樣本 A_1，A_2，…，A_k，之中每 2 個配對組合後，針對比較的組合（A_i，A_j）所給與評分設為 $X_{ij\ell}$ 時，數據的構造如以下考慮。

$$X_{ijk} = (\alpha_i - \alpha_j) + (\alpha_{i\ell} - \alpha_{j\ell}) + \gamma_{ij} + e_{ijk}$$

此處，

K：樣本數

i：先提示的樣本號碼，i = 1,2,…,k

j：後提示的樣本號碼，j = 1,2,…,k

n：評審員（或重複）的總數

ℓ：評審員的號碼，ℓ = 1,2,…,n（n：評審員的人數）

α_i，α_j：主效果，對於樣本 A_i 與 A_j，評審員全體具有的平均嗜好度。為了使解析容易，當作 $\Sigma_{i=1}^k \alpha_i = 0$。

$\alpha_{i\ell}$，$\alpha_{j\ell}$：對於樣本 A_i 與 A_j，評審員 O_ℓ 具有的嗜好度的個人差，換言之，評審員 O_ℓ 的嗜好度與評審員的平均嗜好度之差。因此，評審員 O_ℓ 對樣本 A_i 具有 $\alpha_i - \alpha_j$ 的嗜好度。此處當作 $\Sigma_{i=1}^k \alpha_{i\ell} = 0$，$\Sigma_{\ell=1}^k \alpha_{i\ell} = 0$。

γ_{ij}：組合的效果。亦即因 A_i 與 A_j 作成組時出現之相乘或相抵的效果，當作 $\Sigma_{j=1}^k \gamma_{ij} = 0$，$\gamma_{ij} = -\gamma_{ji}$

$e_{ij\ell}$：誤差。假定服從平均 0，變異數 $\hat{\alpha}^2$ 的常態分配。

如假定此種構造時，每個母數的估計值與各效果的平方和即為如下。

範例 **5-6**

　　以 5 種洗衣粉清洗 5 件 T 襯衫 A1～A5，就清洗完成後的柔軟度由六位研究員 O1～O6 評價。評價允許來回判斷，由於不考慮樣本的順序所進行的，因此解析決定使用中屋氏變形法。各個組合（A_1，A_2）、（A_1，A_3）、（A_1，A_4）、…、（A_3，A_5）、（A_4，A_5）各一次，利用 7 級的尺度（7 級法）評價的結果如表 5.38 所示。試解析看看。

表 5.38　T 襯衫清洗後的柔軟度的一對比較結果

樣本\檢察員	O1	O2	O3	O4	O5	O6	計
（A1,A2）	−1	0	−2	−2	−1	−1	−7
（A1,A3）	2	0	2	0	1	1	6
（A1,A4）	−1	−2	0	0	−1	−2	−6
（A1,A5）	−2	−1	−2	−1	−1	−2	−9
（A2,A3）	1	1	0	1	1	2	6
（A2,A4）	−1	−2	−1	−2	−1	−1	−8
（A2,A5）	−1	−2	−1	−1	−1	−1	−7
（A3,A4）	−2	−3	−1	−2	−1	−2	−11
（A3,A5）	−3	−3	−2	−3	−3	−2	−16
（A4,A5）	−2	−1	−1	−1	0	−1	−6

Excel 的解析例

　　與 Scheffe 的原法、芳賀氏變形法、浦氏變形法一樣，主效果 α 之差的估計，有需要使用「標準距的百分點」，此附加在試算表中。

步驟 1　輸入數據，製作累計表。

Excel 輸出入例表是在表 5.39 中。

(1) 輸入檢查員人數 n = 6，樣本數 k = 5。

　　A1：6

　　A2：5

(2) 將檢查員 O1 的評分整理成矩陣。

　　C5：−1，D5：2，E5：−1，F5：−2

　　D6：1，E6：−1，F6：−1

　　E7：−2，F7：−3

　　F8：−2

(3) 矩陣的對角線左下半部的空欄，輸入與右上半部的元素之符號
　　相反之值。

　　B6：= −C5，B7：= −D5，B8：= −E5，B9：= −F5

　　C7：= −D6，C8：= −E6，C9：= −F6

　　D8：= −E7，D9：= −F7

　　E9：= −F8，

表 5.39　範例 5-6（中屋變形法）的 Excel 輸出入例

	A	B	C	D	E	F	G	H	I
1	6	=檢查員人數n							
2	5	=產品數k							
3	檢查員O_1的評分								
4	i　j		1	2	3	4	5	$x_{i\cdot1}$	$x_{i\cdot1}^2$	x_{ij1}^2
5	1		−1	2	−1	−2	−2	4	10
6	2	1		1	−1	−1	0	0	3
7	3	−2	−1		−2	−3	−8	64	13
8	4	1	1	2		−2	2	4	4
9	5	2	1	3	2		8	64	
10	計	2	0	8	−2	−8	0	136	30
11							$=x_{\cdot\cdot1}$	$=\Sigma x_{i\cdot1}^2$	$=\Sigma x_{ij1}^2$

(4) 求列和 $x_{i \cdot \ell}$ 與行和 $x_{\cdot j\ell}$。並且確認各自的合計 $x_{\cdot\cdot\ell}$ 是否成為 0。

G5：= SUM（B5：F5） （複製至 G9）

B10：= SUM（B5：B9） （複製至 G9）

(5) 求 $x_{i\bullet\ell}^2$ 及其合計 $\sum x_{i\bullet\ell}^2$。此用於後面計算主效果 × 個人的平方和 $S_{\alpha(B)}$。

H5：= G52（複製至 H9）

H10：= SUM（H5：H9）

(6) 求評分的平方和 $x_{ij\ell}^2$，及其合計 $\sum_i\sum_{j>i}x_{ij\ell}^2$。此用於計算後面的總平方和 S_T。

I5：= SUMSQ（C5：F5）

I6：= SUMSQ（D6：F6）

I7：= SUMSQ（E7：F7）

I8：= F82

I10：= SUM（I5：I9）

(7) 對於檢查員 O2，O3，O4，O5，O6 也同樣計算，得出如表 5.40。

(8) 將所有檢查員的評分如表 5.41 整理成矩陣。

B59：= B5 + B14 + B23 + B32 + B41 + B50（複製至 63。對角元素放入 0，但複製出現一次後效率佳）

以下，與檢查員 1 的累計一樣（複製至 F63。對角元素放入 0，但複製出現一次後效率佳）。

以下，與檢查員 1 的累計一樣（評分的平方和之計算省略）。

表 5.40　範例 5-6（中屋氏變形法）的 Excel 輸出入例（續）

	A	B	C	D	E	F	G	H	I
12	檢查員 O_2的評分								
13	i	j	1	2	3	4	5	$x_{i \cdot 2}$	$x_{i \cdot 2}^2$	x_{ij2}^2
14	1		0	0	-2	-1	-3	9	5
15	2	0		1	-2	-2	-3	9	9
16	3	0	-1		-3	-3	-7	49	18
17	4	2	2	3		-1	6	36	1
18	5	1	2	3	1		7	49	
19	計	3	3	7	-6	-7	0	152	33
20							$=x_{\cdot\cdot 2}$	$=\Sigma x_{i \cdot 2}^2$	$=\Sigma x_{ij2}^2$
21	檢查員 O_3的評分								
22	i	j	1	2	3	4	5	$x_{i \cdot 3}$	$x_{i \cdot 3}^2$	x_{ij3}^2
23	1		-2	2	0	-2	-2	4	12
24	2	2		0	-1	-1	0	0	2
25	3	-2	0		-1	-2	-5	25	5
26	4	0	1	1		-1	1	1	1
27	5	2	1	2	1		6	36	
28	計	2	0	5	-1	-6	0	66	20
29							$=x_{\cdot\cdot 3}$	$=\Sigma x_{i \cdot 3}^2$	$=\Sigma x_{ij3}^2$
30	檢查員 O_4的評分								
31	i	j	1	2	3	4	5	$x_{i \cdot 4}$	$x_{i \cdot 4}^2$	x_{ij4}^2
32	1		-2	0	0	-1	-3	9	5
33	2	2		1	-2	-1	0	0	6
34	3	0	-1		-2	-3	-6	36	13
35	4	0	2	2		-1	3	9	1
36	5	1	1	3	1		6	36	
37	計	3	0	6	-3	-6	0	90	25
38							$=x_{\cdot\cdot 4}$	$=\Sigma x_{i \cdot 4}^2$	$=\Sigma x_{ij4}^2$
39	檢查員 O_5的評分								
40	i	j	1	2	3	4	5	$x_{i \cdot 5}$	$x_{i \cdot 5}^2$	x_{ij5}^2
41	1		-1	1	-1	-1	-2	4	4
42	2	1		1	-1	-1	0	0	3
43	3	-1	-1		-1	-3	-6	36	10
44	4	1	1	1		0	3	9	0
45	5	1	1	3	0		5	25	
46	計	2	0	6	-3	-5	0	74	17
47							$=x_{\cdot\cdot 5}$	$=\Sigma x_{i \cdot 5}^2$	$=\Sigma x_{ij5}^2$
48	檢查員 O_6的評分								
49	i	j	1	2	3	4	5	$x_{i \cdot 6}$	$x_{i \cdot 6}^2$	x_{ij6}^2
50	1		-1	1	-2	-2	-4	16	10
51	2	1		2	-1	-1	1	1	6
52	3	-1	-2		-2	-2	-7	49	8
53	4	2	1	2		-1	4	16	1
54	5	2	1	2	1		6	36	
55	計	4	-1	7	-4	-6	0	118	25
56							$=x_{\cdot\cdot 6}$	$=\Sigma x_{i \cdot 6}^2$	$=\Sigma x_{ij6}^2$

表 5.41 範例 5-6（中屋氏變形法）的 Excel 輸出入例（續）

	A	B	C	D	E	F	G	H	I
57	檢查員全員(O_1+O_2+O_3+O_4+O_5+O_6)的評分的合計x_{ij}，x_{jl}）								
58	i \ j	1	2	3	4	5	$x_{i..}$	$x_{i..}^2$	$x_{ij.}^2$
59	1	0	-7	6	-6	-9	-16	256	202
60	2	7	0	6	-8	-7	-2	4	149
61	3	-6	-6	0	-11	-16	-39	1521	377
62	4	6	8	11	0	-6	19	361	36
63	5	9	7	16	6	0	38	1444	
64	計	16	2	39	-19	-38	0	3586	764
65							$=x_{...}$	$=\Sigma x_{i..}^2$	$=\Sigma x_{ij.}^2$

步驟 2　針對 A_i 求出平均的嗜好度 α 的估計值 $\hat{\alpha}_i$，以及嗜好度的個人差 $\hat{\alpha}_{il}$。

Excel 輸出入例如表 5.42 所示。

(1) 使用式（5.50）求平均嗜好度 α 的估計值 $\hat{\alpha}$。

$$\hat{\alpha} = \frac{x_{i\bullet\bullet}}{nk} \qquad \text{式（5.50）}$$

B69：= G59/（$A$1*$A$2）（複製至 B73）

(2) 將 $x_{i\bullet1}$，$x_{i\bullet2}$，$x_{i\bullet3}$，$x_{i\bullet4}$，$x_{i\bullet5}$，$x_{i\bullet6}$ 分別除以 k，整理成行。

C69：= G5/$A$2

D69：= G14 /$A$2

E69：= G 23/$A$2

F69：= G 32/$A$2

G69：= G 41/$A$2

H69：= G 50/$A$2

使用式（5.51）求嗜好度的個人差 α_{il} 的估計值 $\hat{\alpha}_{il}$。

$$\hat{\alpha}_{il} = \frac{x_{i\bullet\ell}}{k} - \hat{\alpha}_i \qquad \text{式（5.51）}$$

I69：= C69 − $B69　（複製至 N73）

表 5.42　範例 5-6（中屋氏變形法）的 Excel 輸出入例（續）

	A	B	C	D	E	F	G	H	I	J	K	L	M	N	O
66	平均嗜好度 α 與嗜好度的個人差 α_i 的估計														
67		$<1>$			$<2>$							$<2>-<1>$			
68	i	$\alpha=x_{i..}/nk$	$x_{i.1}/k$	$x_{i.2}/k$	$x_{i.3}/k$	$x_{i.4}/k$	$x_{i.5}/k$	$x_{i.6}/k$	α_{i1}	α_{i2}	α_{i3}	α_{i4}	α_{i5}	α_{i6}	$\Sigma\,\alpha_{ij}$
69	1	-0.533333	-0.4	-0.6	-0.4	-0.6	-0.4	-0.8	0.133333	-0.06667	0.133333	-0.06667	0.133333	-0.26667	0
70	2	-0.066667	0	-0.6	0	0	0	0.2	0.066667	-0.53333	0.066667	0.066667	0.066667	0.266667	0
71	3	-1.3	-1.5	-1.4	-1	-1.2	-1.2	-1.4	-0.3	-0.1	0.3	-0.1	0.3	-0.1	0
72	4	0.6333333	0.4	1.2	0.2	0.6	0.6	0.8	-0.23333	0.566667	-0.43333	-0.03333	-0.03333	0.166667	0
73	5	1.2666667	1.5	1.4	1.2	1.2	1	1.2	0.333333	0.133333	-0.06667	-0.06667	-0.26667	-0.06667	0
74	計	0	0	0	0	0	0	0	0	0	0	0	0	0	0
75															

(3) 求所有的行和與 $\hat{\alpha}_{i\ell}$ 的列和 $\sum\hat{\alpha}_{i\ell}$，確認是否為 0。

B74：= SUM（B69：B73）　（複製至 N74）

O69：= SUM（I69：N69）　（複製至 O74）

步驟 3　求組合效果 γ_{ij} 的估計值 $\hat{\gamma}_{ij}$。

Excel 輸出入例如表 5.43 所示。

(1) 將 $x_{ij\bullet}$ 除以 n。$x_{ij\bullet}$ 是以步驟 1-(8) 所求出的 $x_{ij\bullet}$ 的矩陣中對角線右上的各元素。

C80：= C59/$A$1（複製至 F80，將 D80 複製到 D81，從 E80 複製到 E82，從 F80 複製到 F83）

(2) 由步驟 2-(1) 所求出的 $\hat{\alpha}$，求出 $\hat{\alpha}_i - \hat{\alpha}_j$，作成矩陣的形式。

H80：= B69 − B70，I80：= B69 − B71，J80：= B69 − B72，K80：= B69 − B73

I81：= B70 − B71，J81：= B70 − B72，K81：= B70 − B73

K83：= B72 − B73

利用式（5.52）求組合效果 γ_{ij} 的估計值 $\hat{\gamma}_{ij}$。

$$\hat{\gamma}_{ij} = \frac{x_{ij\bullet}}{n} - \left(\hat{\alpha}_i - \hat{\alpha}_j\right) \qquad\qquad 式（5.52）$$

M80：= C80 － H80　　（複製至 P80，將 N80 複製到 N81，從 D80 複製到 D82，從 P80 複製到 P83）

(3) 將 $\hat{\gamma}_{ij}$ 的矩陣中對角線右上半部的符號使之相反，製作右下半部的元素。並且，求出其列和與行和確認是否為 0。

L81：= －M80

L82：= －N80，M82：= －N81

L83：= －O80，M83：= －O81 ，N83：= －O82

L84：= －P80，M84：= －P81，O84：= －P83

Q80：= SUM（L80：P80 ）　（複製至 Q84）

L85：= SUM（L80：L84）　（複製至 Q85）

表 5.43　範例 5-6（中屋氏變形法）的 Excel 輸出入例（續）

步驟 4　就各效果進行變異數分析，Excel 輸出入例如表 5.44 所示。

(1) 求各效果的平方和。

各效果的平方和使用以下的式子求出。

$$主效果\ S_\alpha = \frac{1}{nk}k\sum_{i=1} x_{i\bullet\bullet}^2 \qquad\qquad 式（5.53）$$

主效果 × 個人 $S_{\alpha(B)} = \dfrac{1}{k}\displaystyle\sum_{\ell=1}^{n}\sum_{i=1}^{k} x_{i\bullet\ell}^2 - S_\alpha$ 　　　　式（5.54）

組合效果 $S_\gamma = \dfrac{1}{n}\displaystyle\sum_{i=1}^{k}\sum_{j>i}^{k} x_{ij\bullet}^2 - S_\alpha$ 　　　　式（5.55）

總平方和 $S_T = \displaystyle\sum_{i=1}^{k}\sum_{j>i}^{k}\sum_{\ell=1}^{n} x_{ij\ell}^2$ 　　　　式（5.56）

誤差平方和 $S_e = S_T - S_\alpha - S_{\alpha(B)} - S_\gamma$ 　　　　式（5.57）

由式（5.53）S_α 是

B89：= H64/(A1*A2)

由式（5.54）$S_{\alpha(B)}$ 是

B90：= (H10 + H119 + H28 + H37 + H55)/A2 − B89

由式（5.55）S_γ 是

B91：= I64/A1 − B89

由式（5.56S）S_T 是

B93：= I10 + I19 + I28 + I37 + I46 + I55

由式（5.57）S_e 是

B92：= B93 − SUM（B89：B91）

表 5.44　範例 5-6（中屋氏變形法）的 Excel 輸出入例（續）

	A	B	C	D	E	F	G
87	變異數分析表						
88	要因	平方和	自由度	不偏變異數	F_0值	P值	判定
89	主效果S_w	119.5333	4	29.8833	59.7667	0.000000	顯著
90	主效果×個人$S_{w(v)}$	7.6667	20	0.3833	0.7667	0.729193	
91	組合せ效果S_r	7.8000	6	1.3000	2.6000	0.037773	顯著
92	誤差S_e	15.0000	30	0.5000			
93	總平方和S_T	150.0000	60				

(2) 求各效果的自由度

　各效果的自由度使用以下式子求出。

主效果的自由度 $f_\alpha = k - 1$ 　　　　　　　　　式（5.58）

主效果 × 個人的自由度 $f_{\alpha(B)} = (k-1)(n-1)$ 　　　式（5.59）

組合效果的自由度 $f_\gamma = \dfrac{(k-1)(k-2)}{2}$ 　　　　式（5.60）

總自由度 $f_T = \dfrac{nk(k-1)}{2}$ 　　　　　　　式（5.61）

誤差自由度 $f_e = \dfrac{(n-1)(k-1)(k-2)}{2}$

$$= f_T - f_\alpha - f_{\alpha(B)} - f_\gamma \qquad 式（5.62）$$

由式（5.58）f_α 是

C89：= A2 − 1

由式（5.59）$f_{\alpha(B)}$ 是

C90：= (A2 − 1)*(A1 − 1)

由式（5.60）f_γ 是

C91：= (A2 − 1)*(A2 − 2)/2

由式（5.61）f_T 是

C93：= A1*A2*(A2 − 1)/2

由式（5.62）f_e 是

C92：= (A1 − 1)*(A2 − 1)*(A2 − 2)/2

(3) 求不偏變異數。

D89：= B89/C89　　　　　　　　（複製至 D92）

(4) 求 F_0 值。

E89：= D89/D\$92　　　　　　　（複製至 E91）

(5) 求 F 分配上的機率 P 值。

F89：= FDIST（E89，C89，C\$92）（複製至 F91）

步驟 5　判定顯著性

　　G89：= IF（F89 < 0.05，「顯著」、「不顯著」）（複製至 F91）

步驟 6　估計主效果 α 之差（$\alpha_i - \alpha_j$）

　　主效果之差的估計，首先利用與芳賀氏變形法相同的式子（5.31）求出 Yardstick 後再進行。主效果之差的絕對值 $|\alpha_i - \alpha_j| > Y$ 時，樣本 A_i 與 A_j 之間有顯著差。

　　Excel 輸入例如表 5.45 所示。

表 5.45　範例 5-6（中屋氏變形法）的 Excel 輸出入例（續）

1. 從圖表 5.20「標準距的百分點」使用 INDEX 函數求出 q。

   (1) 首先求表 5.18 中 f 的列號。f 是使用變異數分析所求出之誤差的自由度 f_e。例題的 f_e 由變異數分析表知是 30，在表 5.18 中 f = 30 是位於第 18 列第 1 行，所以符合的列號是 18。因此，於 A96 輸入 18。

   A96：18

(2) 求出表 5.18 中的樣本數 k 的行號。例題的樣本數是 5，表 5.18 中的 k = 5 是位於第 1 列第 5 行，所以在 B96 中輸入 5。

   B96：5

(3) 使用 INDEX 函數求出表中位於第 18 列第 5 行的 q 值（引數選擇是「配列，列號，行號」）。數值表上的表 5.18 是記入由 A125 到 K146，因此配列指定 A125：K146。

   C96：= INDEX（A125：K146，A96，B96）

2. 使用與芳賀氏變形法相同的式子（5.31）求出 Yardstick Y。

   B97：= C96*SQRT（D92/（A1*A2））

3. 製作掌握主效果的位置關係。

   將由 B69 到 B73 的數據複製到由 A99 到 E99，由 A100 到 E100 輸入 0。

   A99：= B69，B99：= B70，C99：= B71，D99：= B72，E99：= B73

   A100：0，B100：0，C100：0，D100：0，E100：0

   指定範圍 A99：E100，從【插入】→【圖表】→【散佈圖】。

   2 組樣本的主效果之差，如此所求出的 YardstickY 大時，該樣本之間即有顯著差。Excel 是無法畫出正確的尺度圖，因此正確表示上述結果者表示於圖 5.6 中。

   結果是除 $(\hat{\alpha}_1 - \hat{\alpha}_2)$ 以外，$|\alpha_i - \alpha_j| > Y$，其他樣本的組合間可以說有顯著差。$\hat{\alpha}_1$ 與 $\hat{\alpha}_2$ 之間，對於 T 襯衫的清洗柔軟度不能說有顯著差。

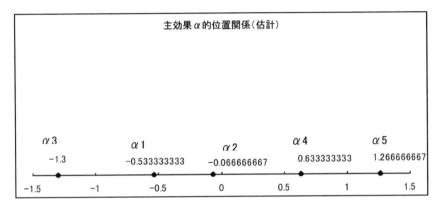

圖 5.6　範例 5-6（中屋變形法）的 Excel 輸出入例（續）

步驟 7　求（$\alpha_i - \alpha_j$）的 95% 信賴區間。

Excel 輸出入例表示在表 5.46 中。

使用與 Scheffe 原法相同的式（5.20），求（$\alpha_i - \alpha_j$）的 95% 信賴區間。

將步驟 3-(2) 所求出的（$\hat{\alpha}_i - \hat{\alpha}_j$）整理成行。

B114：= H80

B115：= I80

B116：= J80

B117：= K80

B118：= I81

B119：= J81

B120：= K81

B121：= J82

B122：= K82

B123：= K83

表 5.46　範例 5-6 的 Excel 輸出入例（續）

	A	B	C	D	E	F	G	H
112	$(\alpha_i - \alpha_j)$的95%信賴區間							
113	$(\alpha_i - \alpha_j)$		$(\alpha_i - \alpha_j)+Y$	$(\alpha_i - \alpha_j)-Y$				
114	$(\alpha_1 - \alpha_2)$	−0.466667	0.062912	−0.99625				
115	$(\alpha_1 - \alpha_3)$	0.7666667	1.296245	0.237088	有顯著差			
116	$(\alpha_1 - \alpha_4)$	−1.166667	−0.63709	−1.69625	有顯著差			
117	$(\alpha_1 - \alpha_5)$	−1.8	−1.27042	−2.32958	有顯著差			
118	$(\alpha_2 - \alpha_3)$	1.2333333	1.762912	0.703755	有顯著差			
119	$(\alpha_2 - \alpha_4)$	−0.7	−0.17042	−1.22958	有顯著差			
120	$(\alpha_2 - \alpha_5)$	−1.333333	−0.80375	−1.86291	有顯著差			
121	$(\alpha_3 - \alpha_4)$	−1.933333	−1.40375	−2.46291	有顯著差			
122	$(\alpha_3 - \alpha_5)$	−2.566667	−2.03709	−3.09625	有顯著差			
123	$(\alpha_4 - \alpha_5)$	−0.633333	−0.10375	−1.16291	有顯著差			
124								
125	k	2	3	4	5	6	8	10
126	1	17.9693	26.9755	32.8187	37.0815	40.4076	45.3973	49.0710
127	2	6.0849	8.3308	9.7980	10.8811	11.7343	13.0273	13.9885
128	3	4.5007	5.9096	6.8245	7.5017	8.0371	8.8525	9.4620
129	4	3.9265	5.0402	5.7571	6.2870	6.7064	7.3465	7.8263
130	5	3.6354	4.6017	5.2183	5.6731	6.0329	6.5823	6.9947
131	6	3.4605	4.3392	4.8956	5.3049	5.6284	6.1222	6.4931
132	7	3.3441	4.1649	4.6813	5.0601	5.3591	5.8153	6.1579
133	8	3.2612	4.0410	4.5288	4.8858	5.1672	5.5962	5.9183
134	9	3.1992	3.9485	4.4149	4.7554	5.0235	5.4319	5.7384
135	10	3.1511	3.8758	4.3266	4.6543	4.9120	5.3042	5.5984

使用步驟 5-(2) 所求出的 YardstickY 求出 $(\hat{\alpha}_1 - \hat{\alpha}_2) + Y$，$(\hat{\alpha}_1 - \hat{\alpha}_2) - Y$。

C114：= B114 + $B$97（複製至 C123）

D114：= B114 − $B$97（複製至 D123）

E114：= IF（SIGN（C114）= SIGN（D114），「有顯著差」、「無顯著差異」）（複製至 E123）

$(\hat{\alpha}_1 - \hat{\alpha}_2)$ 的信賴區間位於 + 側與 − 側之間，α_1 與 α_2 之間不能說有差異。其他則是 $(\hat{\alpha}_1 - \hat{\alpha}_2) + Y$ 與 $(\hat{\alpha}_1 - \hat{\alpha}_2) - Y$ 均為同符號，可以說組合間有顯著差，此與步驟 6 的結果一致。

步驟 8　敘述結論

由以上的解析結果，5 種洗衣粉所清洗後的 5 件 T 襯衫，其柔軟度統計上可以說有差異，並且，組合效果是顯著的，組合樣本發生何種的效果

有需要調查，但 6 位研究員的評價方式不能說有差異。

　　各樣本的位置，被估計為如圖 5.6 所示的平均嗜好度的尺度圖那樣。亦即，A5 的柔軟度最好，其次是 A4，（A2，A1），A3。關於 A1 與 A2 之間，樣本間並無顯著差，其他的組合間有顯著差，5 種樣本的柔軟度統計上的結論是 A3 <（A1，A2）< A4 < A5

第6章　XLSTAT 軟體的設定

　　此處擬介紹一種可將 Excel 作為介面使用的軟體 XLSTAT，讀者若想嘗試應用 XLSTAT 軟體，可從提供 XLSTAT 軟體的網站下載試用版，雖然只為期一個月，卻也能感受到它的魅力。

　　XLSTAT 統計分析模組提供了多種功能來增強 Excel 的分析功能，使其成為日常數據分析和統計需求的理想工具。XLSTAT 2016 具有許多新功能，可瀏覽該網站。

　　XLSTAT 有許多額外的高級模組來擴展其功能。因為它快速、可靠、易於安裝和使用，而且價格合理，XLSTAT 已經發展成為市場上最常用的統計套裝軟體之一。

　　XLSTAT 是依靠 Excel 來輸入數據和顯示結果，但計算是使用其主體組件完成的。使用 Excel 作為界面，使 XLSTAT 成為一個用戶喜愛且高效能的統計和多變量數據分析的套裝軟體。

　　XLSTAT 軟體的發行網站：https://www.xlstat.com/en/

　　Thierry Fahmy 於 1993 年開始開發 XLSTAT，同時任教於巴黎高等農業學院和加州大學柏克萊分校。在 IBM 從事資料採礦（data mining）顧問工作之後，學習了很多關於 IT 世界的知識，2002 年他開始將自己的時間全部投入 XLSTAT。多年來，XLSTAT 已經成為統計和多變量分析的焦點。所有分析師、教師、顧問、學生和統計專家都在使用 XLSTAT，因為這些專家需要有一個強大而高效能的資料分析模組。

　　XLSTAT 與目前所使用的 Microsoft Excel 版本（從 Excel 97 到 Excel 2016 開始）有相容性，並且 XLSTAT 也提供多種語言（英語、法語、德語、意大利語、日語、葡萄牙語、西班牙語等）的使用界面。XLSTAT 的強大功能來自於 C++ 編程語言和使用的算法。這些算法是數千名統計學

家、數學家、全球計算機科學家多年研究的結果。XLSTAT 的新功能於開發之前都有一個深入的研究階段，有時甚至包括與領先專家的交流。

XLSTAT 不愧是 Excel 中統計分析軟體的領導者，自 1993 年以來，XLSTAT 團隊一直致力於爲來自 100 多個國家的客戶提供強大、多功能以及能讓用戶感到友善和經濟實惠的軟體，以滿足用戶的所有統計需求。如眾所熟知，MS Excel 是世界上最常用的數據處理與資料儲存的表格（90% 市占率），XLSTAT 卻可以與它無縫接軌。XLSTAT 擁有超過 200 種程式和高級統計工具，使您可以輕鬆地在 Excel 中分析和重新格式化數據。此外，XLSTAT 兼容 PC 和 Mac。

XLSTA 採用先進的計算技術，使您以無與倫比的速度獲得可行的結果，今天 XLSTAT 爲您提供各式各樣的行業／現場所需的模組，讓統計軟體的方式改變你的工作方式，達成您的工作目標。

以下介紹 XLSTAT 的安裝。

步驟 1 當 XLSTAT 軟體輸入完成後，點一下增益集。

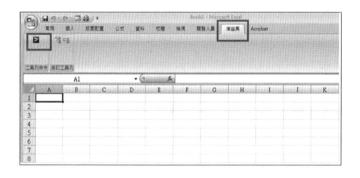

步驟 2 出現一個圖像 。點此圖像出現如下視窗。

步驟 3　按〔OK〕，會出現工具清單。

或按功能表指令列，會出現所需的模組。

步驟 4 點選模組或工具清單即可執行相對應的分析。

　　以下章節主要是以感官分析所需的模組加以介紹，其他模組可參閱 XLSTAT 的說明。

第7章 感官分析的實驗設計

　　本章將幫助您使用 XLSTAT 統計軟體在 Excel 中進行感官分析的實驗設計（**DOE for sensory data analysis**）。實驗設計是想要確保任何人所收集的數據能以最佳方式使之在統計上成為可行的基本步驟。

　　該工具旨在為感官分析專家提供一個簡單而強大的工具，以便在評審員（專家和／或消費者）評估一組產品時，進行感官評估。

　　如果您想要一組消費者評估一組產品，例如 8 個，所出現的第一個問題是涉及適當人數的消費者，因可能存在技術限制或預算限制。一旦定義了消費者的人數，例如 60 人，接著，出現的下一個問題是找到消費者在每個時段可以評估的最大產品數量。由於生理上的限制：消費者（即使是受過培訓的）可能並不一定保持其感官能力，以便一次評估太多的產品。想像一下，實驗呈現每一個區段（**session**）3 個產品是最大值，因而只能安排兩個區段。每個消費者可以評估最多 6 個產品。

　　仍然要確定每個區段中，60 位消費者中的每一位以及以什麼順序評估哪些產品。為了避免對某些產品造成損害，我們應該確保在每個區段於三個不同的位置盡可能多樣地看到產品。

　　因此，當生成計畫時，我們嘗試調和以下三個要求：

1. 產品必須盡可能被較多的評審員看到，不同產品的整體次數盡可能均勻。

2. 在每個區段，必須以不同的順序看到每個產品，每對產品的總體次數（訂單、產品）盡可能均勻。

3. 產品的不同序對（ordered pairs），必須存在於實驗設計中，次數盡可能均勻。

7.1 用於感官分析實驗設計的數據集

具有分析結果的 Excel 試算表可以從檔案 sensory.xls 點擊下載。

7.2 建立感官分析實驗設計

步驟 1 打開 XLSTAT 後，單擊選項中的 Sensory data analysis 按鈕，然後選擇 DOE for sensory data analysis 進行分析（見下文）。

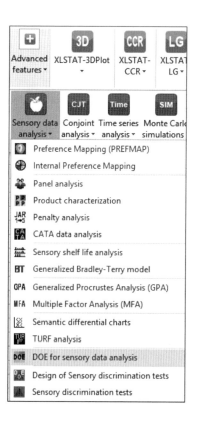

　　單擊按鈕後，將出現對話框。輸入產品數量，每名評審員測試的產品
數量，評審員人數和時區數（sessions）。

步驟 2　在選項中，我們選擇快速算法，行列式和 λ 為 0.5（有關更多詳
細訊息，請參閱 XLSTAT 的 help）。

一旦點擊了**確定**按鈕，計算開始。然後顯示結果。

7.3 解釋建議的實驗設計

首先顯示所有區段的結果，其次是每個時段的結果。XLSTAT 顯示的第一個結果是具有 A 效率和 D 效率標準的表。

Design evaluation:	
A-Efficiency	0,761
D-Efficiency	0,825

第二個表包含已生成的設計。每行對應一個評審員，每一列對應一個實驗。有 60 行和 3 * 2 列。您可以在下面找到此表的萃取。

Judges x Ranks table:

	R1(S1)	R2(S1)	R3(S1)	R1(S2)	R2(S2)	R3(S2)
J1	P4	P5	P7	P1	P2	P8
J2	P1	P2	P8	P5	P4	P7
J3	P5	P3	P1	P8	P4	P7
J4	P7	P8	P4	P5	P3	P1
J5	P2	P4	P3	P5	P6	P8
J6	P5	P8	P6	P4	P3	P2
J7	P3	P4	P7	P6	P5	P2
J8	P5	P2	P6	P7	P3	P4
J9	P6	P1	P3	P7	P2	P5
J10	P7	P2	P5	P1	P6	P3
J11	P3	P8	P2	P4	P5	P6
J12	P6	P4	P5	P3	P8	P2
J13	P3	P6	P7	P4	P2	P8
J14	P8	P4	P2	P6	P7	P3
J15	P1	P2	P3	P6	P4	P8

可以使用此表來運行實驗。

下表是為了更好理解前面的表而加以顯示者。他們是與兩個區段有

關。同意表（Concurrence table）顯示了同一名評審員對兩種產品進行了多少次評級。

Concurrence table:								
	P1	P2	P3	P4	P5	P6	P7	P8
P1	46							
P2	14	46						
P3	14	12	44					
P4	14	14	14	46				
P5	12	12	12	12	44			
P6	12	12	12	12	14	44		
P7	14	16	12	14	12	12	46	
P8	12	12	12	12	14	14	12	44

列次數表（Column frequency table）顯示每個產品在實驗的給定步驟被評級的次數。它應該盡可能接近一個恆定的表。

Column frequency table:			
	R1	R2	R3
P1	15	15	16
P2	15	15	16
P3	14	16	14
P4	16	15	15
P5	14	15	15
P6	16	14	14
P7	15	15	16
P8	15	15	14

結算表（Carry-over table）顯示了每個產品在另一個產品之後被評估的次數。它應該盡可能接近一個恆定的表。

Carry-over table:

	P1	P2	P3	P4	P5	P6	P7	P8
P1	0	4	4	4	4	4	6	4
P2	5	0	4	4	4	4	4	5
P3	4	4	0	5	5	4	4	4
P4	4	5	4	0	5	4	5	4
P5	4	4	4	5	0	4	4	4
P6	5	4	5	4	4	0	4	4
P7	4	6	4	4	4	4	0	4
P8	5	4	5	4	4	4	4	0

　　一旦記錄了評審員給出的評分，設計表可以稍後用於變異數分析。它包括 4 列（區段、評審員、等級和產品），並具有 2 * 60 * 3 = 360 行。一旦表格完成了評估，您可以使用 XLSTAT-Pro 的 ANOVA 功能或 XLSTAT-Sensory 數據分析中包含的「產品表徵」工具來比較產品。

Design table:

Session	Judge	Rank	Product
1	J1	1	P4
1	J1	2	P5
1	J1	3	P7
1	J2	1	P1
1	J2	2	P2
1	J2	3	P8
1	J3	1	P5
1	J3	2	P3
1	J3	3	P1
1	J4	1	P7
1	J4	2	P8
1	J4	3	P4
1	J5	1	P2
1	J5	2	P4
1	J5	3	P3
1	J6	1	P5
1	J6	2	P8
1	J6	3	P6

　　其餘輸出對應於每個對話框的細節。

第8章　感官追蹤分析

追蹤研究（**panel study**）乃是在不同時間點針對相同人群或樣本進行橫斷面資料的蒐集。使用此**感官追蹤分析**（**sensory panel analysis**）工具檢查您的感官或身為消費者的評審小組是否能分辨一系列產品。如果是這樣，那麼可衡量到什麼程度，並能確保評審員給出的評分是可靠的。

8.1　數據輸入

本章中使用的數據是由對服裝行業有感官測試經驗的 15 名滑雪運動員（以下簡稱評審員）對 14 種溜冰鞋進行評估。15 名評審員使用了 6 個評項（indicator）來評估溜冰鞋。

數據檔參 panel.xls，從中可下載 Excel 試算表與分析結果。

8.2　感官追蹤分析的步驟

步驟 1　啓動 **XLSTAT** 後，選擇 **XLSTAT-Sensory data analysis ／ Panel analysis** 指令（見下文），或單擊 **XLSTAT-Sensory data analysis** 工具欄的相應按鈕。

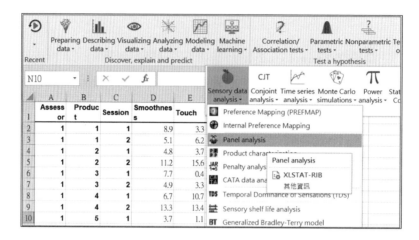

步驟 2　點擊按鈕後，出現對話框。選擇 Excel 表上的數據。由於區段
　　　　（session）因素在這裡有所使用，我們啓動該選項並選擇相應的
　　　　行。

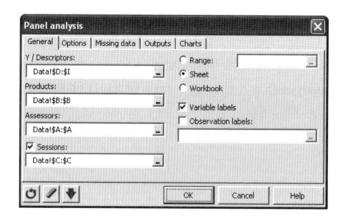

步驟 3　點選**選項**（options），選擇第 2 個模式。

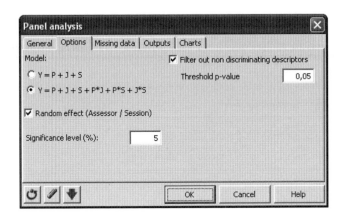

根據您是否選擇「區段」（session），您想要一個具有或不具有因素之間的交互的模型，以及您是否認為評審員（assessor）和區段（重複）是隨機的或是固定的效應，因而可能會有幾個模型。隨機因子被認為是隨機變量，其平均值為 0，變異數已知。這意味著一旦考慮了產品效應，其他影響純粹是由於隨機化的。這只有在考慮到評審員之間或區段之間沒有結構性差異的情況下才有效。這些假設可以在下面的分析中進行檢查。

步驟 4　單擊**確定**按鈕後，計算開始。

8.3　解釋感官追蹤分析的結果

第一個表格是對應於各種輸入變量的基本匯總統計資訊。您可以使用關於最小值和最大值的資訊，以利確保評項（descriptor）沒有荒謬的值。

步驟 1　依次對每個評項在整個數據集上的 ANOVA 進行運算，以便識別沒有產品效應的評項。對每個評項來說，就所選擇的模型顯示其變異數分析的類型：III Sum of Squares analysis 的表格。如果對於評項來說沒有產品效應，意思是說如果 p 值高於給定閾值，則

只要在對話框的「選項」的選項卡中選擇相應的選項，該評項就可以從分析中刪除。下表是**對應於 S 的平滑度（smoothness）表**。

ANOVA with Smoothness as dependent variable to evaluate effects / Model: Y=μ+P+J+S+P*J+P*S+J*S (J, S, P*J, P*S, J*S are random factors):

Mixed Models - Type III Sum of Squares analysis:

Source	Type	DF	m of squar	ean squar	ean squar	F	Pr > F
Products	Fixed	13	1974,252	151,866	sigma2 + 3	7,898	< 0,0001
Assessors	Random	14	913,799	65,271	sigma2 + 5	4,602	< 0,0001
Sessions	Random	1	0,522	0,522	sigma2 + 4	0,037	0,848
Products*	Random	182	3499,750	19,229	sigma2 + 3	1,356	0,017
Error		209	2964,316	14,183	sigma2		

　　然後，匯總表允許比較不同評項的產品效應的 p 值。下面的分析僅對能識別產品的評項所進行。對於在對話框中輸入該閾值時，意指 p 值低於 0.05 的所有評項。在特定的情況下，所有評項都有一個產品效應，所以所有評項都將保留於下一步驟。

Identification of the descriptors for which there is a product effect:

	Smoothnes	Touch	eet feelin	Elasticity	Hot feelin	Closing
F	7,898	31,347	62,699	47,976	20,356	29,046
Pr > F	< 0,0001	< 0,0001	< 0,0001	< 0,0001	< 0,0001	< 0,0001

步驟 2　其中包含了圖形分析。對於 6 個評項，顯示箱形圖和條形圖。因此，我們可以看到對於每個評項，不同的評審員使用評級量表來評估不同的產品。在平滑度的箱形圖上，我們可以看到，評審員 9 和 15 雖然具有相似的平均值，但是使用不同的評級量表。我們還可以看到，評審員 3、4、5、6 和 7 在使用相似範圍的評級時，傾向於以不同的位置進行評估。當然，這樣的圖形不會告訴你任何關於評審員之間的認同：你可以看到一個案例，雖然，箱形圖看起來是非常相似的，產品對應於評審員的最小值（最小值和最

大值顯示於箱形圖上的黑點）也可能對應於其他評審員的最大值。

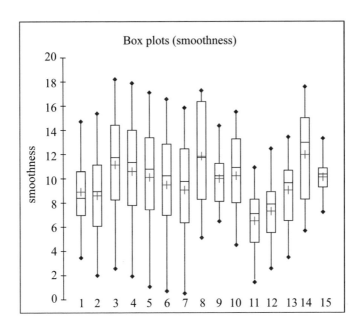

我們現在想檢查評審員是否同意不同的評項，以及評項如何帶來不同的評級可能性（彼此間是否相關）。

步驟 3　開始於數據表的重組，為了使表的行包含有每個產品以及列包含有每對的評審員和評項——如果有幾個區段（sessions），該表包含平均值——隨後 PCA 會在同一表中。PCA 是在標準化的數據上執行。

下面顯示的圖表對應於每個評項所複製的相同的 PCA 相關圖，紅色突顯的 15 對（評審員、評項）對應標題中提到的評項。一旦排除了位置和比例的影響（因為 PCA 是在標準化數據上執行），就可以在一個步驟中檢查評審員對所有評項的認同程度。

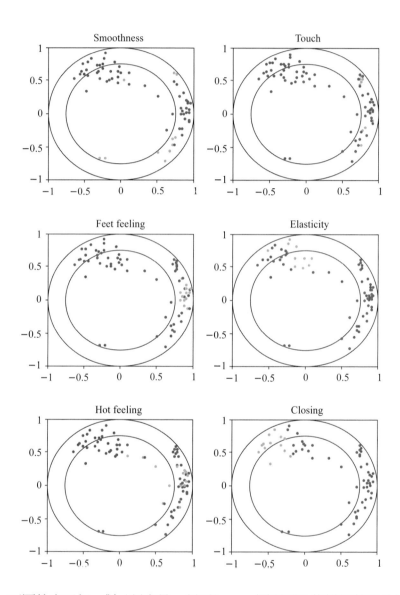

下圖給出了每一對（評審員、評項）PCA 圖所顯示的變異數百分比。
在深灰色中，您可以看到由第一個軸承載的 %，以淺灰色顯示由第二個

軸承載的變異數的百分比。我們看到，為了平滑（Smoothness），有不同的評估組，評審員（8、9、10）與第二軸有關，但仍然表現不佳。我們還可以確認彈性（Elasticity）和關閉（Closing）是緊密相連的，並由第二軸所承載。

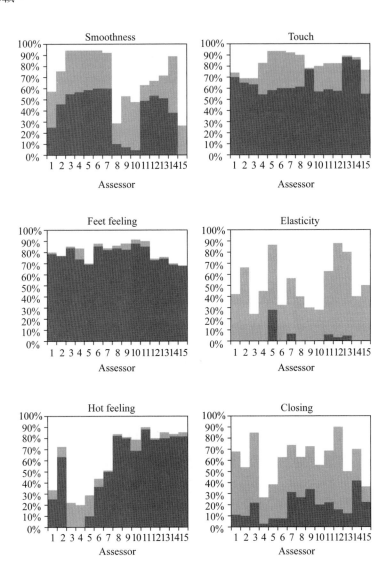

　　為了更精確地研究評項之間的關係，顯示了評項的 MFA（多因素分析）圖。MFA 基於一個表，其中存在與評項一樣多的子表，對每個子表來說，每個產品（行）的平均值包含於每個評審員（列）中。（有關多因素分析的說明參 XLSTAT）。

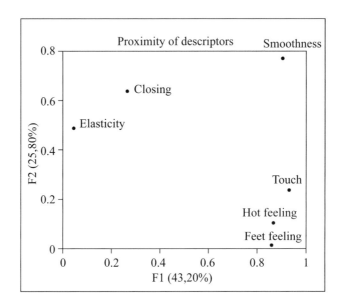

步驟 4　分別對每個評審員執行變異數分析，對於 6 個評項中的每一個，為了檢查是否存在產品效應，每個評審員使用了可用的評項以驗證是否能夠識別產品。每個評審員都會顯示一個表格，以顯示各種評項是否存在產品效應。如果 p 值低於對話框的「選項」選項卡中定義的閾值，則以粗體顯示。以粗體顯示的 p 值對應於評審員能夠識別產品的評項。下表是對應於評審員 1 的表格。我們可以看到，該評審員能夠識別使用腳的感覺（Feet-feeling）和彈性（Elasticity）的產品。

Ability to discriminate products for assessor 1:

	Smoothnes	Touch	eet feelin	Elasticity	Hot feelin	Closing	
MSE	9,901	26,948	6,016	5,112	8,648	18,211	
F	1,672	0,924	8,739	10,495	1,420	1,897	
Pr > F	0,176	0,554	**0,000**	**< 0,0001**	0,261	0,124	

Values displayed in bold correspond to products that are discriminated by the assessor

　　然後，使用匯總表來計算每個評審員他能夠識別產品的評項數量。顯示有相對應的百分比。這個百分比是評審員的識別力的簡單測量。然後，百分比顯示在條形圖上。

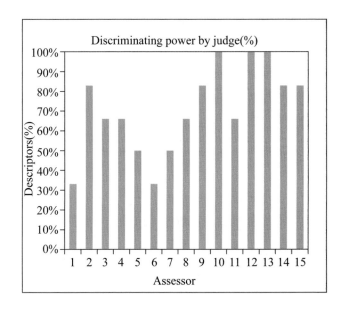

步驟 5　一個總體表首先列出行中每個評審員（在可用的情形下，整個區段的平均），以及列中的每對（產品、評項）的評級。之後是一系列表格和圖表，就每個評項依產品、評審員去比較。這些圖表

可用於識別一些評審員的強烈傾向和可能的非定型評級。虛線對應於圖表左上角的列表中所選擇的評審員感興趣的產品和黑線對應所有評審員的平均值。在下面的例子中，我們可以看到評審員10對產品7的評估低於平滑（Smoothness）和觸摸（Touch）的平均值，並且接近其他評項的平均值。

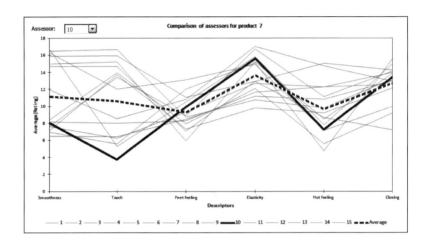

步驟 6 透過各產品的量測，在所有的評項中，利用各評審員到所有評審員的平均的歐幾里德距離，可以識別特殊的評審員。下圖顯示了這些距離。距離越小，評審員越接近共識（重心）。值 0 對應於所有評審員的平均值。如果對於給定的產品，所有評審員將爲所有評項賦予相同的評級時，對於該產品，Min 和 Max 將成爲 0。如果評審員將準確地給出與其他評項相對應的平均值，該產品的最小值即爲零。在下面的例子中，我們看到評審員 4 並不同意其他評審員，但產品 10 的評級更接近於平均水準。

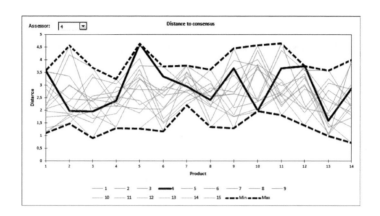

步驟 7　由於選擇了「區段」的變量，所以本步驟是檢查一些評審員是否存在有區段效應，通常是順序效應。這是使用 Wilcoxon 符號順位檢定進行評估，因為只有兩個區段（在 3 次或更多次區段的情況下使用 Friedman 檢定）。對所有產品按評項進行檢定。在下表中可以看到，對於 6 個中的 4 個評項，基於無母數檢定，評審員 1 存在有區段效應。我們還可以看到，對於腳的感覺（Feet-feeling），15 人中有 9 名評審員是有區段效應。

Assessor\Descri	moothnes	Touch	eet feelin	Elasticity	Hot feelin	Closing
1	0,167	**0,002**	**0,001**	0,542	**0,022**	**0,000**
2	0,241	0,153	0,090	0,078	**0,012**	0,753
3	0,426	0,149	**0,001**	0,058	0,583	**0,001**
4	0,358	0,414	0,391	**0,049**	0,583	0,194
5	0,326	0,490	**0,018**	**0,024**	0,583	**0,025**
6	0,530	0,463	**0,002**	0,379	**0,000**	**0,041**
7	0,502	0,502	0,952	0,637	**0,007**	0,542
8	0,903	0,173	0,074	0,167	0,116	0,761
9	0,241	0,706	0,103	0,637	0,132	**0,006**
10	0,326	0,173	**0,042**	**0,035**	**0,028**	0,414
11	0,730	0,286	**0,022**	1,000	**0,000**	**0,001**
12	0,379	0,258	**0,042**	0,551	0,286	0,626
13	0,571	0,414	**0,041**	1,000	0,900	0,083
14	0,135	0,594	**0,035**	0,670	0,706	0,391
15	0,358	0,808	0,530	0,730	0,426	0,358

Values displayed in bold are significant at the level alpha=0,05

　　然後，對於每個評審員和每個評項，我們計算哪個是產品之間、區段之間的最大觀察範圍。透過將滑鼠停在每個單元格中顯示的紅色三角形上，可以看到與最大範圍相對應的產品。例如，我們看到，評審員 15 在平滑方面有很高的範圍，並且它對應於產品 8。在事例中，我們看到大多數的成對（評審員、評項）有很高的範圍。這使人懷疑這個調查的有效性是有問題的。

Assessor\Descri	moothnes	Touch	eet feelin	Elasticity	Hot feeling	Closing
1	10,100	15,200	7,500	4,800	8,100	10,000
2	10,800	10,100	9,200	5,300	7,900	4,600
3	13,000	10,100	9,800	8,900	10,050	8,700
4	12,300	8,900	8,100	9,600	10,000	11,900
5	12,150	12,900	8,300	14,900	13,500	12,000
6	12,550	12,850	8,000	7,500	10,300	8,900
7	12,900	12,900	8,100	14,800	13,900	7,200
8	6,400	11,900	4,950	13,800	6,400	13,900
9	13,600	5,600	5,000	8,800	5,000	8,000
10	6,300	6,350	4,900	7,000	6,200	9,200
11	2,900	6,400	4,300	3,400	9,400	6,900
12	3,900	6,200	5,000	7,700	9,100	8,400
13	2,900	11,900	5,200	5,100	10,100	7,100
14	6,000	11,100	5,200	14,400	9,200	7,500
15	16,600	9,100	5,000	10,300	10,200	12,300

　　至於每 3 個的組（評審員、產品、評項）至少存在一個評級。

步驟 8　包括評審員的分類。首先對原始數據進行分類，然後對標準化數據進行分類，以消除尺度和位置的可能影響。

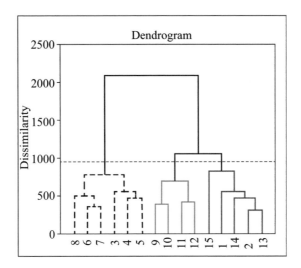

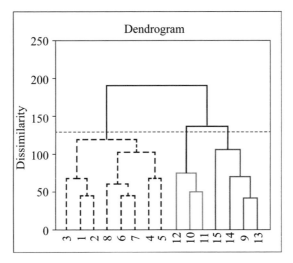

最後，如果要運行 GPA，則會顯示一個預先格式化以執行廣義 Procrustean 分析（GPA）的表。（有關廣義 Procrustean 分析（GPA）的說明參 XLSTAT）。

第9章　語意差異圖

心理學家 Charles E. Osgood 開發了可視化的語意差異圖的方法（semantic differential chart），以便對給予的用語繪製個人內涵之間的差異。在應用該方法時，Osgood 要求參與者從一個極端到另一個極端（例如有利／不利）的一系列尺度上描述一個用語。當模式從一個人到另一個人或從一群人到另一群人的模式有顯著差異時，Osgood 是將語意差異解釋為個人或群體之間在心理甚至行為距離上的映射。

該方法也可用於各種應用面上：

1. 產品（例如酸奶）由一系列基準（例如：酸度、鹽度、甜度、柔軟度）所描述，在類似的尺度（從一個極端到另一個，或類似的喜好量表）上，對專家的認知給予分析。語意差異圖將允許快速查看哪些專家同意，並且獲得顯著不同的模式。
2. 使用者滿意度調查後的調查分析。
3. 在招聘時段候選人的輪廓分析。

可以通過點擊數據檔 semantic differential.xls 下載具有數據和結果的 Excel 試算表。

9.1　用於建立語意差異圖的數據集

本章中使用的數據對應於一項調查，其中有 6 名專家被要求使用 6 個評項（descriptors）評估產品。結果顯示在表格中（見下文）。

表 9.1   6 名專家被要求使用 6 個評項（descriptors）評估產品

	Smell	Taste	Unctuous	Sweetness	Fruitiness	Color
Expert1	5	4	2	8	2	3
Expert2	6	9	5	3	8	1
Expert3	2	9	10	7	7	4
Expert4	6	4	5	6	4	6
Expert5	4	6	6	4	5	3

9.2　語意差異圖的目的

我們的目標是快速看出評審員之間是否有差異。

9.3　語意差異圖的用法

步驟 1　要啓動語意差異圖對話框，請啓動 XLSTAT，然後選擇 XLSTAT ／ Sensory data analysis ／ Semantic differential charts 指令或 Visualizing data ／ Semantic differential charts。

點擊按鈕後，出現對話框。

步驟 2　選擇 Excel 表上的數據。由於屬性（評項）對應於列，對象（這裡是專家）對應於行，因此不需要更改「行」選項。

選擇專家的標籤，並且包括標題，即使是空白，因爲**列標籤**選項被勾選。

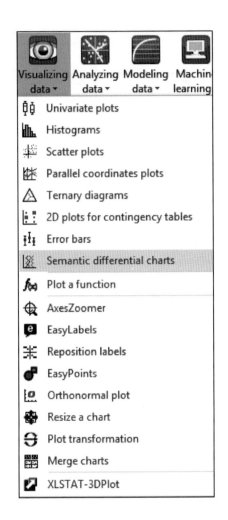

單擊**確定**按鈕後，將顯示語意差異圖。

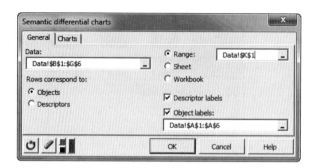

9.4 解釋語意差異圖

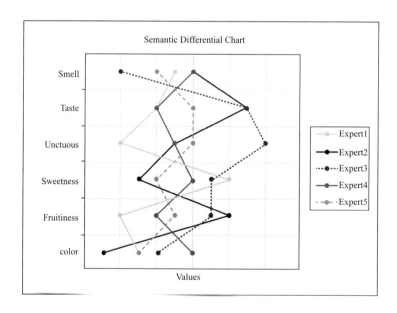

我們可以看到，大多數專家提出了不同的意見。只有專家 4 和 5 給了類似的評價。

第10章　感官判別檢定

　　釀酒商希望將新啤酒商業化，並想知道消費者是否能夠將新產品與自己的產品系列的啤酒區分開來。為了檢定啤酒相似的假設，擬使用三角形檢定（**triangle test**）法。

10.1　三角形檢定目的

　　這個分析的目的是首先產生一個嘗試性的設計來品嚐啤酒，然後分析結果，以了解兩種產品是否被很好地區分開來。

　　在三角形檢定中，三個樣本以不同的順序呈現給每位評審員。在這些樣本中，兩個是相似的，第三個是不同的。評審員必須確定不同於其他樣本的樣本。

10.2　三角形檢定的設計

步驟 1　一旦 XLSTAT 被啟動，選擇 XLSTAT-Sensory data analysis ／ Design of Sensory discrimination tests（見下文），或單擊 XLSTAT-Sensory data analysis 工具欄的相應按鈕。

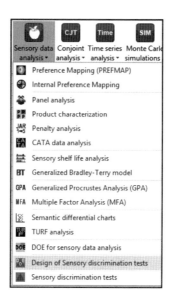

點擊按鈕後,出現對話框。

步驟 2 選擇三角形檢定,該研究中的評審員人數 20。您也可以選擇產品的名稱(在我們的例子中爲啤酒 1 / 啤酒 2)。

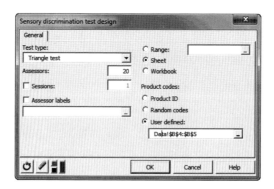

單擊**確定**按鈕後，計算開始，結果顯示在新的 Excel 試算表上。

10.3　執行三角形檢定

獲得的表格可以爲您準備 20 名評審員執行檢定。每位審查員按照指定的順序品嚐 3 個樣本。如果審查員認定單獨的樣本，則最後一列應以特定值完成（我們在本案例中使用 +），如果審查員不能識別好樣本，則在最後一列中也添加了特定值的表（在例子中，我們使用 −）。這些值可以是任何值取決於使用者的選擇。

	Product 1	Product 2	Product 3	Correct / Incorrect
J1	Beer 1	Beer 2	Beer 2	
J2	Beer 1	Beer 2	Beer 2	
J3	Beer 2	Beer 2	Beer 1	
J4	Beer 2	Beer 1	Beer 1	
J5	Beer 1	Beer 1	Beer 2	
J6	Beer 1	Beer 2	Beer 2	
J7	Beer 1	Beer 2	Beer 1	
J8	Beer 2	Beer 1	Beer 2	
J9	Beer 2	Beer 2	Beer 1	
J10	Beer 2	Beer 1	Beer 2	
J11	Beer 2	Beer 1	Beer 2	
J12	Beer 1	Beer 1	Beer 2	
J13	Beer 1	Beer 2	Beer 2	
J14	Beer 1	Beer 2	Beer 2	
J15	Beer 2	Beer 1	Beer 1	
J16	Beer 1	Beer 2	Beer 1	
J17	Beer 2	Beer 1	Beer 2	
J18	Beer 1	Beer 2	Beer 2	
J19	Beer 1	Beer 1	Beer 2	
J20	Beer 1	Beer 2	Beer 1	

Identify the product that differs from the others.

Sensory discrimination test design:

表格完成後，您可以分析獲得的品嚐結果。

10.4 設定三角形檢定

步驟 3 選擇 XLSTAT-Sensory data analysis ╱ Sensory discrimination tests
指令（見下文），或單擊 XLSTAT-Sensory data analysis 工具欄中
的相應按鈕。

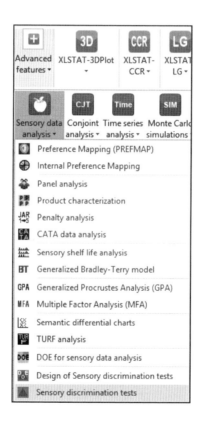

點擊按鈕後，出現對話框。

步驟 4 選擇三角形檢定，將使用 Thurstonian 模型。我們在相應的框中

選擇設計的最後一列，並將 + 代碼添加爲正確。其他數據輸入可
以用作正確答案的數量或正確答案的比例。

Sensory discrimination test design:

	Product 1	Product 2	Product 3	Correct / Incorrect
J1	Beer 1	Beer 2	Beer 2	+
J2	Beer 1	Beer 2	Beer 2	+
J3	Beer 2	Beer 2	Beer 1	+
J4	Beer 2	Beer 1	Beer 1	-
J5	Beer 1	Beer 1	Beer 2	-
J6	Beer 1	Beer 2	Beer 2	-
J7	Beer 1	Beer 2	Beer 1	+
J8	Beer 2	Beer 1	Beer 2	+

我們希望估計 d' 和判別機率，所以我們選擇估計選項並使用精確的
二項分配。有關這些概念的更多詳細訊息，請查看 XLSTAT 的 help。

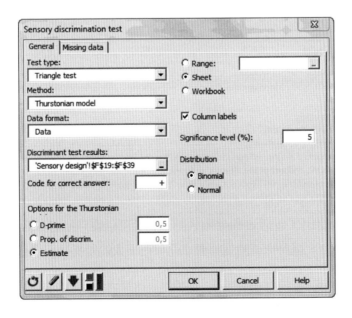

單擊確定按鈕後，計算開始，結果顯示在新的 Excel 工作表上。

10.5　三角形檢定的解釋

第一張表彙總了所選定的選項。

Summary of selected options:

Test	Triangle test
Number of asses:	20
Prop. of correct	0,75
Guessing probabi	0,333333333

然後得出檢定結果和解釋。在我們的 p 值小於 0.05 的情況下，我們可以拒絕 d' 等於零的虛無假設。這意味著每個啤酒都不是來自常態分配。因此，我們可以拒絕啤酒相似的假設。

Prop. of discrim.	0,625
p-value	0,001
alpha	0,050
Power	0,986

Test interpretation:
HO: D-prime is equal to 0.
Ha: D-prime is greater then 0.
As the computed p-value is lower than the significance level alpha=0,05, one should reject the null hypothesis HO, and accept the alternative hypothesis Ha.
The risk to reject the null hypothesis HO while it is true is lower than 0,09%.

下表給出了包括 d' 的參數估計。我們可以看到所有參數都大於 0。d' 幾乎等於 3，這意味著兩個啤酒之間存在很大的差異（二個標準誤差）。

Estimated parameter (Thurstonian model):

Parameters	Value	Std. deviation	Lower bound (95%)	Upper bound (95%)
Prop. of correct	0,750	0,097	0,669	0,831
Prop. of discrim.	0,625	0,145	0,443	0,807
D-prime	2,797	0,599	2,047	3,548

　　該檢定的結論是消費者將新啤酒與舊啤酒區分開來。啤酒廠可以假設這種新產品將被消費者很清楚地判別。

第11章 CATA 分析

自 2007 年以來，由 Adams 等人提出的 **CATA**（**Check-All-That-Apply**：勾選所有符合項目）調查，越來越受到感官評價的歡迎。CATA 調查允許專注於具有市場代表性的消費者，而不是受過訓練的評審員。他們很容易被安排且方便參與者回答。原則是每位評審員都收到一份調查表，其中有受訪者可能會感覺到的屬性或評項（indicator），這些屬性或評項適用於一種或多種產品。如果是這樣，他／她只需要勾選屬性，否則他／她不需要做任何事情。可以添加不同尺度的其他問題，以便將屬性與偏好及偏好分數相結合。如果要求參與者對研究的每個產品給出總體評價，便可以進一步分析和偏好建模（preference modelling）。Ares 等人（2014 年）建議 CATA 問題的順序，隨機分配給每位評審員以提高重現性。

11.1 XLSTAT 中執行 CATA 分析的數據集

在本章中，我們使用 Ares 等提供的數據（2014）。它們是對應於 119 個消費者，針對 15 個屬性的 6 個產品（5 個正常和 1 個理想）進行評估。數據以二進制格式記錄（0：屬性未勾選；1：屬性勾選）。此外，每位消費者對每個產品（理想的除外）的整體評分（0-10）。

數據採用垂直格式，這意味著每位消費者和產品的組合都有一行。本章的目的是進行 **CATA** 分析，以表徵消費者檢定的產品。

可以通過點擊檔案 CATA.xls 下載具有數據和結果的 Excel 試算表。

11.2 在 XLSTAT 中設定 CATA 分析

步驟 1 要進行 CATA 分析，請單擊 XLSTAT-Sensory data analysis ╱ CATA data analysis 指令。

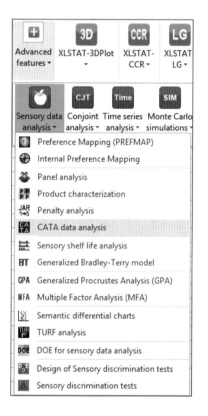

步驟 2 在「一般」的選項中，首先確保選擇垂直數據格式。在 CATA data 方框中，選擇屬性表。然後分別在「評審員」、「產品」和「偏好」數據方框中，選擇「consumer」、「sample」和「liking」列。在「理想產品」方框中掌握理想的產品評項。

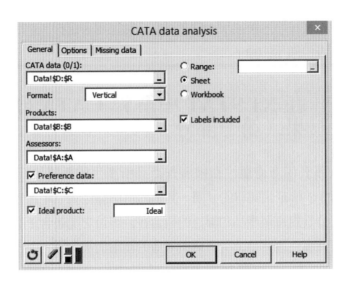

步驟 3　在選項 (1) 中，選擇對應分析的卡方距離。

　　單擊**確定**按鈕。將出現一個對話框，供使用者選擇，並驗證要在對應分析的圖表中顯示的軸。

11.3　在 XLSTAT 中解釋 CATA 分析的結果（第一部分）

　　第一張表僅考慮屬性和被調查產品所產生的數據。第一欄包含與 Cochran 的 Q 檢定相關聯的 p 值，其對於每個屬性獨立地比較產品。表中的剩餘部分是對每個產品和屬性的組合在評審員之間包含 1 的比例。高比例意味著該屬性經常是消費者為所考慮的產品而被勾選。

表 11.1　考慮屬性和被調查產品所產生的數據

Cochran's Q test for each attribute:

Attributes	p-values	106	257	366	548	992
Firm	0.000	0.655 (b)	0.681 (b)	0.193 (a)	0.697 (b)	0.185 (a)
Juicy	0.000	0.487 (a)	0.630 (ab)	0.521 (a)	0.756 (b)	0.479 (a)
Sweet	0.000	0.050 (a)	0.319 (b)	0.319 (b)	0.395 (b)	0.613 (c)
Bitter	0.000	0.185 (b)	0.050 (a)	0.059 (a)	0.101 (ab)	0.034 (a)
Intense odour	0.191	0.084 (a)	0.126 (a)	0.050 (a)	0.076 (a)	0.076 (a)
Sour	0.000	0.798 (c)	0.521 (b)	0.067 (a)	0.118 (a)	0.034 (a)
Crispy	0.000	0.462 (b)	0.664 (c)	0.168 (a)	0.555 (bc)	0.109 (a)
Tasty	0.002	0.252 (a)	0.429 (bc)	0.261 (ab)	0.437 (c)	0.311 (abc)
Grainy	0.000	0.017 (a)	0.025 (a)	0.151 (b)	0.008 (a)	0.244 (b)
Soft	0.000	0.017 (a)	0.008 (a)	0.487 (b)	0.017 (a)	0.454 (b)
Odourless	0.210	0.143 (a)	0.134 (a)	0.218 (a)	0.143 (a)	0.143 (a)
Tasteless	0.000	0.084 (a)	0.042 (a)	0.311 (b)	0.092 (a)	0.101 (a)
Mealy	0.000	0.008 (a)	0.008 (a)	0.361 (b)	0 (a)	0.580 (c)
Apple flavour	0.000	0.143 (a)	0.445 (c)	0.252 (ab)	0.403 (bc)	0.370 (bc)
Astringent	0.000	0.160 (b)	0.084 (ab)	0.025 (a)	0.067 (a)	0.008 (a)

　　對於已知的屬性，Cochran 的 Q 檢定允許檢定解釋變量（產品）對消費者是否感覺到屬性的影響。超出顯著閾值的低 p 值表明產品彼此顯著不同。如果 p 值很大，則使用者可能會對表的單元格內的小寫字母進行多次成對比較：對兩個產品共有相同字母則沒有顯著差異，兩種產品沒有共有

字母則有顯著差異。

　　我們可以看到除了兩個與嗅覺（無臭和強烈的氣味）有關的所有屬性，都與 0.05 的顯著 p 值有關。例如，如果我們考慮脆性屬性，我們看到產品 257 是「最脆」的，但遠不及 548（勾選字母）脆。產品 992 和 366 是最不脆的，並沒有顯著的差異。

　　以下交叉表是評審員之間的屬性表之總和。它用於構建一個對應分析（Correspondence Analysis, CA）。

　　檢定行和列之間的獨立性（此結果目前僅適用於古典 CA（使用卡方距離））。由於 p 值低於顯著水準（0.05），我們得出結論，產品之間在感官特徵方面存在真正的差異。

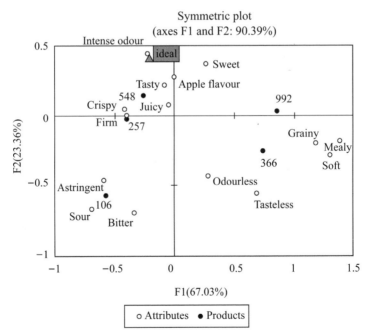

圖 11.1　評審員之間的屬性表之總和

　　特徵值（**eigenvalue**）表和對應圖（**corresponding plot**）可以驗證分析的品質。分析的品質良好（以前面兩個維度解釋總變異的 90.39%）。根據分析的圖表，理想的產品應該比較美味、多汁、酥脆、堅實甜美、具有較強的氣味和蘋果味。

　　另一方面，比較上它不應該是酸、苦、澀、粒狀、軟、粉、無味或無臭。產品 548 似乎是最理想的產品，而產品 106 則遠離，因為其相對地屬於苦味、酸味和澀味。產品 366 和 992 也遠離理想產品。

　　然後，顯示包括屬性（四次相關）和偏好評分（雙向相關，最後一行）的相關矩陣。我們看到一些強烈的相關性。酸與甜之間的負相關顯示當人們嚐酸時，他們不會嚐甜，反之亦然。喜歡分數似乎是積極的──雖然在對應分析（多汁、美味、蘋果味道）中與理想產品相關的屬性呈現弱相關。

表 11.2　特徵值表和對應圖可以驗證分析的品質

Correlations:

	Firm	Juicy	Sweet	Bitter	Intense odou	Sour	Crispy	Tasty	Grainy	Soft	Odourless	Tasteless	Mealy	Apple flavou	Astringent	Liking
Firm	1	0.468	-0.005	-0.125	0.318	0.417	0.601	0.329	-0.552	-0.697	-0.033	-0.314	-0.655	0.203	0.329	0.275
Juicy	0.468	1	0.315	-0.355	0.261	-0.147	0.387	0.470	-0.426	-0.290	-0.026	-0.480	-0.372	0.413	-0.208	0.426
Sweet	-0.005	0.315	1	-0.471	0.344	-0.558	0.011	0.433	-0.058	0.150	-0.212	-0.442	0.152	0.429	-0.264	0.341
Bitter	-0.125	-0.355	-0.471	1	0.114	0.182	-0.084	-0.469	-0.115	-0.281	0.086	0.242	-0.216	-0.405	0.414	-0.193
Intense od	0.318	0.261	0.344	0.114	1	-0.002	0.163	0.240	-0.198	-0.113	-0.265	-0.857	-0.016	0.209	-0.032	0.126
Sour	0.417	-0.147	-0.558	0.182	-0.002	1	0.270	-0.157	-0.499	-0.583	0.008	-0.252	-0.574	-0.191	0.454	-0.075
Crispy	0.601	0.387	0.011	-0.084	0.163	0.270	1	0.327	-0.638	-0.700	0.011	-0.450	-0.692	0.236	0.252	0.246
Tasty	0.329	0.470	0.433	-0.469	0.240	-0.157	0.327	1	-0.435	-0.289	-0.188	-0.732	-0.332	0.422	-0.220	0.447
Grainy	-0.552	-0.426	-0.058	-0.115	-0.198	-0.499	-0.638	-0.435	1	0.696	0.281	0.298	0.605	-0.223	-0.287	-0.238
Soft	-0.697	-0.290	0.150	-0.281	-0.113	-0.583	-0.700	-0.289	0.696	1	0.203	0.375	0.680	-0.135	-0.878	-0.188
Odourless	-0.033	-0.026	-0.212	0.086	-0.265	0.008	0.011	-0.188	0.281	0.203	1	0.321	0.194	-0.184	0.031	-0.105
Tasteless	-0.314	-0.480	-0.442	0.242	-0.857	-0.252	-0.450	-0.732	0.298	0.375	0.321	1	0.428	-0.605	-0.010	-0.388
Mealy	-0.655	-0.372	0.152	-0.216	-0.016	-0.574	-0.692	-0.332	0.605	0.680	0.194	0.428	1	-0.288	-0.010	-0.252
Apple flavo	0.203	0.413	0.429	-0.405	0.209	-0.191	0.236	0.422	-0.223	-0.135	-0.184	-0.605	-0.288	1	-0.243	0.332
Astringent	0.329	-0.208	-0.264	0.414	-0.032	0.454	0.252	-0.220	-0.287	-0.878	0.031	-0.010	-0.468	-0.243	1	-0.063
Liking	0.275	0.426	0.341	-0.193	0.126	-0.075	0.246	0.447	-0.238	-0.188	-0.105	-0.388	-0.252	0.332	-0.063	1

　　主座標分析（**Principal Coordinate Analysis**, PCoA）應用於相關係數，將結果在二維圖中視覺化。前面兩個維度解釋了 40.78% 的變化，而陡坡圖（scree）顯示前兩個維度足以解釋屬性之間的關係。再次，我們看到，這種偏好與多汁、美味和蘋果味道相關。

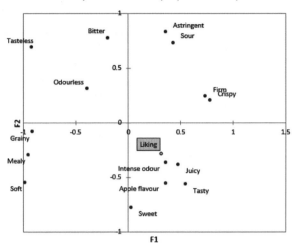

圖 11.2　主座標分析

11.4　在 XLSTAT 中解釋 CATA 分析的結果（第二部分）

　　當偏好數據是有效時，下一個結果即與罰值分析（**penalty analysis**）有關（可參考下一章）。

　　第一個分析是基於不確定性，其中屬性在實際產品中遺漏而不是理想產品，則可以識別**必須具有**（**must have**）的屬性。匯總表顯示每個屬性出現 P（否）|（是）和 P（是）|（是）的次數。下面的圖形表示顯示了這些次數以及這些次數的記錄百分比。

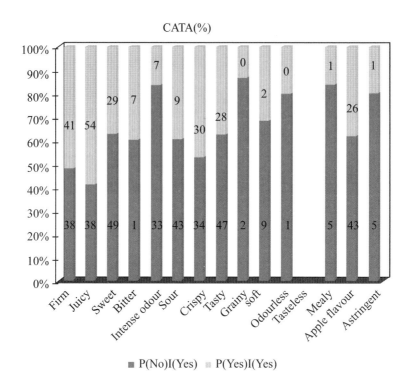

圖 11.3

　　其次，每個屬性在兩種情況之間顯示其偏好的平均值下降（mean drop），並檢定其顯著性。例如，企業屬性（firm attribute）意味著被檢定產品和理想產品之間增加 1.5 個偏好分數。此增加在顯著水準 0.05 下是顯著的（P < 0.0001）。

表 11.3

Comparison table:

Variable	Level	Frequencies	%	Sum(Liking)	Mean(Liking)	Mean drop	Standardized diff	p-value	Significant	Penalties
Firm	P(No)|(Yes)	225	37.82%	1261.000	5.604	1.514	7.112	< 0.0001	Yes	
	P(Yes)|(Yes)	245	41.18%	1744.000	7.118					1.296
Juicy	P(No)|(Yes)	226	37.96%	1141.000	5.049	2.161	11.491	< 0.0001	Yes	
	P(Yes)|(Yes)	324	54.45%	2336.000	7.210					1.874
Sweet	P(No)|(Yes)	290	48.74%	1607.000	5.541	2.023	9.351	< 0.0001	Yes	
	P(Yes)|(Yes)	170	28.57%	1286.000	7.565					1.692
Bitter	P(No)|(Yes)	6	1.01%	33.000	5.500	0.750				
	P(Yes)|(Yes)	4	0.67%	25.000	6.250					-0.107
Intense odour	P(No)|(Yes)	196	32.94%	1208.000	6.163	1.324	3.169	0.005	Yes	
	P(Yes)|(Yes)	39	6.55%	292.000	7.487					1.210
Sour	P(No)|(Yes)	79	13.28%	464.000	5.873	1.342	3.136	0.005	Yes	
	P(Yes)|(Yes)	51	8.57%	368.000	7.216					0.940
Crispy	P(No)|(Yes)	202	33.95%	1146.000	5.673	1.568	6.579	< 0.0001	Yes	
	P(Yes)|(Yes)	178	29.92%	1289.000	7.242					1.263
Tasty	P(No)|(Yes)	281	47.23%	1544.000	5.495	2.322	10.872	< 0.0001	Yes	
	P(Yes)|(Yes)	169	28.40%	1321.000	7.817					2.040
Grainy	P(No)|(Yes)	13	2.18%	95.000	7.308	1.192				
	P(Yes)|(Yes)	2	0.34%	17.000	8.500					2.151
Soft	P(No)|(Yes)	24	4.03%	118.000	4.917	3.447				
	P(Yes)|(Yes)	11	1.85%	92.000	8.364					2.045
Odourless	P(No)|(Yes)	4	0.67%	32.000	8.000	-1.000				
	P(Yes)|(Yes)	1	0.17%	7.000	7.000					0.645
Tasteless	P(No)|(Yes)	0	0.00%							
	P(Yes)|(Yes)	0	0.00%							
Mealy	P(No)|(Yes)	25	4.20%	180.000	7.200	0.000				
	P(Yes)|(Yes)	5	0.84%	36.000	7.200					0.851
Apple flavour	P(No)|(Yes)	253	42.52%	1414.000	5.589	1.806	7.774	< 0.0001	Yes	
	P(Yes)|(Yes)	157	26.39%	1161.000	7.395					1.411
Astringent	P(No)|(Yes)	32	5.38%	181.000	5.656	1.594	1.683	0.212	No	
	P(Yes)|(Yes)	8	1.34%	58.000	7.250					0.906

　　平均影響（**mean impact**）圖顯示出具有較大的平均影響的屬性。平均增加以黑色顯示，並被標示為「必須具有」（must have），平均減少則以灰色顯示。

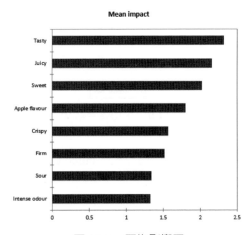

圖 11.4　平均影響圖

平均值變動 **VS%** 圖表可以清楚地識別「必須具有」。Y 軸是對應於單元格〔1,1〕與單元格〔0,1〕之間的差異（理想產品被勾選與理想產品只勾選產品較差的）。X 軸表示反應的百分比，包括已知屬性在理想產品的勾選，不包含實際產品的勾選，而這對應於屬性能清楚描述理想產品但對實際產品卻不知所蹤的情況。因此，與 X 軸和 Y 軸上的高座標相關聯的屬性（美味、甜美、多汁、蘋果味、酥脆、堅固、強烈的氣味）再次出現在「必須具有」之中。

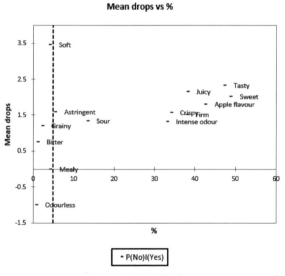

圖 11.5   平均值變動 VS%

第二個分析允許識別「具有真好」（nice to have）屬性。它與第一個類似，但是基於不合理，其中屬性是在理想中遺漏而不是在實際產品。

注意：此分析僅在理想產品可用時才能利用。

平均值影響（**mean impact**）圖顯示了一個顯著的平均影響的屬性。

平均增幅顯示爲黑色，並被標識爲「具有眞好」，平均值減少顯示爲灰色，並被標識爲「不該具有」（must not have）。

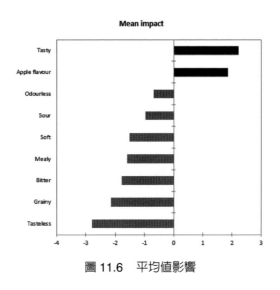

圖 11.6　平均值影響

　　平均值變動 VS% 的圖表還可以清楚地識別「不該具有」和「具有眞好」。Y 軸對應於單元格〔0,0〕與單元格〔1,0〕之間的差異（理想產品未被勾選與實際產品只勾選產品較差的）。X 軸表示反應的百分比，包括已知屬性在實際產品的勾選，而不包含理想產品的勾選，此對應於屬性能清楚描述實際產品但在理想產品中不知所蹤的情況。因此，與 Y 軸上的低座標（酸、苦、軟、粉狀、顆粒狀、無味和無臭）相關的屬性再次顯示爲「不該具有」。與 Y 軸上的高座標相關聯的屬性是「具有眞好」。

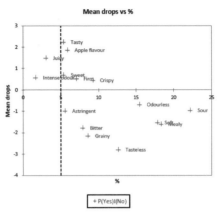

圖 11.7　平均值變動 VS%

　　前面的兩個分析最終總結在一張圖表中。再次，美味、甜美、蘋果的味道、堅定、脆弱和強烈的氣味顯現為「必須具有」；酸、苦澀、柔軟、粉質、顆粒狀、無味、無臭是「不該具有」。

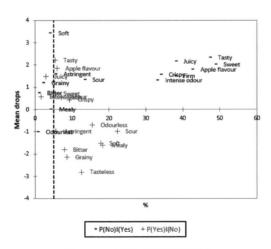

圖 11.8　總結前後兩個分析

　　然後，每個屬性顯示一個 2x2 表。在每張表的左側，是對理想產品的記錄值，在頂部是針對調查產品獲得的值。在表的單元格中，我們可以找到與 0 和／或 1 的這種組合相對應的平均偏好（評估者和產品的平均值）和所有記錄的百分比。

　　對於任意的屬性來說，如果理想產品（第二行）的屬性被勾選，那麼若產品（單元格〔1,1〕）的偏好被勾選而高於產品未被勾選（單元格〔1,0〕）時，那麼屬性是「必須具有」。相對地，如果理想產品（第一行）的屬性未被勾選，那麼若產品（單元格〔0,0〕）的偏好未被勾選而高於產品被勾選（單元格〔0,1〕）時，那麼屬性是「不該具有」。如果理想產品（第一行）的屬性未被勾選，那麼若產品（單元格〔0,1〕）的偏好被勾選與產品未被勾選大約相同（單元格〔0,0〕）時，那麼屬性就是「無關緊要」。最後，如果（單元格〔0,1〕）＞（單元格〔0,0〕），則屬性是「具有眞好」。

　　例如，對於美味（Tasty）的屬性，被調查產品（非理想產品）記錄的 28% 是針對被調查產品與理想產品兩者加以勾選。這些記錄的平均偏好是 7.8。

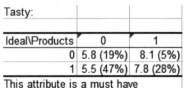

Tasty:		
Ideal\Products	0	1
0	5.8 (19%)	8.1 (5%)
1	5.5 (47%)	7.8 (28%)
This attribute is a must have		

　　在最終的**總結表**中，我們可以看到 15 個屬性中的 6 個屬性是「必須具有」，7 個屬性是「不該具有」。剩下的 2 個屬性是「無關緊要」。

Summary:

Must have	Nice to have	Does not influence	Does not harm	Must not have
Firm			Intense odour	Bitter
Juicy			Astringent	Sour
Sweet				Grainy
Crispy				Soft
Tasty				Odourless
Apple flavour				Tasteless
				Mealy

參考文獻

1. Ares G., Dauber C., Fernández E., Giménez A., & Varela P. (2014). Penalty analysis based on CATA questions to identify drivers of liking and directions for product reformulation. Food Quality and Preference, 32A, 65-76.

2. Meyners M., Castura J. C., Carr B. T. (2013). Existing and new approaches for the analysis of CATA data. Food Quality and Preference, 30 (2), 309-319.

第12章 感官罰值分析

　　感官罰值分析（sensory penalty analysis）的檢測可以改善以提高品質的產品特性。它可以在多個屬性中，找出每個屬性的相對重要程度，並確定產品改進的優先次序。罰值分析的基本想法是：通過分析具體屬性和對產品總評價之間的關聯，確定每個具體屬性對總體屬性的影響程度，從而達到確定具體數據重要度的目的。它是一種用於感官數據分析的方法，根據對消費者或專家的調查來確定改進產品的潛在方向。

　　使用兩種類型的數據：

1. 與產品的整體滿意度指數相對應的偏好數據（或偏好分數）（例如：巧克力棒的 9 級尺度的偏好評分）或產品的特徵（例如：汽車的舒適度額定從 1 到 10）。

2. 在 **JAR**（**Just About Right**）量表上收集的數據，採用 5 等級。從 1 到 5 是對應於感興趣的產品之一個或多個特性的等級。1 對應「完全不夠」，2 對應「不夠」，3 對應「AR」（Just About Right）是消費者的理想，4 對應「太多」，5 對應「太遠了」，例如，對於巧克力棒，可以評價這種苦味，並為汽車的舒適度評估馬達的音量。

　　該方法基於多因素比較，如變異數分析中使用的方法，其中包括對於 JAR 量表上研究的每個特徵，是否 JAR 量表上的排序與在偏好分數中有顯著不同的結果。

12.1　執行罰值分析的數據集

　　本章中使用的數據和結果的 Excel 試算表可以點擊 Penality.xls 下載。

　　本例中使用的數據是對應於一個調查，其中一個品牌／類型的洋芋片已被 150 位消費者評估。每位消費者對 4 種屬性（鹽度、甜度、酸度、脆性）的JAR（1到5）給出了意見，然後以1～10喜歡的比例給出了總體偏好。
　　我們的目的是確定開發新產品的一些可能的方向。

12.2　罰值分析的步驟

步驟 1　開啓 XLSTAT 後，選擇 XLSTAT ／ Sensory data analysis ／ Penalty analysis 指令，或點擊相應的按鈕 XLSTAT Sensory data analysis 工具欄（見下文）。

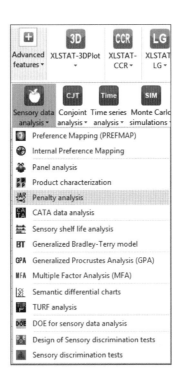

　　單擊按鈕後，將出現對話框。我們選擇偏好分數（liking scores），
然後選擇 JAR 數據。另也勾選 **3** 個級別的 JAR 標籤。它們使結果更容易
解釋。

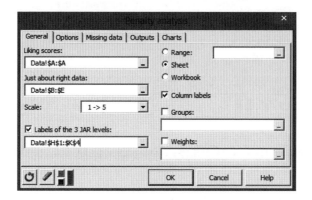

步驟 2　在「選項」tab 中，我們定義了樣本大小的閾值，低於此閾值時，
　　　　　將不會執行比較檢定，因為它們可能不夠可靠。

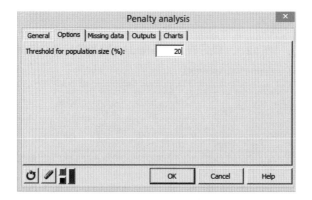

　　如以下選擇「**輸出**」之選項。**Spearman** 相關的選擇是因為該數據是
序數。

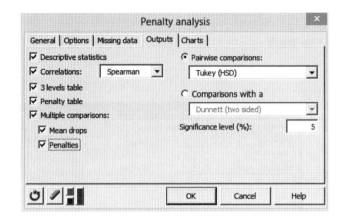

一旦你點擊**確定**，計算開始。然後顯示結果。

12.3 解釋罰值分析的結果

第一個結果是偏好數據和各種 JAR 變量的描述性統計。然後顯示相關矩陣。

表 12.1　偏好數據和各種 JAR 變量的描述性統計

Correlation matrix (Spearman):

Variables	iking score	Saltiness	Sweetness	Acidity	Crunchiness
Liking scoi	**1**	**0,268**	0,029	-0,021	**0,308**
Saltiness	**0,268**	**1**	-0,112	**-0,172**	0,100
Sweetness	0,029	-0,112	**1**	-0,046	-0,033
Acidity	-0,021	**-0,172**	-0,046	**1**	0,079
Crunchines	**0,308**	0,100	-0,033	0,079	**1**

Values in bold are significantly different from 0 with a significance level alpha=0,05

偏好變量和 JAR 變量之間不應該被解釋為相關，因為 JAR 數據的排序不是真正的序數數據（5 在 JAR 尺度上小於 3，而在偏好尺度上為 5 以上）。

　　然而，JAR 變量和偏好變量之間的相關性，如果與 0 顯著地不同，這可能意味著 JAR 變量對偏好影響較小，如果它具有很強的影響，則相關性最理想是要為 0。如果「太多」的影響比「太少」的影響小，相關性可能是正的，反之亦然。

　　下表是 JAR 數據的摘要。下面的圖表是基於該表，並允許快速可視化如何為每個維度分配 JAR 分數。

表 12.2　JAR 數據的摘要

Frequencies of the various levels:				
Level	Saltiness	Sweetness	Acidity	Crunchiness
1	14	1	2	12
2	45	36	40	46
3	56	55	61	76
4	26	57	34	14
5	9	1	13	2

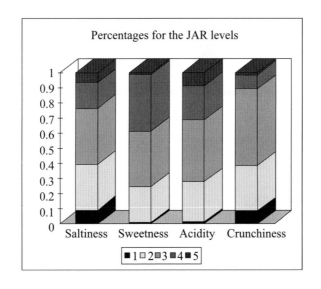

圖 12.1　如何為每個維度分配 JAR 分數

然後將數據聚合成 3 評級尺度。下面顯示相應的次數表和圖表。

表 12.3 將數據聚合成 3 評級尺度次數表

Frequencies of the collapsed levels:				
Level	Saltiness	Sweetness	Acidity	Crunchiness
Too little	59	37	42	58
JAR	56	55	61	76
Too much	35	58	47	16

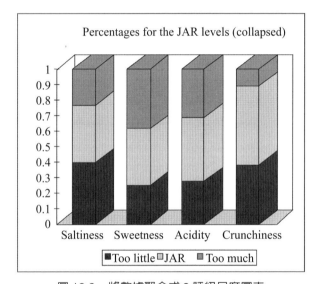

圖 12.2 將數據聚合成 3 評級尺度圖表

下表對應於罰值分析。

表 12.4　對應於罰值分析之表

Penalty table:

Variable	Level	Frequencies	%	m(Liking score)an(Liking scor	Mean drops	dardized differ	p-value	Significant	Penalties	dardized differ	p-value	Significant
	Not salty enou	59	39.33%	285.000	4.831	2.187	5.841	< 0.0001	Yes				
Saltiness	JAR	56	37.33%	393.000	7.018					1.816	5.280	< 0.0001	Yes
	Too salty	35	23.33%	204.000	5.829	1.189	2.750	0.018	Yes				
	Not sweet en	37	24.67%	205.000	5.541	0.641	1.363	0.363	No				
Sweetness	JAR	55	36.67%	340.000	6.182					0.477	1.273	0.205	No
	Too sweet	58	38.67%	337.000	5.810	0.371	0.892	0.646	No				
	Not enough a	42	28.00%	230.000	5.476	0.835	1.896	0.143	No				
Acidity	JAR	61	40.67%	385.000	6.311					0.727	1.996	0.048	Yes
	Too acid	47	31.33%	267.000	5.681	0.631	1.479	0.304	No				
	Not crunchy	58	38.67%	279.000	4.810	2.137	6.319	< 0.0001	Yes				
Crunchiness	JAR	76	50.67%	528.000	6.947					2.164	6.845	< 0.0001	Yes
	Too crunchy	16	10.67%	75.000	4.688	2.260							

為每個 JAR 維度顯示以下訊息：

1. JAR 維度的名稱。

2. JAR 數據的 3 個折疊（collapsed）級別。

3. 次數對應於每個級別。

4. % 對應於每個級別。

5. 每個級別對應偏好分數的總和。

6. 每個級別喜歡平均。

7.「太多」和「太少」級別的平均值下降（這是從 JAR 級別的偏好平均值減去「太多」或「太少」級別之間的差異），這個訊息很有趣，對消費者來說，具有「太多」或「太少」級別的產品時，它顯示了您損失多少的偏好分數。

8. 標準化差異是中間統計量，用於比較檢定。

9. p 值對應於 JAR 級別的平均值和兩個其他級別的平均值的比較檢定（這是 3 組的多重比較）。

10. 然後自動提供解釋，並取決於所選取的顯著級別（這裡為 5%）。

11. 然後計算罰值。這是平均值（JAR 的偏好平均值與兩個其他級別一起考慮的平均值）之間的加權差異。這個統計量給與了它的名稱。它顯示了當不被消費者預期時您損失多少偏好分數。

12. p 值對應於 JAR 級別的平均值與其他級別的平均值的比較檢定。
　　這相當於檢定罰值是否與 0 顯著不同。

13. 然後自動提供解釋，並取決於所選的顯著級別（這裡是 5%）。

14. 對於鹹味維度，我們發現，當客戶認為該產品不夠鹹時，客戶將
　　嚴格懲罰產品。兩個平均值與 0 顯著不同，總體罰值也是如此。

15. 對於甜度維度，沒有一個檢定是顯著的。

16. 對於酸度尺度，總體罰值是稍微有意義的，儘管兩個平均值並無
　　降低。這意味著酸度對使用者很重要，但是這項調查可能不夠強
　　勁有力，無法檢測特定的平均值是否降低（不太酸和／或太酸）。

對於脆弱性而言，平均值降低檢定（mean drop test）無法計算「太多」
的級別，因為該級別的案例百分比低於之前所設定的 20% 閾值。當產品
不夠脆弱時，產品受到高度懲罰。

接下來的兩個圖表總結了上述結果。當一個棒形是黑色時，意味著差
異是顯著的，當它是深灰色時，差異不顯著，當它是淺灰色時，由於沒有
足夠的情況，檢定沒有被計算。

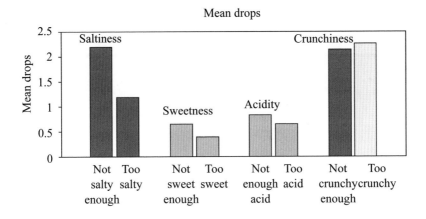

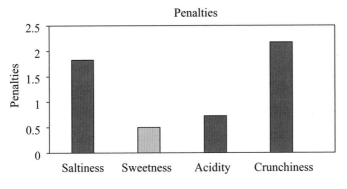

圖 12.3　平均值降低檢定

　　感官產品表徵法（sensory product characterization）能為 XLSTAT 使用者提供一種友善的分析方法，可以幫助您在感官研究中找到哪些評項（indicators）能夠很好地區分一組產品。您還可以確定哪些是每個產品最重要的特徵。

　　所有計算均基於變異數分析（ANOVA）模型。

　　數據表必須具有規定的格式。每一行都應該是與一個特定的產品，最終是與一個特定的區段（session）有關，並且應該收集一位評審員所給出的與特定產品相關聯的一個或多個評項的評分。數據集必須包含以下所列：一個特定評審員、一個特定產品、一個特定區段（session），以及與評項或特徵一樣多的列。

　　對於每個評項，應用 ANOVA 模型來檢查評審員給出的分數是否顯著不同。最簡單的模型是：

　　分數 = 產品效果 + 評審員效果

　　如果安排了不同的區段（每個評審員評估每個產品至少兩次），則可以添加區段因素，模型變為：

　　分數 = 產品效果 + 評審員效果 + 區段效果

　　也可以包括交互因素。然後，我們可以測試一下評審員和產品的組合是否在評項上賦予更高或更低的成績。模型是：

分數 = 產品效果 + 評審員效果 + 產品效果 * 評審員效果

評審員效果應該是隨機的。這意味著我們認爲每位評審員都有自己的方式給產品評分。

感官產品表徵法是使用評審員偏好來表徵產品的一種非常有效的工具。

13.1　數據輸入型式

數據對應於 6 種巧克力飲料的感官測試（Husson F. & Pagès J. (2003). Comparison of sensory profiles done by trained and untrained juries: methodology and results, Journal of Sensory Studies, 18 (6), pp. 453-464）。29 名評審員已經測試了 6 種巧克力飲料，並且評分了 16 種特徵。已經進行了兩次區段測試。我們在本章中不會使用區段因素。

本章的數據檔可點選 product.xls 下載。

我們的目的是快速找到巧克力飲料的主要特徵。

13.2　設定產品表徵

步驟 1　開啓 XLSTAT 後，單擊功能區中的 Sensory data analysis 按鈕，然後選擇 Product characterization 指令（見下文）。

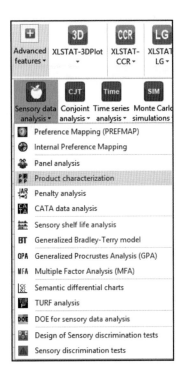

　　單擊按鈕後，將出現對話框。選擇 Excel 試算表上的數據。

　　您首先要選擇特徵或評項（Indicator）列，然後選擇產品（Products）列和評審員（Judges）列。當我們選擇變量的列標題時，我們勾選了變量標籤。

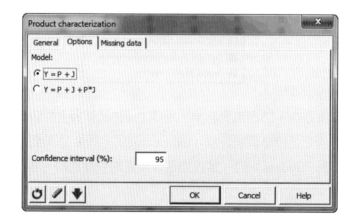

步驟 2　在**選項 tab** 中，我們選擇最簡單的 **Y 型＝ P＋J**。

一旦點擊了**確定**按鈕，計算開始。然後顯示結果。

13.3　解釋產品特徵的結果

　　XLSTAT 顯示的第一個結果是與特徵以及評審員和產品列相關的基本統計訊息。

　　然後，第二張表格包含從巧克力飲料中具有最低識別力到具有最高識別能力的特徵。我們可以看到牛奶味道有很強的辨別力。還顯示相關檢定值和 p 值。

表 13.1

Discriminating power by descriptor:		
Descriptors	Test values	p-values
MilkF	16,399	0,000
CocoaF	13,481	0,000
Bitterness	13,343	0,000
Crunchy	12,662	0,000
Caramel	11,532	0,000
Sweetness	11,441	0,000
Astringency	8,959	0,000
Melting	8,415	0,000
Acidity	7,723	0,000
Vanilla	7,318	0,000
CocoaA	7,070	0,000
MilkA	5,926	0,000
Granular	4,371	0,000
Sticky	3,563	0,000

　　下表中，出現一部分（僅適用於 choc1），包含變異數分析模型的最重要輸出（這裡我們應用了 16 個變異數分析模型）。顯示模型係數、估計值、檢定值和信賴區間。

表 13.2

Model coefficients:						
			choc1			
Products	Coefficient	Estimated mean	p-value	Test value	Lower bound 95%	Upper bound 95%
CocoaA	0,799	7,086	< 0,0001	3,896	0,401	1,197
MilkA	-0,828	3,586	0,001	-3,409	-1,300	-0,355
CocoaF	1,724	8,069	< 0,0001	8,479	1,347	2,101
MilkF	-1,885	1,569	< 0,0001	-8,696	-2,286	-1,484
Caramel	-1,681	1,672	< 0,0001	-6,986	-2,136	-1,226
Vanilla	-0,966	1,103	< 0,0001	-4,766	-1,357	-0,574
Sweetness	-1,945	3,138	< 0,0001	-8,291	-2,382	-1,509
Acidity	1,480	4,655	< 0,0001	6,141	1,020	1,940
Bitterness	2,457	7,069	< 0,0001	9,950	2,009	2,905
Astringency	1,647	4,759	< 0,0001	7,084	1,208	2,085
Crunchy	-0,155	5,966	0,482	-0,703	-0,589	0,279
Melting	-0,210	4,741	0,381	-0,875	-0,681	0,261
Sticky	-0,221	3,759	0,361	-0,913	-0,697	0,255
Granular	0,448	3,448	0,074	1,784	-0,044	0,941

　　以下圖形對於定義我們的產品非常有幫助（這裡是 choc1）。藍色與具有顯著正值的係數相關聯，紅色與具有顯著負值的係數相關聯。我們可以看到，choc1 具有可可的風貌，它是強烈的苦和酸。它不甜，不像牛奶一樣的味道。

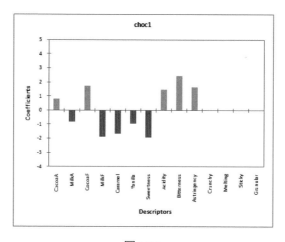

圖 13.1

　　最後一張表對應於每種組合產品特徵的調整手段。藍色對應的平均值顯著大於整體平均值，而紅色對應的平均值顯著小於整體平均值。我們可以很快看到，choc1 是一種具有可可口味和風貌的產品，它是苦和酸的。Choc3 是一種非常甜的巧克力飲料，具有很強的牛奶味。

表 13.3　每種組合產品特徵的調整手段

Adjusted means by product:

	CocoaF	Bitterness	CocoaA	Granular	Astringency	Acidity	Crunchy	Sticky	Melting	Sweetness	Vanilla	Caramel	MilkA	MilkF
choc1	8.069	7.069	7.086	3.448	4.759	4.655	5.966	3.759	4.741	3.138	1.103	1.672	3.586	1.569
choc2	6.914	4.948	6.552	3.155	3.155	3.138	7.707	3.828	4.328	4.621	1.810	2.376	4.000	2.379
choc4	6.690	5.190	6.259	3.552	3.690	3.931	6.103	4.103	4.379	4.293	2.121	2.672	4.103	2.586
choc5	6.793	4.879	6.793	3.069	3.103	3.086	6.638	3.224	4.741	5.224	1.793	3.414	4.172	3.121
choc6	6.224	4.190	6.362	3.172	2.759	2.672	7.328	3.931	4.207	5.621	1.914	3.259	4.569	3.362
choc3	3.379	1.567	4.672	1.603	1.207	1.569	2.983	5.034	7.310	7.603	3.672	6.328	6.052	7.707

　　這個快速分析使我們清楚了解產品。產品的特性在同一時間是非常嚴謹的方法（使用統計方法）和一個非常容易解釋的工具。

第14章 感官輪

感官輪（**sensory wheel**）工具是為了使記述產品而使用的用語一覽表或用語分類表能在合成圖（donought 圖表）上顯示。這種訊息也可以在樹形圖上呈現，雖然樹形圖上的分割意味著一個明確的替代方案，但此處並非如此。例如，在感官輪上，你可以決定左邊的部分是關於味道的，右邊的部分是關於氣味的，左邊部分顯示的用語涉及口味，右邊的部分涉及到氣味。理想的分類應該是這樣的，即給定的用語在圖表上僅出現一次。

本章的目的是根據存儲在 Excel 試算表中的不同屬性，從 coffeeandhealth.org 的記事中重新建構經典版本的咖啡品味的感官輪。一旦繪製出來，感官輪就顯得非常有用，可以幫助指定不同精密度的特定產品。

14.1 用於 Excel 中繪製感官輪的數據集

可以通過點擊數據檔 sensory wheel.xls 下載具有數據和結果的 Excel 試算表。我們將展示如何根據兩種數據格式繪製感官輪。

使用的數據是本文中可以看到的屬性，顯示了從美國特種咖啡協會所改編的咖啡感官輪。數據有兩種不同的格式，可以在 XLSTAT 感官輪功能中作為輸入引進。

字列表格式（**list of words**）。該格式僅包含 34 個最具體的屬性，這些屬性將顯示在離感官輪中心最遠的位置。該格式要求用戶手動編輯感官輪的較低級別。

分類表格式（**classification table format**）。此格式顯示不同級別的屬性，從最通用（級別 1）到最具體（級別 4）。該格式自動提供具有典型

嵌套結構的感官輪。

　　我們將展示如何根據兩種數據格式繪製感官輪。

一、用「字列表格式」繪製感官輪

步驟 1　一旦 XLSTAT 打開，請選擇 XLSTAT/ Sensory Data Analysis/ Sensory wheel 指令，如下所示。

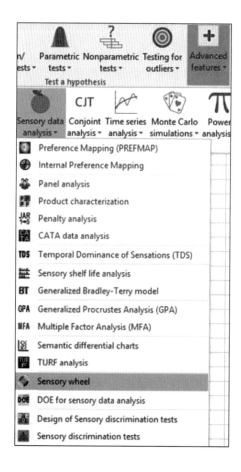

出現感官輪對話框。

啓動字列表格式，然後選擇 Words table 下的相應數據。

步驟 2　在**選項 tab** 中，將級別數設定爲 4。

按**確定**，出現以下感官輪。

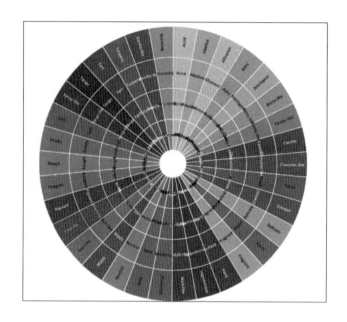

　　從中心到外圓的每個切片都連接到一個單一屬性，並分為 4 個等級。

　　然後可以手動編輯感官輪的較低等級，使其達到所需的分層結構。例如，讓我們將花香和香料合併成 3 級的花形（flowery）。點擊感官輪上的任何地方。

　　您可能會收到一條訊息，詢問您是否要信任 XLSTAT-MXM.dll 文件。如果發生這種情況，請單擊是。

　　將出現以下對話框。填寫如下：

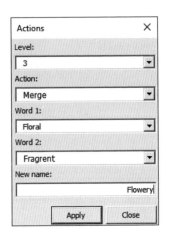

點擊 Apply 然後關閉。您可以在下面的圖像中看到結果的合併：

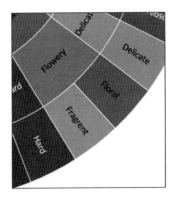

現在我們切換到一個更完整的數據集，以分類表的格式繪製感官輪。

二、使用「分類表格式」繪製感官輪

步驟 1　返回到 XLSTAT/ Sensory Data Analysis/ Sensory wheel 指令，並如下填入「一般」對話框中：

Sensory wheel ×

General | Options | Missing data |

Classification table :

Data!$D$2:$G$36 _

○ Range:
◉ Sheet
○ Workbook

☐ Frequencies:

_

☑ Labels included

Data format:
○ List of words
◉ Classification table

OK　　Cancel　　Help

單擊確定。

14.2 解讀感官輪

出現具有嵌套結構的完整感官輪。

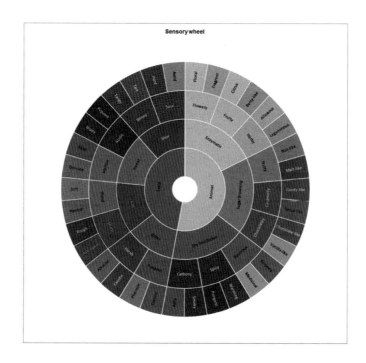

它可以被咖啡品嚐師使用，他們能夠以不同的特異性級別來表徵咖啡樣本，從中心到感官輪的外部。

本文對感官輪的解釋提供了更多的提示。

PS：可以使用對話框的「一般」tab 中引入的附加次數列來控制截面寬度。

第15章 感官的時間優勢分析

　　感官的時間優勢分析（**Temporal Dominance of Sensations, TDS**）是一種時間多維度感官方法（Pineau, Cordelle & Schlich, 2003）。小組成員被列出了一系列屬性，並要求選擇主要屬性。一個主要屬性一度是最醒目的感覺，但不一定是最強烈的感覺（Pineau 等，2009）。

　　本章將告訴您如何使用 XLSTAT 在 Excel 中執行感官的時間優勢分析。

15.1　數據輸入型式

　　我們使用模擬數據集（本章中使用的數據和輸出結果的 Excel 試算表）可以點擊數據檔 TDS.xls 下載。

　　其中 4 個產品由 25 位評估者評估超過 8 個屬性。數據是非二進制格式，也稱為「引出」（Elicitation）格式。這意味著數據是垂直組成的，每一行都表示評估者在產品評估過程中將新屬性標記為優勢的瞬間。每個評估的開始和結束分別由開始屬性和停止屬性指定。二進制格式（0：非優勢屬性，1：優勢屬性）在 XLSTAT 也是被許可的。

　　本章的目的是根據專家小組（panel）評估的產品一覽表來確定主要屬性作為時間的函數。

15.2　使用 XLSTAT 設立 TDS

步驟 1　要進行 TDS 分析，請單擊 XLSTAT– Sensory data analysis/ Temporal Dominance of Sensations（TDS）指令。

步驟 2　在「一般」tab 中，首先選擇「引出」（**Elictations**）格式。在「TDS 數據」字段中，選擇記錄時間的列。然後，在各列表中分別選擇列評審員、產品和屬性。最後插入數據集中出現的開始和停止屬性。

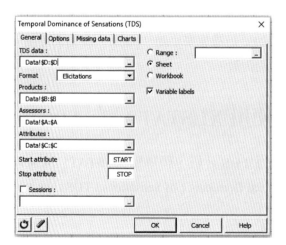

步驟 3　在「**選項**」的選項卡（tab）中，選擇要應用的標準化類型。在
我們的例子中，我們希望應用右標準化，這意味著時間的轉移，
使所有的測試在同一瞬間結束。一左一右標準化是指沒有一個
優勢性屬性的時間標記（time stamps）已被刪除。超過**機會限制**
（**chance limit**）時，選擇您希望應用的顯著水準。機會限制被定
義為屬性數的倒數。

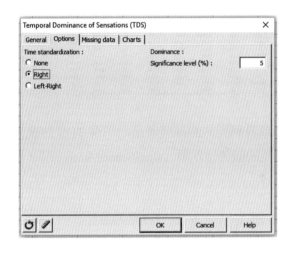

單擊**確定**，啟動計算並顯示結果。

15.3　用 XLSTAT 解釋 TDS 分析的結果

第一個表顯示了每個產品和屬性的優勢率作為時間的函數。當我們選
擇標準化時，如下圖所示，時間尺度（time scale）已被重新取樣超過 100
列。

Dominance rate per product and attribute :

Products	Attribute	0	0,01	0,02	0,03	0,04	0,05	0,06	0,07	0,08	0,09	0,1	0,11	0,12
P1	Acid	0,000	0,000	0,080	0,080	0,080	0,080	0,080	0,080	0,080	0,080	0,120	0,080	0,040
P1	Pepper	0,000	0,000	0,000	0,000	0,000	0,040	0,040	0,040	0,040	0,040	0,000	0,000	0,000
P1	Pungent	0,000	0,000	0,000	0,000	0,000	0,000	0,000	0,000	0,000	0,000	0,000	0,000	0,000
P1	Salty	0,000	0,000	0,000	0,000	0,000	0,000	0,000	0,040	0,120	0,120	0,160	0,200	0,200
P1	Sour	0,000	0,000	0,000	0,040	0,040	0,040	0,040	0,040	0,040	0,040	0,040	0,040	0,040
P1	Spices	0,000	0,000	0,000	0,000	0,000	0,000	0,000	0,000	0,000	0,000	0,000	0,000	0,000
P1	Sweet	0,000	0,000	0,040	0,080	0,040	0,040	0,040	0,040	0,040	0,040	0,120	0,120	0,160
P1	Woody	0,000	0,000	0,000	0,040	0,040	0,040	0,080	0,080	0,040	0,040	0,040	0,080	0,080
P2	Acid	0,000	0,000	0,000	0,000	0,040	0,040	0,040	0,040	0,040	0,040	0,040	0,040	0,000
P2	Pepper	0,000	0,000	0,000	0,000	0,040	0,040	0,000	0,000	0,000	0,000	0,000	0,000	0,000
P2	Pungent	0,000	0,000	0,040	0,040	0,040	0,040	0,040	0,040	0,080	0,080	0,080	0,120	0,120
P2	Salty	0,000	0,000	0,000	0,000	0,000	0,000	0,000	0,040	0,040	0,040	0,040	0,000	0,000
P2	Sour	0,000	0,000	0,000	0,000	0,000	0,040	0,040	0,040	0,040	0,000	0,000	0,000	0,000
P2	Spices	0,000	0,000	0,000	0,000	0,040	0,040	0,040	0,040	0,040	0,040	0,080	0,040	0,040
P2	Sweet	0,000	0,040	0,040	0,040	0,080	0,120	0,160	0,160	0,200	0,240	0,280	0,360	0,440
P2	Woody	0,000	0,000	0,000	0,000	0,000	0,000	0,000	0,000	0,000	0,000	0,000	0,000	0,000
P3	Acid	0,000	0,000	0,000	0,000	0,000	0,000	0,000	0,000	0,000	0,000	0,000	0,040	0,080
P3	Pepper	0,000	0,000	0,040	0,040	0,040	0,040	0,040	0,160	0,160	0,160	0,160	0,160	0,080
P3	Pungent	0,000	0,000	0,040	0,040	0,040	0,040	0,040	0,040	0,040	0,040	0,040	0,040	0,040
P3	Salty	0,000	0,000	0,000	0,000	0,000	0,000	0,080	0,080	0,080	0,040	0,080	0,120	0,160
P3	Sour	0,000	0,000	0,000	0,040	0,040	0,040	0,080	0,080	0,040	0,040	0,040	0,040	0,080
P3	Spices	0,000	0,000	0,080	0,080	0,080	0,080	0,080	0,080	0,120	0,120	0,120	0,120	0,080
P3	Sweet	0,000	0,040	0,040	0,040	0,080	0,080	0,040	0,000	0,000	0,040	0,040	0,040	0,040
P3	Woody	0,000	0,000	0,000	0,000	0,000	0,040	0,040	0,040	0,040	0,040	0,040	0,040	0,040
P4	Acid	0,000	0,000	0,040	0,120	0,120	0,040	0,080	0,080	0,040	0,040	0,040	0,080	0,080
P4	Pepper	0,000	0,040	0,040	0,040	0,040	0,040	0,040	0,040	0,040	0,040	0,040	0,040	0,040
P4	Pungent	0,000	0,000	0,000	0,000	0,000	0,000	0,000	0,000	0,000	0,000	0,000	0,000	0,000
P4	Salty	0,000	0,000	0,000	0,000	0,000	0,000	0,000	0,040	0,080	0,120	0,120	0,080	0,080
P4	Sour	0,000	0,000	0,000	0,000	0,000	0,000	0,000	0,000	0,000	0,040	0,040	0,040	0,040
P4	Spices	0,000	0,000	0,000	0,000	0,000	0,000	0,000	0,000	0,000	0,040	0,040	0,120	0,200
P4	Sweet	0,000	0,040	0,040	0,120	0,120	0,160	0,160	0,200	0,200	0,120	0,120	0,080	0,080
P4	Woody	0,000	0,040	0,040	0,000	0,000	0,040	0,040	0,040	0,040	0,040	0,040	0,080	0,080

　　接下來可以看到評估的每個產品之平滑 TDS 曲線。當對應的曲線高於每個圖中可見的顯著性界限（significance limit）時，屬性被認爲是顯著的優勢。

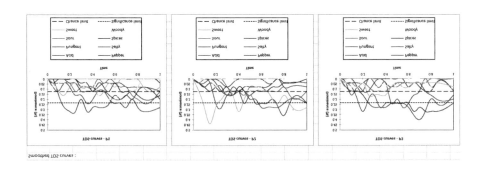

　　對於 P1 產品，可以注意到上半部的實驗顯然是由鹹的屬性所控制的。然後，在下半部的實驗由酸性屬性所承接。

　　可能有些情況下，顯著水準不清楚。當大量屬性正在評估中或當曲線接近顯著水準時，可能會發生這種情況。

　　下圖所示的圖表標題為「是／否」提供了另一種顯示。這裡只有將顯著的優勢屬性當作時間的函數予以表示。如果在給定時間有多個屬性是重要的，則將彩色區域劃分成幾個頻帶，以便顯示它們。

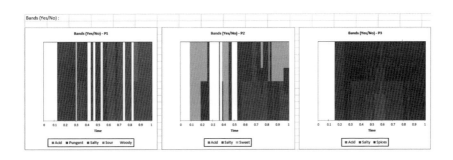

　　透過分析，顯示屬性的屬性圖也顯示在分析過程中被檢測到顯著的屬性。然而，這一次，每一個重要的屬性都用一條專用線明顯地與其他屬性分開。

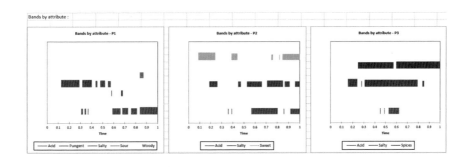

第 16 章　感官保存期限分析

感官保存期限分析（sensory shelf life analysis）用於評估在不同時間／日期使用評審員的感官評估產品上市銷售的理想期間。

可能會發生產品的物理化學性質不足以評估產品在消費期間的品質。通常，增加產品的感官評估將突顯出最佳消費期間。在乳酪的例子中，您可能有一種適合消費的產品，但在感官評估中，酸度過高或經過一段時間後，吸引力將不大。

於存活數據分析中，以往所使用的方法可以適用於此種情況。

一般而言，進行這種感官測試時，評審員在不同的時間／日期就可以品嚐相同的產品。這可以在不同的區段（session）中完成，但通常建議準備一個協議書允許在測試日獲得具有不同履歷的產品。

每位評審員對被測試的產品（喜歡／不喜歡）表達其意見，因此，每位評審員獲得每個日期的偏好表。

本章將幫助您使用 XLSTAT 在 Excel 中設定和解釋感官保存期限分析。

16.1　感官保存期限分析數據集

可以通過點擊數據檔 shelflife.xls 下載具有數據和結果的 Excel 試算表。

本章中使用的數據對應於不同時間的 19 名評審員對新鮮果汁的評估。果汁已經在第 1、2、3、4、5 和 6 日進行了 6 次測試。評審員在所有這些時間都給出了偏好（是／否）。在數據中，當評估為否定時，使用 0 來編碼，當為肯定時，評審員的評估為 1。以下是數據格式：

表 16.1　19 名評審員在 1～6 日進行 6 次測試

T1	T2	T3	T4	T5	T6
1	0	0	0	0	0
1	1	1	1	1	0
1	1	0	0	0	0
1	1	1	1	1	1
1	1	1	0	0	0
1	1	0	0	0	0

　　您可以將值（0 / 1）更改爲 XLSTAT 中的任何其他值（例如，是 / 否）。

16.2　感官保存期限分析的目的

　　這個分析的目的是將產品放在貨架上進行銷售的最佳時期。**參數存活模型**（parametric survival models）用於建模事件發生的時間。

一、建立感官保存期限分析

步驟 1　啓動 XLSTAT 後，選擇 **XLSTAT-Sensory data analysis / Sensory Shelf Life Analysis** 指令（見下文），或單擊 XLSTAT-Sensory data analysis 工具欄中的相應按鈕。

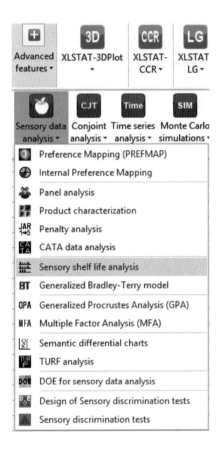

點擊按鈕後，出現對話框。

步驟 2　選擇 **Assessor×Date** 的表以及在 **Time Data** 框中選擇與每個日
期相關聯之值的列。我們使用 Weibull 分配來配適模型。

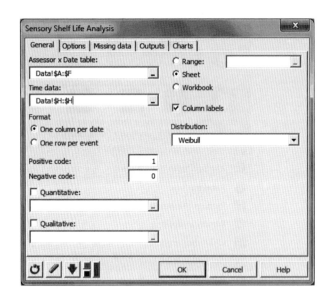

其他選項將保留其預設值。單擊確定按鈕後，計算開始。

16.3　解釋感官保存期限分析的結果

第一個表格對應於與時間數據相關聯的基本摘要統計訊息。還會顯示圖形，概述評審員的答案。

表 16.2　與時間數據相關聯的基本摘要統計訊息

Dates statistics:

Date	Number of positive	%
1	10,000	100,000
2	16,000	84,211
3	13,000	68,421
4	9,000	47,368
5	7,000	36,842
6	4,000	21,053

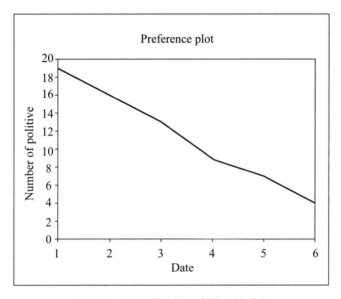

圖 16.1　欣賞橙汁的評審員人數減少

　　這個圖形顯示了欣賞橙汁的評審員人數的減少。在分析結束時,只有 4 名評審員仍然喜歡該產品。

　　之後顯示的表與參數存活曲線中所顯示的相似。Weibull 曲線配適到模型中。我們可以看到這兩個參數都很重要。

表 16.3　Weibull 曲線配適到模型中

Variable	Value	Standard error	ald Chi-Squa	Pr > Chi²	Lower bound(95%)	Upper bound(95%)
Intercept	1,578	0,120	173,924	< 0,0001	1,343	1,812
Scale	0,460	0,104	19,678	< 0,0001	0,296	0,716

　　基於 WEibull 分配的偏好分配函數圖顯示如下:

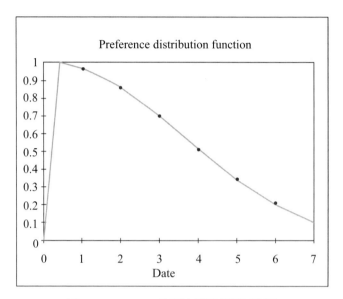

圖 16.2　weibull 分配的偏好分配函數圖

最後，獲得分位數（quantiles），對決策非常有用。

表 16.4　分位數

Quantiles:

Percentile	Value
1%	0,582
5%	1,234
10%	1,718
1st Quartile 25%	2,729
Median 50%	4,091
3rd Quartile 75%	5,629
90%	7,111
95%	8,027
99%	9,785

　　我們可以看到，中位值之時間是在產品放在貨架上之後的 4 到 5 天之間。

　　更多的分析和決定可以採用感官保存期限分析。可以添加與每個評審員相關的解釋變量。

第17章 聯合分析

　　聯合分析（**conjoint analysis**）是一種行銷方法，可以讓消費者了解產品的期望，並對其選擇進行建模（modelling），這兩項都是行銷分析的關鍵步驟。聯合分析方法目前在行銷的手法中非常常見。消費者選擇的建模是行銷的一個關鍵領域。聯合分析用於透過單一分析來模擬競爭市場，這是它最大的優勢。

　　聯合分析有兩種方法可以使用：一是**完全輪廓型**的聯合分析（Complete Profile Conjoint, CPC），另一是**選擇型**的聯合分析（Choice Based Conjoint, CBC）。

　　XLSTAT-Conjoint 分析允許您執行聯合分析的所有分析步驟，可分為五個步驟：

1. 選擇有關的因素及其水準來描述產品。
2. 基於完全因素（full factorial）、部分實施因素（fractional factorial）或 D- 最適化（D-optimal）產生實驗的計畫。
3. 在 Microsoft Excel 試算表中收集結果。
4. 用特定的迴歸方法進行數據分析：MONANOVA（單調迴歸）、多項 Logit、條件 logit 等。
5. 以各種方法模擬新市場：First choice、logit、Bradley-Terry-Luce、randomized first choice。

這些步驟可以用於完全輪廓型的聯合分析和選擇型的聯合分析的選擇。

　　在本章中，我們將使用 XLSTAT 和解釋聯合分析所需的步驟。

17.1 聯合分析的數據集和目標

在本章中，我們將研究一個聯合分析的典型案例：如何在競爭激烈的市場中引入新產品。更具體地說，一個冰淇淋店想引進一種新的冰淇淋。聯合分析將用於回答以下問題。冰淇淋應該具備哪些特點？首先是能讓最多的人喜歡，其次是在競爭激烈的市場中獲得市占率？

可以透過點擊 CJT_us.xls 下載此範例的數據和分析結果的 Excel 試算表。結果分為不同的表格：

1. 因素：本表包含所選因素的特徵。

2. CJT 設計：此表包含生成的輪廓（profile）以及 15 個人給出的排名。

3. CJT 分析：本表包含聯合分析（CJT）的結果。

4. 市場生成：這張表格包含完整的模擬市場。

5. 市場模擬：本表包含市場模擬的結果。

步驟 1 選擇因素

第一步驟是選擇定義冰淇淋的重要特徵。這是與冰淇淋市場的專家合作完成。選擇的因素是：

(1) 風味（覆盆子、芒果、草莓、香草、巧克力）？

(2) 包裝（錐形、自製華夫餅、品脫）？

(3) 是冰淇淋低脂肪（低脂肪、高脂肪）？

(4) 是冰淇淋有機（非有機的、有機的）？

透過排列這些因素的不同層次，可以獲得 180 種不同的組合，對應 180 種產品。評審員（受訪者）將無法對它們進行評估。因此，我們將使用實驗設計來減少向受訪者提供的產品數量。獲得的資料將由 15 位受訪者排名。

步驟 2 選擇輪廓

XLSTAT-Conjoint 分析使用實驗設計來選擇一些輪廓，並允許被訪問者進行排名。

啟動 **XLSTAT**，單擊 **CJT** 圖像，然後單擊 **Design for Conjoint analysis**。

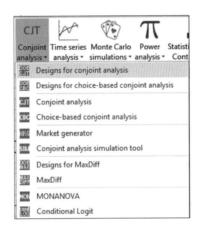

然後會出現一個對話框。現在可以輸入分析的名稱、因素的個數（在我們的情況下為 4 個）和要生成的輪廓（profile）數為（10）。

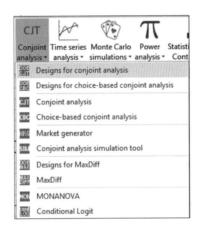

在「**因素**」的選項卡中，勾選「**Select on a sheet**」，然後選擇「因素」表中的數據。不要選擇與每個行有關聯的標籤。

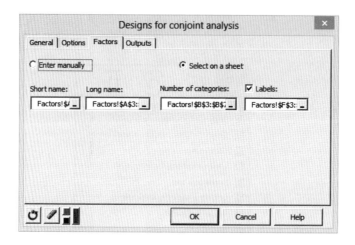

在「**輸出**」的選項卡中，單個工作表不會啟動，因為本章不需要使用這些工作表。然而，在全面的分析中，它們非常有用，能便於得到受訪者直接填寫的回答。

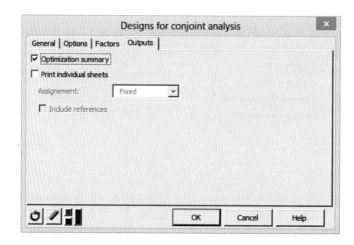

　　一旦你點擊**確定**，將出現一個新的對話框。這允許你選擇特定的分數因子設計或最適化設計（D—最適）。在這裡，我們使用了**最適化**（optimize）選項。一旦單擊「最適化」按鈕，即執行計算並顯示結果。第一張表總結了生成的模型。第二個表格顯示了從左邊部分的輪廓開始的聯合設計。表中的正確部分必須填寫每位受訪者的排名。

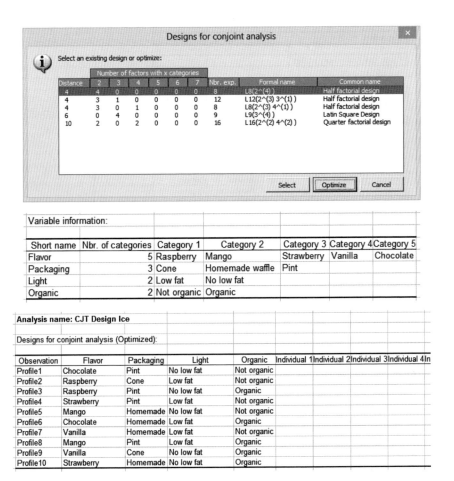

Designs for conjoint analysis

Select an existing design or optimize:

Distance	Number of factors with x categories						Nbr. exp.	Formal name	Common name
	2	3	4	5	6	7			
4	4	0	0	0	0	0	8	L8(2^(4))	Half factorial design
4	3	1	0	0	0	0	12	L12(2^(3) 3^(1))	Half factorial design
4	3	0	1	0	0	0	8	L8(2^(3) 4^(1))	Half factorial design
6	0	4	0	0	0	0	9	L9(3^(4))	Latin Square Design
10	2	0	2	0	0	0	16	L16(2^(2) 4^(2))	Quarter factorial design

Select　Optimize　Cancel

Variable information:

Short name	Nbr. of categories	Category 1	Category 2	Category 3	Category 4	Category 5
Flavor	5	Raspberry	Mango	Strawberry	Vanilla	Chocolate
Packaging	3	Cone	Homemade waffle	Pint		
Light	2	Low fat	No low fat			
Organic	2	Not organic	Organic			

Analysis name: CJT Design Ice

Designs for conjoint analysis (Optimized):

Observation	Flavor	Packaging	Light	Organic	Individual 1	Individual 2	Individual 3	Individual 4	In
Profile1	Chocolate	Pint	No low fat	Not organic					
Profile2	Raspberry	Cone	Low fat	Not organic					
Profile3	Raspberry	Pint	No low fat	Organic					
Profile4	Strawberry	Pint	Low fat	Not organic					
Profile5	Mango	Homemade	No low fat	Not organic					
Profile6	Chocolate	Homemade	Low fat	Organic					
Profile7	Vanilla	Homemade	Low fat	Not organic					
Profile8	Mango	Pint	Low fat	Organic					
Profile9	Vanilla	Cone	No low fat	Organic					
Profile10	Strawberry	Homemade	No low fat	Organic					

步驟 3　填寫聯合分析表

　　聯合設計表可以直接在 CJT 設計表中填寫，或者使用單獨的表格進行結果的自動參照。

XLSTAT 2016.05.12345 - Designs for conjoint analysis - Start time: 8/3/2016 at 11:21:28 AM					
Analysis name: CJT Design Ice					
Respondent: 1 / 15					
Please rank / rate these profiles:					
Profile	Flavor	Packaging	Light	Organic	Ranking/Rating
Profile 1	Chocolate	Pint	No low fat	Not organic	
Profile 2	Raspberry	Cone	Low fat	Not organic	
Profile 3	Raspberry	Pint	No low fat	Organic	
Profile 4	Strawberry	Pint	Low fat	Not organic	
Profile 5	Mango	Homemade waffle	No low fat	Not organic	
Profile 6	Chocolate	Homemade waffle	Low fat	Organic	
Profile 7	Vanilla	Homemade waffle	Low fat	Not organic	
Profile 8	Mango	Pint	Low fat	Organic	
Profile 9	Vanilla	Cone	No low fat	Organic	
Profile 10	Strawberry	Homemade waffle	No low fat	Organic	

步驟 4　解釋結果

　　為了本研究的目標，有 15 個人被質疑了他們的冰淇淋的偏好。調查答案可以在 CJT 設計表中找到，以及 CJT 分析表中的分析結果。一旦聯合設計填滿了回答，就可以執行分析了。

　　一個選項是單擊按鈕執行分析（**Run the analysis**），自動啟動帶有加載數據的界面。

　　另外，可以點擊上 **CJT/ Conjoint analysis**。

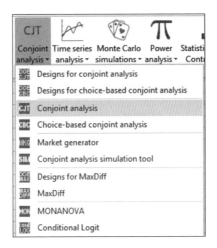

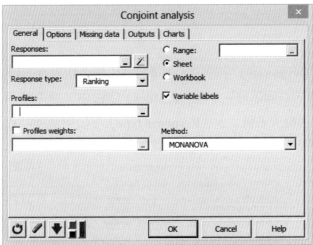

　　為方便數據選擇，並避免手動選擇兩個必需的數據集（回答和輪廓），你可以點擊魔術棒。如果使用 XLSTAT 生成了聯合設計，並且結果表沒有被手動修改（添加行或列等），這將自動加載兩個數據集。將彈出一個新窗口。選擇包含聯合分析設計的工作表的任何單元格。在這個例

子中，我們選擇了 CJT 設計表的單元格 H13。然後單擊**確定**。你也可以手動選擇數據。

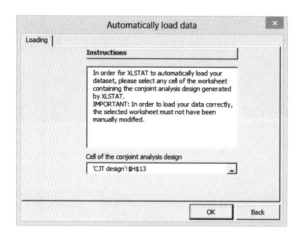

在「**Responses**」字段中，選擇與個人排名相對應的聯合分析設計的 15 列（表的右側部分）。在「**Profiles**」字段中，選擇與不同輪廓關聯的列（不包括輪廓名稱）。「**Response type**」字段中選擇排名（ranking）。

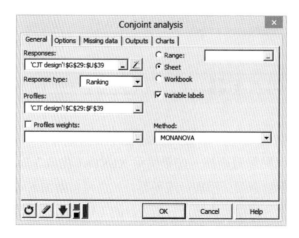

　　一旦點擊**確定**按鈕，將執行計算並顯示結果。最重要的結果是部分效用值以及個人的重要性。這些都是在個人層面上制定的。它們可以在下表中找到。他們的平均值被計算並顯示在圖表上。這些提出了每個因素的重要度之想法。

Utilities (Individual data):

Source	Individual 1	Individual 2	Individual 3	Individual 4	Individual 5	Individual 6	Individual 7	Individual 8	Individual 9	Individual 10	Individual 11	Individual 12	Individual 13	Individual 14	Individual 15
Intercept	5.300	5.082	5.433	5.900	4.760	5.918	5.500	5.164	5.701	5.233	6.117	5.500	5.021	5.973	4.789
Flavor-Chocolate	3.202	0.627	-1.103	0.600	1.412	2.507	1.254	2.032	0.802	-1.326	0.596	1.685	-2.154	-1.044	0.174
Flavor-Mango	-4.303	-2.507	-0.100	1.100	-3.127	-0.627	1.254	0.064	-0.201	1.671	1.255	2.545	1.436	2.462	-0.836
Flavor-Raspberry	2.773	2.865	1.260	0.457	3.858	-1.970	-1.433	3.036	-0.344	-1.377	-0.969	-1.656	0.410	0.333	1.612
Flavor-Strawberry	-2.301	0.627	3.409	0.100	-3.127	-0.627	1.254	-1.056	-0.201	-1.451	-0.617	-1.410	-2.154	2.267	-4.006
Flavor-Vanilla	0.629	-1.612	-3.466	-2.257	0.986	0.716	-2.328	-4.076	-0.057	2.483	-0.265	-1.164	2.462	-4.018	3.056
Packaging-Cone	-1.001	-2.089	-0.334	2.000	-3.699	2.089	0.000	-1.680	1.003	-1.336	3.085	0.000	-2.394	2.364	-3.553
Packaging-Homemade wa	0.143	2.388	1.385	-2.286	2.200	-0.597	0.895	2.355	-3.294	2.154	-3.945	0.369	2.736	0.573	1.344
Packaging-Pint	0.858	-0.298	-1.050	0.286	1.499	-1.492	-0.895	-0.675	2.292	-0.818	0.859	-0.369	-0.342	-2.937	2.209
Light-Low fat	-0.375	-0.261	-1.003	-1.292	-0.709	0.261	1.045	-0.597	-1.253	1.484	-0.598	1.906	-0.299	1.486	1.164
Light-No low fat	0.375	0.261	1.003	1.292	0.709	-0.261	-1.045	0.597	1.253	-1.484	0.598	-1.906	0.299	-1.486	-1.164
Organic-Not organic	0.375	-1.828	1.504	1.958	1.056	1.828	-2.089	-0.566	-0.251	-0.015	0.945	-1.619	1.496	-0.591	-1.501
Organic-Organic	-0.375	1.828	-1.504	-1.958	-1.056	-1.828	2.089	0.566	0.251	0.015	-0.945	1.619	-1.496	0.591	1.501

Importances (Individual data):

Source	Individual 1	Individual 2	Individual 3	Individual 4	Individual 5	Individual 6	Individual 7	Individual 8	Individual 9	Individual 10	Individual 11	Individual 12	Individual 13	Individual 14	Individual 15
Flavor	69.079	38.298	48.000	23.737	42.552	36.585	30.769	52.779	11.765	37.746	18.021	35.042	34.615	40.667	38.899
Packaging	17.105	31.915	17.000	30.303	35.938	29.268	15.385	29.952	57.353	33.487	56.974	6.151	38.462	33.269	31.743
Light	6.908	3.723	14.000	18.266	8.639	4.268	17.949	8.860	25.735	28.482	9.693	31.796	4.487	18.645	12.824
Organic	6.908	26.064	21.000	27.694	12.871	29.878	35.897	8.409	5.147	0.284	15.312	27.012	22.436	7.419	16.534

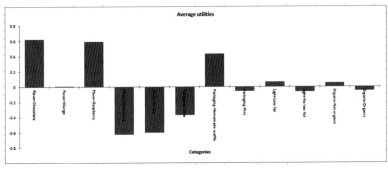

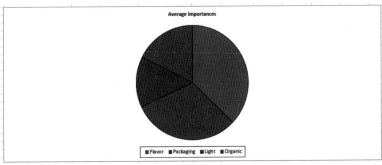

　　我們可以得出結論，風味和包裝是個人層面和平均水準上最重要的因素。更具體地說，巧克力或覆盆子風味和自製華夫餅（waffle）包裝具有很大的積極效果（平均效用圖）。XLSTAT-Conjoint 允許透過使用統計集群方法來分段受訪者。該選項允許查看是否出現同類的群體。

步驟 5　市場模擬

　　聯合分析的主要優點是，即使市場上的產品尚未經過個人測試，它也可以模擬市場。在我們的案例中，分析了冰淇淋市場，我們想知道與新產品（名為產品 4）相關的影響和市場占有率。這種產品是一種有機覆盆子冰淇淋，不是低脂肪，而是用自製的華夫餅。

　　我們知道，在今天的市場上，有 3 種具有不同特徵的冰淇淋，下表顯示了模擬市場：

Simulated market:

Product ID	Flavor	Packaging	Light	Organic
Product 1	Strawberry	Pint	Low fat	Organic
Product 2	Mango	Pint	No low fat	Not organic
Product 3	Strawberry	Cone	Low fat	Not organic
Product 4	Raspberry	Homemade waffle	No low fat	Organic

　　該表將需要進行市場占有率模擬。為了輕鬆產生此表，您可以使用市場產成器（market generator）工具，如下所示：

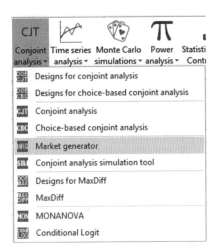

　　要產生包含不同產品的市場表，需要選擇變量訊息表顯示在「CJT 分析表」上，並指出要產生的產品數量。然後單擊**確定**。

　　一個新窗口彈出要求選擇每個產品的特性。定義產品後，可以繼續使用下一個產品，也可以停止產生表。通常，我們想要引入市場的新產品是最後一個。在我們的情況下，這是產品 4。

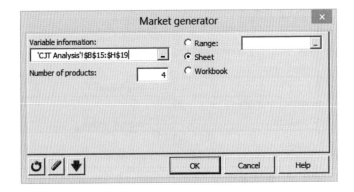

在市場產生後,可以開始模擬。為此,點擊 **CJT/ Conjoint** 分析模擬工具。然後可以選擇數據。

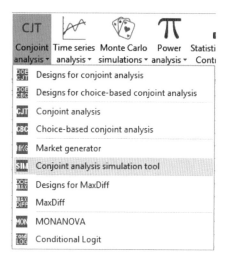

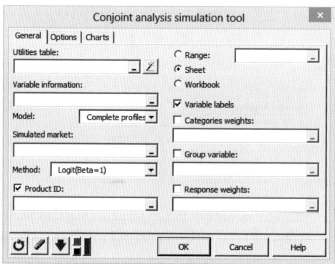

　　為了方便數據選擇，避免手動選擇所需的 4 個數據集（效用值、變量
訊息、模擬市場、產品 ID），點擊魔術棒。如果使用 XLSTAT 生成了聯
合分析和模擬市場，並且沒有手動修改兩個工作表（添加行或列等），這
將自動加載 4 個數據集。然後選擇包含聯合分析結果的工作表的任何單元
格，以及包含使用 XLSTAT 生成的市場的工作表的任何單元格。在這個
例子中，我們選擇 CJT 分析和市場產生器單元格的單元格 H13。然後單
擊確定。

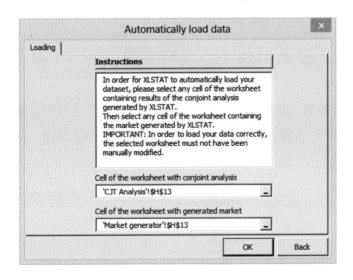

　　還可以手動選擇數據：效用值可以在 CJT 分析表中找到，關於變量
的訊息表在 CJT 分析表中獲得。模擬市場是在市場生成表中（不要選擇
產品名稱）。也可以選擇產品 ID 按鈕後面的產品名稱。選擇完整模型和
logit 方法進行模擬。

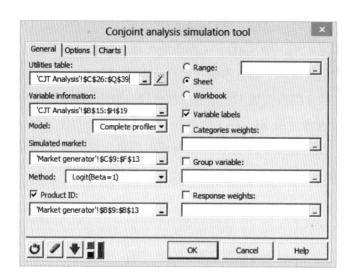

　　一旦點擊「**確定**」按鈕，將執行計算並顯示結果。該表顯示，新產品
（產品 4）的市場占有率為 38%。這個結果似乎令人滿意，便於在市場上
推出產品。

Market share:	
Product ID	Market share (Total)
Product 1	15.380
Product 2	23.947
Product 3	22.563
Product 4	38.110

　　為了快速評估其他變化對新產品的影響（如果新產品的味道是芒果而
不是覆盆子，你可能想知道市場占有率是什麼），可以在模擬市場表中修
改最後一個產品的類別（灰色行），點擊要更改的類別。

類別修改後，可以點擊「**再次執行**」按鈕（就在模擬市場表格的下方）。市場占有率和相關圖表將自動更新。

從這個例子可以看出，隨著芒果口味的市場份額有所下降。在新產品中加入覆盆子味道會更好。

第18章 選擇型聯合分析

聯合分析是在競爭環境下分析新產品的綜合方法。該工具允許你執行分析收集樣本後獲得結果。這是分析的第四步驟，一旦定義了屬性，就已經生成了設計，並可收集每個人的回答。

在選擇型聯合分析（Choice Based Conjoint, **CBC**）模式的情況下，每個人必須在輪廓（profile）的選取之間進行選擇。因此，給所有個人提供了數個選擇（我們將從生成的產品中選擇一個產品）。

基於特定條件 logit 模型使用多項 logit 模型對這些選擇進行分析。

作為選擇型聯合分析的一部分，與完整輪廓聯合分析不同，我們獲得總體效用值，也就是說，與所有個人相關聯的每個變量之每一類別得出一個效用值。根據個人進行分類是不可能的。

XLSTAT-Conjoint 分析軟體建議包括一個分段變量，它將為變量定義的每個組建立單獨的模型。除了效用值外，聯合分析還提供了與每個變量有關聯的重要度。

18.1 數據輸入類型

聯合分析是想了解顧客的購買可能性，建構顧客選擇商品模式化的行銷手法。聯合分析有 2 種手法，一是完全輪廓型的聯合分析，另一是**選擇型的聯合分析**。XLSTAT-Conjoint 是由 5 個步驟所構成：

1. 為記述產品，選擇有關的因素與它們的型態（modality）來描述產品。
2. 基於完全因素、部分實施因素、D– 最適化，產生實驗的計畫。
3. 收集 Microsoft Excel 試算表上的結果。

4. 利用特定的迴歸方法進行數據分析：MONANOVA（單調迴歸）、多項 logit、條件 logit 等。

5. 利用各種手法模擬新市場：first choice、多項 logit、Bradley-Terry-Luce、Randomized first choice。

一個品牌的軟性飲料想要推出一個新的產品。應用聯合分析來回答兩個問題：飲料應該具有哪些特徵，(1) 被最多的人喜歡，(2) 在已經競爭激烈的市場中獲得多少的市場占有率？

包含這個例子的數據和結果的 Excel 試算表可以透過點擊 Conjoint.xls 下載，其結果被分成不同的表格：

1. 因素：該表包含所選因素的特徵。

2. CJT 設計：這張表包含生成的配置文件，以及 10 個人給出的排名。

3. CJT 分析：這張表包含聯合分析（CJT）的結果。

4. 市場發生器：這張表包含完整的市場模擬。

5. 市場模擬：該表包含市場模擬的結果。

18.2 數據輸入步驟

步驟 1 要因的選擇

想將某品牌的飲料引進市場，爲了回答 2 個問題而應用聯合分析。第 1，爲了能被最多數的人喜歡；第 2，爲了在既有市場獲得市場占有率，此飲料要具有何種特徵。首先與飲料市場的專家合作，定義飲料，選擇重要特徵。

所選擇的要因是：

(1)Temperature (very, hot, iced)

(2)Suger (no suger, 1suger, 2suger)

(3)Lemon (yes, no)

(4)Intensity (strong, medium, low)

　　從這些要因可以得出 54 種產品，這些產品無法全部審查，爲了削減提示數，使用實驗計畫法。在選擇型聯合分析中（CBC），針對個人提示產品的組合，讓它們選擇想購買的組合。

步驟 2　輪廓的選擇與比較的產生

　　啓動 XLSTAT，點選 CJT，選擇〔Design for choice-based conjoint analysis〕。

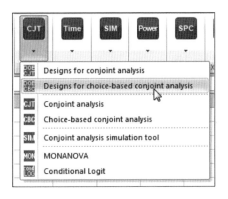

　　出現如下對話框。輸入分析的名稱、要因數（本事例 4）、分類的輪廓數（12）、比較數（20，這必須要比輪廓數大才行）、各比較的輪廓數（3）。

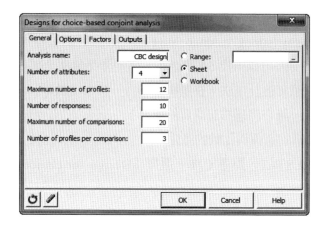

在〔Factors〕tab 中，啟用 select on a sheet，在「factor」試算表內選擇數據，不用選擇行標籤。

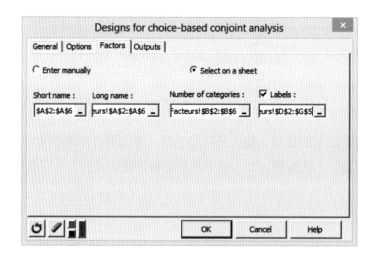

點一下〔Output〕tab，本事例不需要生成個體表，因此不勾選。

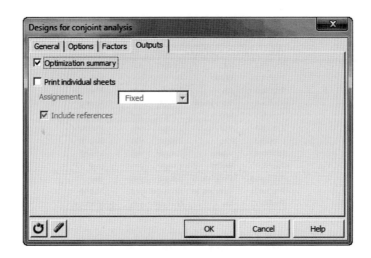

　　按〔OK〕，出現新的對話框。此處可以選擇一部分實施要因計畫或計畫最適化（D- 最適化）。我們選擇「最適化」（Optimize）選項。

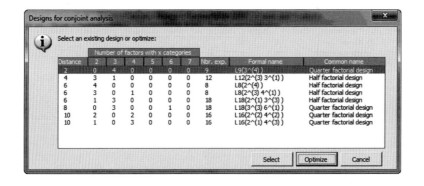

按一下最適化，顯示出計算的結果。

Profiles (Optimized):				
Observation	Temperature	Sugar	Lemon	Intensity
Profile1	Ice	1 sugar	no	Low
Profile2	Warm	No sugar	no	Low
Profile3	Ice	2 sugar	no	Medium
Profile4	Very warm	1 sugar	no	Strong
Profile5	Warm	1 sugar	yes	Medium
Profile6	Very warm	2 sugar	no	Medium
Profile7	Ice	2 sugar	yes	Strong
Profile8	Warm	2 sugar	no	Strong
Profile9	Warm	2 sugar	yes	Low
Profile10	Very warm	2 sugar	yes	Low
Profile11	Very warm	No sugar	yes	Strong
Profile12	Ice	No sugar	yes	Medium

下表是選擇的表格，它在表格 CBC Design 中，必須在受訪者（個人）面談後完成。每個人的選擇在 1 到 3 之間。表左側的數字與輪廓表的輪廓相關聯。

Designs for conjoint analysis:							
Comparisons	Choice 1	Choice 2	Choice 3	Individual 1	Individual 2	Individual 3	Individual 4
Comparison 1	8	9	7				
Comparison 2	10	3	12				
Comparison 3	11	2	6				
Comparison 4	1	8	4				
Comparison 5	5	10	2				
Comparison 6	3	11	9				
Comparison 7	12	6	7				
Comparison 8	7	1	4				
Comparison 9	12	10	11				
Comparison 1	8	6	3				
Comparison 1	9	2	5				
Comparison 1	2	12	8				
Comparison 1	1	9	6				
Comparison 1	7	5	3				
Comparison 1	11	4	10				
Comparison 1	3	1	2				
Comparison 1	4	12	9				
Comparison 1	10	7	8				
Comparison 1	5	11	1				
Comparison 2	6	4	5				

Enter the code associated to the choice made (from 1 to 3).
Enter the 0 value if none of the choices have been selected.

步驟 3　聯合分析表的記入

　　就個人的選擇於訪談後，由外部直接記入，或使用單獨的表格自動參考結果。後一種可能性，在 CBC 分析中是很有意思的，因為完成整體的表格是複雜的。

步驟 4　結果的解釋

　　作為這個分析的一部分，有 10 個人被問到他們在茶方面的偏好。所得結果在 CBC 分析表中。

　　一旦聯合設計填滿了回答，就可以開始分析了。一個選項是點擊**執行分析**按鈕，自動啟動加載數據的界面。

　　另外，你可以點擊 **CJT** 中的 **Choiced-based Conjoint analysis**。在這種情況下，需要手動加載所需的不同數據集。

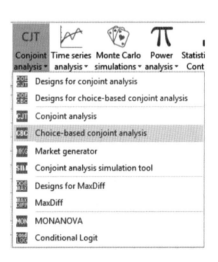

　　接著，你可以選擇數據。

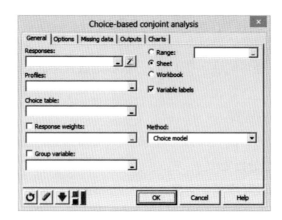

　　為了便於數據選擇，並避免手動選擇三個所需的數據集（回答、輪廓和選擇），你可以點擊魔術棒（magic stick）。如果使用 XLSTAT 生成了聯合設計，並且結果表未被手動修改（添加行或列等），將自動加載兩個數據集。一個新的窗口會彈出。選擇包含選擇型聯合分析的設計的任何單元格。在這個例子中，我們選擇了 CBC 設計表格中的單元格 H13。然後單擊確定。

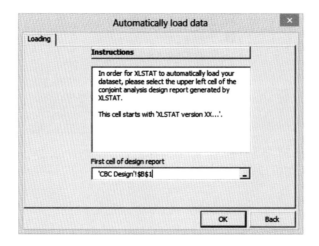

　　你也可以手動選擇你的數據集。在 **Responses** 字段中，選擇個人完成的回覆表中的 10 列。在 **Choice table** 字段中，選擇包含比較輪廓編號的 3 列（沒有比較名稱）。在 **Profiles** 字段中，選擇輪廓表（不含輪廓名稱）。

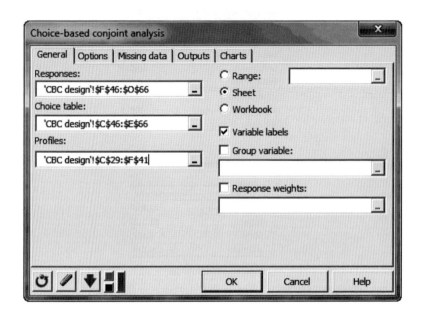

　　按〔OK〕即開始計算。

　　使用從特定條件 logit 模型導出的多項 logit 模型進行估計。最重要的結果是效用和重要性。他們可以在第一個表中找到。我們看到效用不是個別的，而是與所有人有關。

Aggregated utilities:	
Source	Utilities
Temperature-Ice	0.044
Temperature-Very warm	-0.075
Temperature-Warm	0.031
Sugar-1 sugar	-0.046
Sugar-2 sugar	-0.140
Sugar-No sugar	0.186
Lemon-no	0.018
Lemon-yes	-0.018
Intensity-Low	0.013
Intensity-Medium	0.019
Intensity-Strong	-0.033

Aggregated importances:	
Source	Importances
Temperature	22.438
Sugar	61.216
Lemon	6.612
Intensity	9.734

　　這說明糖分是影響分析最重要的因素，其中重要性在 60% 以上。其次是溫度有 22% 的重要性。在綜合實用程序表中，我們看到缺乏糖對選擇有積極影響。

步驟 5　市場模擬

　　聯合分析的優點是即使市場上的產品未被每一個人測試，也可模擬市場。

　　在我們的案例中，我們分析了茶飲料的市場，我們想調查一下新產品的推出所帶來的影響和市場占有率。這個產品（產品 4）是沒有檸檬和沒有糖的強烈冰茶。我們知道，在今天的市場上，有三種不同特點的茶飲料。

下表顯示了模擬市場：

Simulated market:				
Product ID	Temperature	Sugar	Lemon	Intensity
Product 1	Ice	2 sugar	yes	Low
Product 2	Warm	1 sugar	no	Medium
Product 3	Warm	2 sugar	yes	Low
Product 4	Ice	No sugar	no	Strong

這個表格將用於市場占有率的模擬。為了輕鬆建立此表，你可以使用**市場生成器**工具，如下所示：

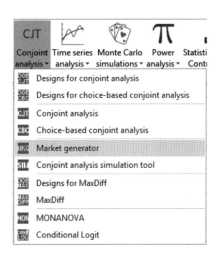

為了生成包含不同產品的市場表，你必須選擇聯合分析結果表中的變量訊息表，還必須指出要生成的產品數量，然後點擊**確定**。

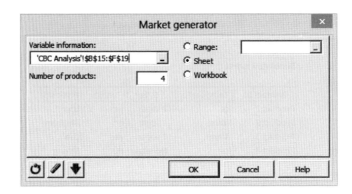

    然後，對於每個產品的每個屬性，都會要求你選擇要添加的類別。在定義完整個產品後，你可以繼續使用下一個產品，也可以停止建立表格。通常我們要在市場上推出的新產品是最後一個產品。在我們的例子中，這是產品 4。

    一旦產生了市場，就可以開始模擬。為此，請單擊 **CJT** 圖標，然後選擇**聯合分析模擬**工具。

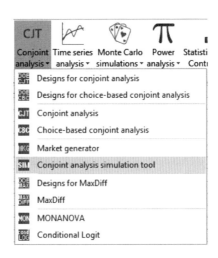

然後您可以選擇數據。

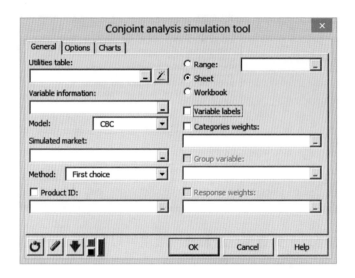

　　為了便於選擇數據並避免手動選擇所需的四個數據集（效用、變量信息、模擬市場、產品 ID），請點擊魔術棒。如果使用 XLSTAT 生成了聯合分析和模擬市場，並且兩個工作表沒有被手動修改（添加行或列等），這將自動加載四個數據集。然後選擇包含選擇型聯合分析所得工作表的任何單元格以及包含使用 XLSTAT 市場生成的工作表的任何單元格。在這個例子中，我們選擇了 CBC 分析和市場生成器的單元格 H13。然後單擊確定。

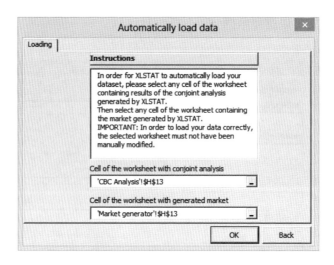

你也可以手動選擇你的數據：效用可以在 CBC 分析表中找到，在 CBC 分析表中獲得關於變量的訊息表。模擬市場在市場生成器表單中（不要選擇產品名稱）。也可以在產品 ID 按鈕後面選擇產品的名稱。選擇完整的輪廓模型和用於模擬的 logit 方法。

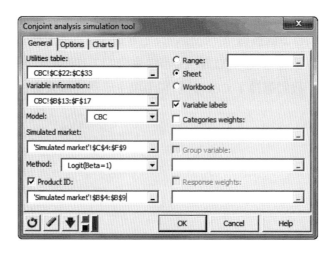

　　一旦你點擊**確定**按鈕，就會執行計算並顯示結果。

　　表格顯示新產品（產品 4）的市場占有率為 30%。這個結果似乎令人滿意，以便進一步在市場上推出該產品。

Market share:	
Product ID	Market share (Total)
Product 1	22.288
Product 2	25.178
Product 3	21.983
Product 4	30.551

　　為了快速評估其他變化對新產品的影響（如果產品是一顆糖，你可能想知道市場占有率是多少），可以修改最後一個產品（灰色行）的類別在模擬市場透過單擊要更改的類別表。

Simulated market:				
Product ID	Temperature	Sugar	Lemon	Intensity
Product 1	Ice	2 sugar	yes	Low
Product 2	Warm	1 sugar	no	Medium
Product 3	Warm	2 sugar	yes	Low
Product 4	Ice	No sugar ▾		Strong
You can click the row corresponding		1 sugar / 2 sugar / No sugar	*oduct to change leve*	
Run again the analysis				

　　一旦類別被修改，你可以點擊**再次執行分析**按鈕（在模擬市場表格下面）。市場占有率和相關圖表會自動更新。

Simulated market:				
Product ID	Temperature	Sugar	Lemon	Intensity
Product 1	Ice	2 sugar	yes	Low
Product 2	Warm	1 sugar	no	Medium
Product 3	Warm	2 sugar	yes	Low
Product 4	Ice	1 sugar	no	Strong

You can click the row corresponding to the last product to change leve

Run again the analysis

Market share:

Product ID	Market share (Total)
Product 1	23.790
Product 2	26.875
Product 3	23.464
Product 4	25.871

　　從這個例子可以看出，隨著糖量的增加，市場占有率略有下降。因此，推出一款不含糖的新產品會更好。

第 19 章　偏好映射法

19.1　兩種類型的偏好映射法

　　本章取材自 Cartographie des Préférences. Un outil statistique pour l'industrie agro-alimentaire. Sciences des aliments, 12, pp339-355（Schlich P, McEwan J.A., 1992），以及 Addinsoft 開發團隊與一些感官數據分析專家之間的交流成果。

　　我們區分兩種類型的偏好映射方法（Preference Mapping methods, PREFMAP）：

一、內部偏好映射（Internal Preference Mapping）

　　該方法對應於偏好數據的多維度分析（Multidimensional Analysis of Preference Data, MDPREF），並且基於對行（觀察）中的產品和列（變量）中的消費者的偏好數據執行的 PCA（主成分分析）。數據是每個產品的消費者給出的評級。偏好圖是觀察值和變量的二維（二維或三維）圖。

　　隨著消費者數量（要解釋的軸的數量增加），偏好圖的總結能力將減少，有時使用 non-metric PCA 來減少必要的軸數。non-metric PCA 由數據的單調變換組成，使得由 k 個（k = 2 或 3）的第一軸解釋的變異量（variability）為最大。這種轉換意味著我們認為評級（ranking）具有序數意義，而評級之間的距離或比率並不重要。要減少軸的數量，你可能還需要對消費者進行分組，並以組作為變量執行 PCA。

　　內部偏好映射允許生成一個映射，在該映射上可以識別消費者或消費者組中偏好被表示為向量。

二、外部偏好映射（External Preference Mapping）

該方法允許將消費者所顯示的偏好與產品的某些物理化學、感官或經濟特徵聯繫起來。這種方法是至關重要，因為它為行銷和研發團隊提供了可靠的基礎，以適應或創造符合消費者期望的產品。

此方法需要一個額外的表格來描述具有一系列標準的產品。與內部偏好映射相反，第一步驟是根據其特徵映射產品。

這可以透過執行主成分分析（PCA）、對應分析（CA）或廣義預測分析（GPA）來獲得。

（註：上述各種分析請參 XLSTAT 中的介紹）。

此第一個可視化命名為感官圖。透過應用 PREFMAP 方法，我們為每個消費者（或消費者群體）對產品的評級進行建模，將產品的特徵用作解釋變量，目的是在感官圖上表示消費者。

19.2 數據輸入型式

以下範例顯示如何使用 PREFMAP 方法建立偏好映射。可以透過點擊 PREFMAP.xls 下載具有數據和結果的 Excel 試算表。數據由以下組成：

1. 消費者可接受性數據：99 位消費者評估了 10 種不同洋芋片樣本。這些數據來自 Schlich 和 McEwan（1992）的文章。評級從 1 到 30（30 對應於最高可接受性）。這些數據存儲在 99 x 10 試算表中。
2. 平均評分由 8 位專家評估 10種洋芋片樣本，4 個質感屬性和 7 個風味屬性。由 Schlich 和 McEwan（1992）撰寫的這些數據，構成了 10 x 11 的試算表。

步驟 1　建立感官圖

　　我們首先通過在 10 x 11 試算表上應用 PCA 建立感官圖。這給了我們二維可視化的圖像。由於已經有一個專門針對 PCA 的檔案，我們在這裡沒有詳細說明這個問題。PCA 的對話框已填入，如下所示。

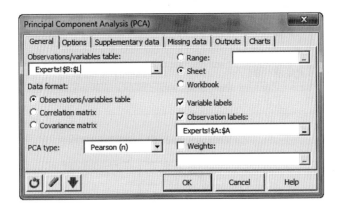

　　選項 **tab** 的設定顯示如下：

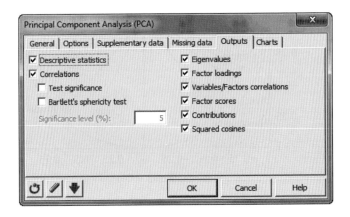

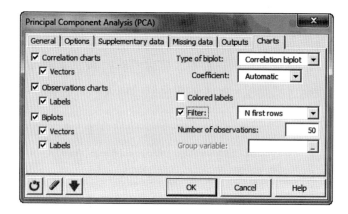

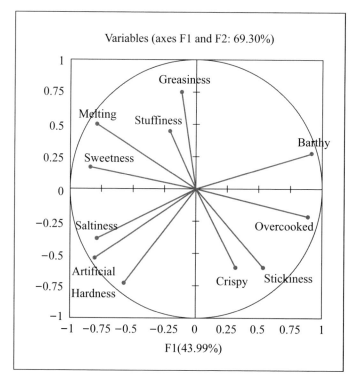

Variables (axes F1 and F2: 69.30%)

　　專家使用的一些基準（criteria），如考慮相關圈上的分散性，似乎有些多餘（甜度與過煮相反，鹽度與人工正相關）。

　　品質良好的洋芋片的圖表（**69.3%** 的變異量顯示在前兩個維度），使我們能夠注意到產品被專家充分地加以差異化。

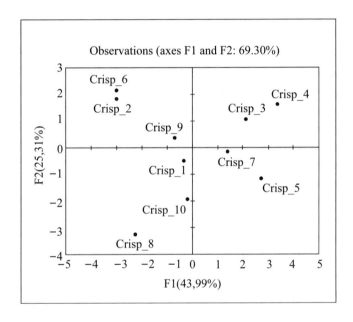

　　使用 PCA，我們將洋芋片投影在二維感官圖上。將消費者置於圖上以了解哪些消費者喜歡使用哪種類型的洋芋片之前，我們希望將消費者分組為同質的集群，以便獲得視覺滿意的圖表。

步驟 2　分組消費者

　　我們現在關注 99 個消費者的評級。隨著消費者數量的增加，我們決定將它們分組到同組，以使 PREFMAP 結果更容易解釋。我們選擇了**階層集群**（**AHC**）。作為 AHC 的檔案已經存在，我們在這裡沒有詳細說明這個問題。AHC 的對話框已填入，如下所示。

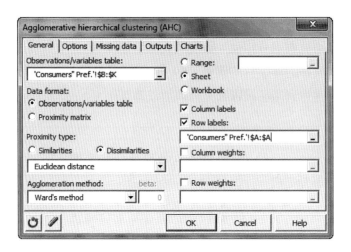

在「選項」tab 中，已應用於「行」的「中心／縮小」（Center/ Reduce）選項已被啟動，以減少消費者判斷量表之間的差異。截斷 （truncation）選項未啟動。

透過查看樹狀圖，決定使用 9 組是合理的。

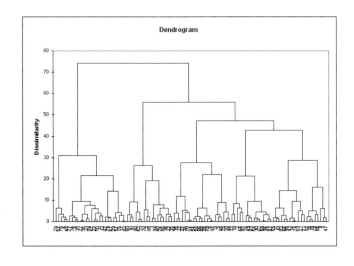

　　然後我們重新執行 AHC，同時指定我們要求 9 個集群。對話框已填寫如下所示。與前一種情況的唯一區別是我們要求截斷。

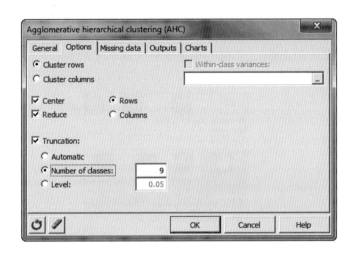

　　然後，為了分析的最後一步我們儲存集群的重心。表格被複製並貼在（有編輯 / 貼上的轉置選項）取名為「集群」的新工作表中。

Class centroids:										
Class	Crisp_1	Crisp_2	Crisp_3	Crisp_4	Crisp_5	Crisp_6	Crisp_7	Crisp_8	Crisp_9	Crisp_10
1	14,091	20,182	5,727	3,545	20,545	22,000	22,545	8,455	21,636	23,545
2	11,000	21,600	6,933	8,867	14,333	25,267	8,533	25,333	3,800	18,133
3	23,000	1,200	7,800	20,800	25,800	3,600	19,200	1,000	17,600	25,200
4	23,929	23,786	2,000	7,143	15,786	13,786	9,071	27,071	22,357	20,429
5	18,125	7,125	21,750	1,750	17,250	10,625	23,125	27,500	10,750	3,500
6	16,190	6,381	8,810	4,286	22,048	5,952	10,095	25,619	20,381	23,762
7	13,333	20,833	3,000	4,167	23,417	8,833	22,750	23,500	7,500	17,333
8	18,857	15,000	2,286	25,000	19,429	14,286	18,571	27,000	25,571	6,143
9	14,667	26,500	25,000	2,500	20,167	26,833	15,833	5,333	13,833	3,667

步驟 3　使用 PREFMAP 方法建立偏好映射

　　在本節中，我們使用 PREFMAP 方法，使用二維因子空間中洋芋片的座標和消費者給與的評分歸納出 9 個集群的標準化等級。

19.3 設定偏好映射

要啟動「偏好映射」對話框，先啟動 XLSTAT，然後選擇 XLSTAT/ Sensory data analysis/ Preference Mapping（PREFMAP）指令，或單擊 XLSTAT data analysis 工具欄的相應按鈕（見下文）。

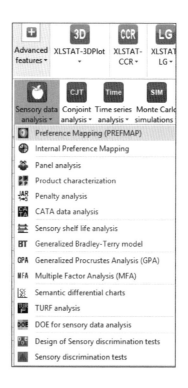

當您單擊 PREFMAP 按鈕時，將顯示「偏好映射」的對話框。選擇 Excel 試算表上的數據。「Y／偏好數據」對應於 8 個集群的等級。「X／配置」對應於從 PCA 獲得的洋芋片的因素分數。「初步轉換」選項允許直接對原始數據執行 PCA。正如我們先前做過 PCA 一樣，這不是必要

的。我們決定使用最多的二次模型。

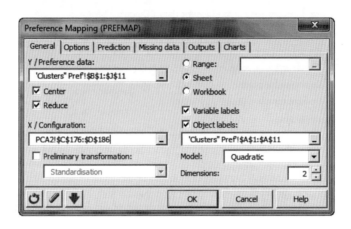

在「選項」tab 中，為了選擇 4 種可能模型中的最佳模型，我們使用了 F 比檢定，具有 0.1（10%）的顯著水準。這意味著如果一個更複雜的模型沒有給與 p 值低於 0.1 的 F 比，則更複雜的模型即被拒絕。

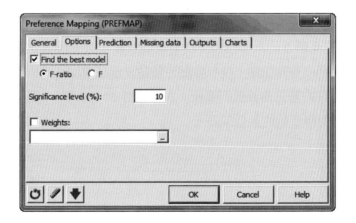

我們選擇模型的係數來確定偏好圖上向量的長度。

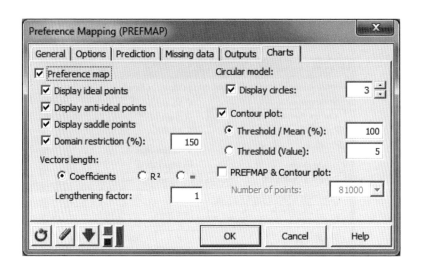

19.4　解釋偏好映射

　　我們獲得的結果（見下文）顯示向量模型是 3 到 9 的最佳模型。對於集群 1 來說，二次模型表現最好。但是，這並不重要。循環模型（circular model）是集群 2 的最佳模型，具有重要意義。對於為集群 1 保留的二次模型，我們沒有理想點、沒有鞍點。鞍點表示在增加（或相反方向減小）之前，偏好的變化性較低的閾值。對於集群 2，我們有一個反理想的點。反理想點對應於組的最低偏好。

表 19.1

Model selection:				
Y	Model	Point type	F1	F2
Cluster1	Quadratic	Saddle	-0.622	0.550
Cluster2	Circular	Anti-ideal	1.214	0.754
Cluster3	Vector	-		
Cluster4	Vector	-		
Cluster5	Vector	-		
Cluster6	Vector	-		
Cluster7	Vector	-		
Cluster8	Vector	-		
Cluster9	Vector	-		

觀察變異數的分析，我們看到模型僅對於2、3、4和6集群是重要的。

表 19.2

Analysis of variance:								
Y	DF	m of square	ean square	R²	F	Pr > F	F-ratio	Pr > F
Cluster1	5	1,588	0,318	0,824	3,734	0,113	5,144	**0,074**
Cluster2	3	1,486	0,495	0,835	10,113	**0,009**	11,247	**0,015**
Cluster3	2	4,506	2,253	0,499	3,491	**0,089**		
Cluster4	2	2,699	1,350	0,700	8,171	**0,015**		
Cluster5	2	7,083	3,542	0,213	0,947	0,432		
Cluster6	2	1,620	0,810	0,820	15,942	**0,002**		
Cluster7	2	5,179	2,589	0,425	2,582	0,145		
Cluster8	2	8,634	4,317	0,041	0,148	0,865		
Cluster9	2	5,426	2,713	0,397	2,305	0,170		

表 19.3

Model coefficients:						
Y	Intercept	F1	F2	F1^2	F2^2	F1*F2
Cluster1	0.328	0.020	-0.177	-0.086	0.031	-0.230
Cluster2	-0.743	-0.237	-0.147	0.097	0.097	0.000
Cluster3	0.000	0.287	-0.136	0.000	0.000	0.000
Cluster4	0.000	-0.294	-0.276	0.000	0.000	0.000
Cluster5	0.000	-0.001	-0.262	0.000	0.000	0.000
Cluster6	0.000	-0.034	-0.513	0.000	0.000	0.000
Cluster7	0.000	-0.105	-0.343	0.000	0.000	0.000
Cluster8	0.000	-0.021	-0.111	0.000	0.000	0.000
Cluster9	0.000	-0.112	0.327	0.000	0.000	0.000

偏好圖允許快速解釋結果。當考察 PCA 的偏好圖表和相關圓圈時，我們看到，集群 3 的消費者喜歡不融解的洋芋片，但是不能過度煮熟和脆

弱。集群 6 的消費者喜歡脆脆的洋芋片，不喜歡油膩的洋芋片。對於第 2 組，很難知道他們喜歡什麼，但似乎他們強烈地不喜歡（反理想點）一個鹹的和對所有評估基準來說是平均值（這一點接近原點）的洋芋片。

　　注意：如果在繪圖區域外沒有顯示理想／反理想／鞍點，要擴展映射區域，可以在對話框的「圖表」選項中增加「領域限制」（Domain restriction）之值。

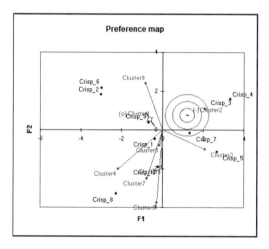

圖 19.1

　　如果我們放大對應於反理想點的集群，可以看到顯示灰色十字。較粗的線對應於偏好增加的方向，較薄的線對應於其減小的方向。線越長，效果越強。

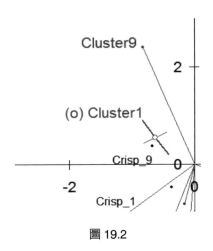

圖 19.2

　　輪廓圖允許在偏好圖的給定區域中看到有多少個集群具有高於平均值的偏好（這是使用所有適合模型後才被確定的）。

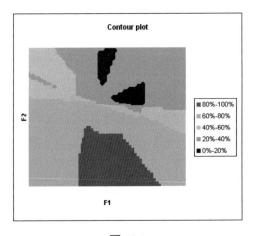

圖 19.3

　　兩個圖表可以疊加。要做到這一點，複製偏好貼圖，然後將其黏貼在

輪廓圖上。然後右鍵單擊偏好映射，將格式／模式／區域和邊框顏色更改為無。然後將偏好圖拖移到輪廓圖上，並更改大小，直到繪圖區域的邊框與輪廓圖的極限匹配。

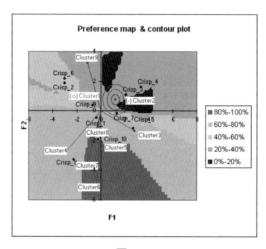

圖 19.4

顯示各組消費者的偏好順序。

表 19.4　各組消費者的偏好順序

Objects sorted by increasing preference order:								
Cluster1	Cluster2	Cluster3	Cluster4	Cluster5	Cluster6	Cluster7	Cluster8	Cluster9
Crisp_4	Crisp_7	Crisp_6	Crisp_4	Crisp_6	Crisp_6	Crisp_4	Crisp_4	Crisp_8
Crisp_8	Crisp_3	Crisp_2	Crisp_3	Crisp_2	Crisp_4	Crisp_3	Crisp_6	Crisp_5
Crisp_3	Crisp_9	Crisp_9	Crisp_5	Crisp_4	Crisp_2	Crisp_6	Crisp_3	Crisp_10
Crisp_9	Crisp_1	Crisp_8	Crisp_7	Crisp_3	Crisp_3	Crisp_2	Crisp_2	Crisp_7
Crisp_7	Crisp_4	Crisp_1	Crisp_9	Crisp_9	Crisp_9	Crisp_7	Crisp_9	Crisp_1
Crisp_1	Crisp_5	Crisp_10	Crisp_1	Crisp_7	Crisp_7	Crisp_9	Crisp_7	Crisp_3
Crisp_2	Crisp_10	Crisp_7	Crisp_6	Crisp_1	Crisp_5	Crisp_5	Crisp_1	Crisp_4
Crisp_10	Crisp_2	Crisp_3	Crisp_2	Crisp_5	Crisp_1	Crisp_1	Crisp_5	Crisp_9
Crisp_5	Crisp_6	Crisp_4	Crisp_10	Crisp_10	Crisp_10	Crisp_10	Crisp_10	Crisp_2
Crisp_6	Crisp_8	Crisp_5	Crisp_8	Crisp_8	Crisp_8	Crisp_8	Crisp_8	Crisp_6

我們注意到，洋芋片 4，以原味、不甜而不鹹的味道爲特徵，集群 1、4、6、7 和 8 根本不喜歡。對於大多數集群，除了集群 9 外，洋芋片 8 是優選的。行銷和研發團隊將能夠把這些訊息納入到正確的方向，指導他們開發新的洋芋片。

參考文獻

1. 天坂格郎、長澤伸也，2000，《感官評價的基礎之應用》，日本規格協會。

2. 長澤伸也、川榮聰史，2008，《Excel 統計的感官評價法》，日科技連出版社。

3. 佐藤信，1985，《統計的感官檢查法》，日科技連出版社。

4. 日科技連感官檢查委員會編，1973，《新版感官評價》，日科技連出版社。

5. 內田治，1997，《Execl 的調查累計、解析》，東京圖書。

6. 山內二郎，1997，《簡約統計數值表》，日本規格協會。

7. 神田範明、長澤伸也等，2000，《商品企畫七道具》，日科技連出版社。

8. Nagasawa, Shin'ya. 2003. Improvement of Scheffe' Method for Paired Comparison, Vol.3, No.3, pp47-56. Japan Society of Kansei Engineering.

9. Nagasawa,Shin'ya. 2003. Revision and Verification of Seven Tools for Product Planning, Vol.3, No.4. Japan Society of Kansei Engineering.

10. XLSTAT https://www.xlstat.com/en/download

國家圖書館出版品預行編目資料

感官檢查統計分析：EXCEL & XLSTAT應用／楊
士慶，陳耀茂著. －－初版.－－臺北市：五
南，2018.08
　　面；　公分
　ISBN 978-957-11-9835-4（平裝）
　1.統計套裝軟體　2.統計分析
512.4　　　　　　　　　　　107012201

5B35

感官檢查統計分析—
EXCEL ＆ XLSTAT應用

作　　　者 ― 楊士慶、陳耀茂（270）

發 行 人 ― 楊榮川

總 經 理 ― 楊士清

主　　　編 ― 王正華

責任編輯 ― 金明芬

封面設計 ― 王麗娟

出 版 者 ― 五南圖書出版股份有限公司

地　　　址：106台北市大安區和平東路二段339號4樓

電　　　話：(02)2705-5066　　傳　　真：(02)2706-6100

網　　　址：http://www.wunan.com.tw

電子郵件：wunan@wunan.com.tw

劃撥帳號：01068953

戶　　　名：五南圖書出版股份有限公司

法律顧問　林勝安律師事務所　林勝安律師

出版日期　2018年8月初版一刷

定　　　價　新臺幣450元

版權所有・欲利用本書內容，必須徵求本公司同意※